"学习与思维"教学指导丛书·第三卷

学习与思维

基础理论

丛书主编 ◎ 肖韵竹　汤丰林

本卷主编 ◎ 沈彩霞

XUEXIYUSIWEI

jichulilun

北京师范大学出版集团
BEIJING NORMAL UNIVERSITY PUBLISHING GROUP
北京师范大学出版社

 总 序

Preface

追寻教育的理想

如果把遥看世界的镜头推到人类进化史的长河中，我们会看到，这既是"物竞天择、适者生存"的生物进化史，也是人类智能的演化史。在人类智能的发展中，具有强大推动力的无疑是学习与思维能力。因为学习，人类有了继承与发展；因为思维，人类有了规范与创新。这正如美国物理学家伦纳德·蒙洛迪诺在《思维简史》中所说的那样："为了理解科学之根源，我们必须回过头去审视人类物种之根源。人类的独特之处在于我们被赋予了理解自身以及世界的能力与渴望。"其实，这里"独特之处"的根源便是人类的学习与思维能力。我们认为教育从根本上讲，应该重在学生学习与思维能力的培养，因为只有具备了强大的学习与思维能力，他们才能真正成长为德、智、体、美、劳全面发展的优秀的社会主义事业的建设者。

因为找到了这个逻辑起点，所以我们更加深切地理解了教育家温寒江先生三十年如一日矢志不渝研究"学习与思维"问题并付诸实践的初衷。也正是基于这样一种认识，我们成立了学习与思维教育研究中心，并启动了首期高级研修班，就是想站在前人的肩上放眼未来，走出一条以学习与思维研究为专业追求的教育求索之路。研修班由来自高校和县(市、区)

教师培训机构的专业工作者及中小学校长、教师组成。大家既是学员，又是教师；既是研究者，又是培训者。研修班实现了自主学习、自主研讨、自主管理，不仅探索出了教师培训的新模式，也开展了学习与思维问题的实质性研究。这套丛书是研修班的重要成果。研修班打破了惯常培训项目每人一个选题、每人一篇论文、汇编一本论文集的成果集结套路，采用系统学习与重点研究相结合的方式，在深入研讨的基础上集体攻关，合作完成了这样一套既体现继承又突出发展，既强调理论又重视实践，既注重个人专业优势又凸显集体创作智慧的"学习与思维"教学指导丛书。这是一套统一体系下的结构化成果。我们在写作中试图体现如下价值追求。

　　一是传承。任何研究都有其出发点。我们的出发点便是温寒江先生的学习与思维研究成果。这项成果的典型代表是获得过"北京市哲学社会科学优秀成果奖一等奖"的《学习学》（上、下卷）。这是温寒江先生离休后深入反思我国中小学教育教学实践，萃取其教育人生中的宝贵经验，带领上千名中小学校长、幼儿园园长及教师不懈探索，最终形成的具有重大现实意义的研究成果。这项历经国家六个"五年规划"①（从"八五"开始）的成果重点回答了这样一些问题：我们的课堂为什么单调乏味？学生学习效率为什么不高？学生为什么缺乏创新性？等等。温寒江先生及其团队在三十余年的历程中，对上述问题进行思考与研究，在理论上取得了许多成果。例如，他最早开展的右脑开发与形象思维培养的研究，早在二十年前就对我国教育改革产生了影响。其代表性著作《开发右脑——发展形象思维的理论和实践》为当时我国教育从"应试教育"转型为"素质教育"提供了重要的理论基础。再如，他的另一部代表性著作《学习学》（上、下卷），充分吸收现代脑科学研究的最新成果，形象思维与抽象思维并重，构建了完整的学习学体系。同时，其研究也取得了许多实践成果，主要体现在将学习与思维研究成果充分运用到中

_____

①　"十一五"之前，"五年规划"称为"五年计划"。

小学和幼儿园的具体实践之中，对许多学科的教学改革产生了积极影响，形成了多种有效的教学策略与方法。这样一份宝贵的财富，是本套丛书必须传承的重要内容。因此，本套丛书回顾了96岁高龄的温寒江先生所走过的科研之路，对一些重要研究成果也在相关内容中做了阐述。同时，我们还将其《学习学》的学习原理部分用英文版的方式呈现，期望能够在国际学术平台上进行深入交流。总之，我们希望能很好地传承温寒江先生一生躬耕教育的献身精神，也能传承好其立足中国大地潜心创立的这套具有中国特色的教育理论与实践体系。

　　二是发展。学习与思维问题不仅是人类发展史上的重要命题，也是教育发展史上的重大命题。温寒江先生的学习与思维研究只是滚滚江河中的一朵浪花，而这朵浪花能否在教育发展进程中产生更加长久的影响，则重在我们这些后来者是否能用长远的眼光去发展它。换言之，我们在传承的同时必须要发展，以赋予这些研究成果更加强大的生命力。我们在举办研修班之初确定的总基调就是继承与发展，并且明确了继承不是盲目照搬，而是用新时代教育改革的新要求、新标准去衡量。因此，继承既是充分汲取营养，更是批判性地接受。而这也正是温寒江先生所倡导的马克思主义唯物辩证法的立场。从这个意义上讲，继承与发展的辩证关系便是，继承是起点，发展是目标，二者相辅相成。那么，我们在发展中应该把握什么呢？第一，必须把脉时代。习近平在新时代的教育和教师层面提出了许多重要论述，如"四有"好老师、"四个引路人"，以及劳动教育，等等。我们必须在学习与思维研究中积极回应这些重大的时代命题。第二，必须把脉改革。基础教育改革与发展的前沿议题很多，如"核心素养""高阶思维能力与创新能力""批判性思维""问题解决能力""合作学习"等。而如何运用学习与思维研究的最新成果去诠释这些问题，又如何在对这些问题的有效回应中进一步发展学习与思维理论，这是我们必须把握的基本路向。第三，必须把脉前沿。脑科学、心理学、教育学、技术学等各个科学领域都有了突飞猛进的发展，学习科学、思维科学等领域的新思想、新成果也不断涌现，它们正在深刻影响着社会变革与教育综合改革。而我们如何更

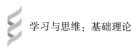

好地吸收这些新成果，同样是我们在深入研究学习与思维问题时必须面对的课题。第四，必须把脉需求。教育作为重大民生问题，其发展的时代要求是办出"人民满意的教育"。面对这样的目标，一系列重要议题，如育人方式的转变、中高考改革、新课程改革等，同样需要我们在学习与思维研究中做出积极的回应。应该说，"发展"既是本套丛书努力体现的意图，也是我们未来推动研究时需要把握的方向。

三是创新。温寒江先生的学习与思维课题本身就是一项具有创新性的研究。就我们的认识而言，其创新性体现在四个方面。其一，它充分运用了脑科学研究的成果，特别是将研究建立在认知神经科学的基础之上，是脑科学与基础教育发展紧密结合的典范性研究。其二，它立足中国基础教育的实际，深刻反思了运用于教育实践的心理学原理，对诸如表象、思维等概念提出了自己的认识，做出了力图更好体现教育要求的解释。其三，它重新审视了学科教学中存在的低效、沉闷等问题，在实践中创新了学科教学方法，提高了课堂教学的效率。其四，它为解决教师专业发展面临的问题提出了新的解决路径。他明确倡导并践行"向教师学习，总结教师经验"的促进教师专业发展之路，为一线教师的成长发展指明了方向。正因为这项研究本身所具有的这种创新活力，所以我们在本套丛书的撰写过程中同样积极主张创新。我们的创新主要体现在三个方面。第一是结构创新。本套丛书共五册，既自成体系、独立成书，又具有内在的逻辑联系，是一个整体。我们希望给阅读本套丛书的教师和研究者一种结构性的整体观，让他们从书名即可直观地把握我们对教育的理解与追求。第二是内容创新。我们没有沿袭传统的学科内容逻辑，而是点面结合，积极追求以面为逻辑线索，尽量简写；以点为写作重点，既突出传承性，又突出前沿成果，更突出与中小学和幼儿园实际的结合。第三是应用创新。本套丛书只是研修班的第一阶段成果，我们还将在此基础上积极推动成果转化，开发面向中小学和幼儿园教师的系列培训课程，以加强学习与思维研究成果的实践应用，让研究成果真正落地于课堂，服务于每一位学生的学习。

四是实用。为基础教育教学实践服务，是温寒江先生学习与思维研究始终不渝的追求，也是我们在未来发展中要坚定追求的目标。因此，我们在本套丛书的撰写中，也特别重视实用问题。实用，简单地讲，就是"务实"与"有用"。所谓"务实"，就是研究不求眼球效应，而是既要尊重学术规范，准确理解和把握已有研究成果，又要结合作者自己的研究基础，并充分吸收前沿研究成果，努力形成符合教育规律和学术规范的内容体系。所谓"有用"，则是指对中小学和幼儿园教师的教育教学工作有用，呈现给他们的内容是易于理解、便于运用的理论与策略。因此，本套丛书被定位为教师教学指导用书，其意蕴便是我们努力追求的"有用"目标。实用的价值取向，我们从书名到内容都给予了充分的体现。第一卷《学习与思维：学习学原理》，是《学习学》的修订版，重在体现以学生为中心，重在揭示学生学习的规律与特点，以便为教师更好地研究学生、把握学生提供理论指导，同时也是温寒江先生学习与思维理论体系中学习原理部分的集中呈现。第二卷《学习与思维：温寒江的探索》，其意主要为呈现温寒江先生的教育科研精神，同样也是丛书的灵魂，希望能够为广大教师提供一幅教育实践研究的全景图，让大家感受到研究与实践应是教师一生的追求，是一个艰苦的过程，也是一个幸福的过程。第三卷《学习与思维：基础理论》，希望为教师提供其在教育教学设计与实施中可运用的思维及相关理论，主要围绕学习与思维的脑机制、思维与创造性思维、学习动机等核心问题及学习科学前沿等方面的内容展开，力争把最有用的理论和原理呈现给大家。第四卷《学习与思维：教学策略》，重在围绕教学设计与实施，为广大教师提供课程开发及教学各环节的原理、工具与方法，以提高其教学的科学性与高效性，促进学生有效学习。第五卷《学习与思维：实践案例》，主要为广大教师提供了学习与思维研究中的典型案例，并做了必要的理论分析与点评指导，目的是为教师开展学习与思维研究成果指导下的教育教学实践提供有益的借鉴。

最后，丛书付梓之际，我们既为研修班通过一年刻苦学习与认真研讨取得的成果而感到高兴，也为学习与思维研究依然任重道远而倍感压力。但我们坚信，因为有各方仁人志士的支持与参与，这项充满活力与希望的

研究必将会继续绽放绚烂的光彩，不辜负温寒江先生和他的团队三十余年的辛勤奉献，也不辜负承载这项使命的研修班每一位成员的智慧与汗水！借此机会，我们还特别感谢北京师范大学出版社郭翔编辑为丛书的出版付出的心血！同时要感谢教育部教师工作司、北京市委教育工委、北京市教委各级领导及北京教育学院全体教职工、北京市相关中小学和幼儿园教师对学习与思维研究的关心和支持！

让我们为教育的理想而努力！

肖韵竹（北京教育学院党委书记）

汤丰林（北京教育学院副院长）

2020 年 5 月 18 日

本卷序言

Preface

　　当前，全世界范围内的教育变革都在要求学校和教师从关注"教师的教"转向关注"学生的学"。只有深刻理解了学生何时才能发生真正的学习，教师才能更有效地教。学习是一个复杂的过程，涉及诸多要素。著名教育家温寒江先生指出，学习的核心在于思维。本书名为《学习与思维：基础理论》，旨在帮助广大中小学教师掌握学习与思维的关键概念、基本规律，以及它们在教育教学中的应用。

　　继承与发展是本书的价值追求。本书传承了温寒江先生关于学习与思维的重要学术思想，并对国内外学者在学习与思维领域的相关理论进行了系统的梳理。同时，本书立足于时代的新发展和新需要，充分吸纳了前沿的脑科学、学习科学的最新成果，对思维培养、创新人才培养、深度学习等当前教育变革的重要问题和热点问题进行了探讨，力图从认知神经科学、心理学、教育学等多重视角对学习和思维的关键问题进行探索，帮助教师从理解学生的学，到更加有效地教，最终促进学生的学习和发展。

　　理论阐释与实践策略相结合是本书的一大特色。在当下的信息时代，知识的创新与传播正在以前所未有的速度向我们涌来，各种教育的新名词、新概念层出不穷，令教师们应接不暇，也让很多教师不知该何去何从。越是在这样的时候，越是需要对教育中的基本概念进行厘清、审视和

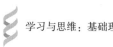

辨思。比如，思维这个词常被人们挂在嘴边，思维品质、思维方式、思维能力、思维习惯……与思维相关的概念和词汇充斥在各种书籍、期刊和网络文章中。那么，究竟什么是思维，怎样发展思维？当我们在追问的时候，我们会发现，越是常用的词，在追问它真义的时候，就越感到困难。本书对学习与思维领域的这些核心概念和相关原理进行了脉络梳理，力图向教师们展现一幅清晰的概念和理论图卷。学习和思维的理论揭示了学习过程和思维过程的规律和原理，但如果它缺少鲜活的课堂气息，离开了教师关注的教育实践问题，那就很容易让教师望而却步。本书试图在学术研究与课堂应用之间架起一座桥梁，缩短教育理论与教育实践之间的距离，以尽可能简洁通俗的语言阐述核心概念和理论的要义，同时探讨相关理论在实际教育教学中的应用策略和实际操作。

全书共分六章。前言和第一章"脑与学习"由北京教育学院沈彩霞副教授撰写。前言部分在对温寒江先生学术思想的继承和发展的基础上，基于当前教育教学改革的形势和挑战，提出要运用脑科学指导教学，全面发展学生的思维，培养学生的创造性，让学生爱学、学懂、学会，促进学生深度学习，这是本书的核心主张。第一章对"脑与学习"进行了探讨。脑是思维的主要器官，通过理解人脑的工作机制，我们能够更加深入地了解学习和思维的机制和规律，最终形成科学的学与教。本章结合认知神经科学的前沿研究成果，描述了在学习过程中人脑"黑箱"中发生的变化；对脑的结构与功能、以及在注意、记忆、数学、阅读、创造等思维过程中的脑的工作机理进行了详细的阐释，并联系实际的教学情境，引导教师应用。

第二章"思维及其发展"由北京教育学院副院长汤丰林教授撰写。本章从对思维内涵的理解出发，厘清了思维的概念、特征和结构等基本问题；对形象思维、抽象思维和问题解决的思维规律进行了阐述和梳理；对教师关注的思维品质培养和思维习惯养成等问题进行了探讨，帮助和启发教师如何通过日常教学发展学生的思维，提升学生思维的深刻性、灵活性、创造性、批判性和敏捷性，培养学生智慧的思维习惯。

第三章"创造性思维及其培养"由北京教育学院孙美红博士撰写。创造性思维是创新人才的重要特征，批判性思维与创造性思维密不可分。本章对批判性思维和创造性思维的内涵、特点和要素进行了全面的阐述，并力图将创造性思维的研究成果与中小学教育教学相结合，探讨如何在教学中培养学生的批判性思维和创造性思维，培养创新型人才。

第四章"动机、理解和迁移"由北京市海淀区教师进修学校崔莹莹老师撰写。动机涉及"学生喜不喜欢学"，理解和迁移则涉及"学生学得怎么样"，这两个问题是学生学习的根本性问题。本章在对相关学习理论进行综合阐释的基础上，为一线教师就如何激发学生的学习动机、促进学生的理解和迁移给出了很多具体实用的建议。

第五章"深度学习与学习变革"由北京教育学院吕俐敏副教授撰写。深度学习是目前世界范围内学习变革的重要理论之一，也是当前很多学校研究和探索的热点。本章在对深度学习这一概念的发展脉络进行梳理后，对深度学习的内涵和本质进行了探讨，并结合学校的教学实际，探索了指向高阶思维和核心素养的深度学习的活动设计。

第六章"学习科学研究现状与未来展望"由北京教育学院朝阳分院何冲老师撰写。学习科学是由神经科学、认知科学、心理学等多个学科交叉的研究人类学习、动物学习、机器学习等广泛学习领域的新兴学科。本章介绍了学习科学的发展历程和研究领域，对学习科学研究成果的课堂应用，包括"情感化"设计、搭建脚手架、具身学习、合作学习等多种学习方式和策略进行了探讨，并对学习科学的发展进行了展望。

本书的写作过程也是一次研究性学习的过程。经历了一次次学习、研讨、修改和打磨，本书终于面世。在本书出版之际，由衷地感谢温寒江先生及其研究团队给予的指导，感谢北京教育学院学习与思维教育研究中心的大力支持，同时感谢出版社的细致工作和辛苦付出！书中难免有不足之处，请广大读者批评指正！

沈彩霞

2020 年 5 月

本卷前言

Preface

在科技飞速发展的今天，知识更新在以无法想象的速度进行着。信息化时代使得知识的获取变得更加便捷，只要上网，学生就能迅速查到他想知道的几乎任何知识。这给我们的学校教育带来了很大的挑战。在信息时代，与接收事实性的知识相比，更重要的是对知识的理解、建构、应用和创造。这需要发展学生的思维，让学生的思维变得更复杂和更加具有创造性。著名教育家温寒江指出："学习是一种认识过程，思维是这个过程的核心。"①本书对学习和思维的基础理论进行了系统的梳理，对理解学习发生和思维培养的基本规律，以及改革中的新任务和新挑战，是十分必要的。

一、运用脑科学指导教学

随着近二十年来脑认知神经科学的迅猛发展，科学家们对脑的工作机制的理解取得了较大进展。脑是如何学习的？怎样用脑才能让学习更加高效？脑科学与学习科学的交叉研究不断地加深着我们对学习和思维的理解，为我们解决教育的重要问题提供了新的视角。一些研究者和教育者提

---

① 温寒江、陈爱苾：《脑科学·思维·教育丛书 学习学》(上卷)，27页，北京，教育科学出版社，2016。

出了"基于脑的学习"和"基于脑的教育"观点，提倡教师积极地运用以理解脑的工作机制为原则的学习和教学策略，促进教育教学的科学改进。

神经元是脑基本的结构和功能单位。大脑约有 100 亿个神经元，神经元之间通过突触相互联结，形成复杂的神经元网络。突触是一个神经元的树突与另一个神经元的轴突之间的微小缝隙，让神经元彼此之间能够进行信号传递。人脑中有数以万亿计的突触。从脑科学的视角来看，学习就是脑中出现了新的神经突触，建立了新的神经元联结。神经突触不仅会生长，也会被修剪。那些不经常刺激的神经突触会被脑中的一种小胶质细胞吞噬并分解，遗忘就与突触的修剪有关，而那些受到反复刺激或高度刺激的突触则被保留下来。脑成像的研究发现，学习时神经反应的范围越大、反应越强，学习的程度就越深。如何让大脑生长新的神经突触？如何避免不适当的突触修剪？如何让学生在学习时有更广泛、更强烈的脑区激活？脑科学为理解学习的发生和巩固提供了新的视角。

要运用脑科学指导教学，我们首先要理解人脑是进化而来的，它不是为适应课堂教学而生的。人类大脑的功能，首先是生存，其次是满足情感的需要，最后才是认知学习。营造安全温暖的情绪氛围对学习至关重要。脑科学的研究为如何为学习活动创设适宜的情绪氛围提供了指导。

人脑与电脑的重要区别是电脑可以进行精细的存储和运算，而人脑的工作方式是寻找模式和意义。如何让学习的内容对学习者有意义，如何让学生建构起对学习内容的理解？是教师必须考虑的重要问题。

本书对脑科学的研究发现和教育教学的应用进行了梳理，力图揭开脑科学的神秘面纱，提供贴近课堂的、实用可操作的基于脑的学习与教学的建议。需要指出的是，基于脑的学习是一种思考学习过程的方式，只有真正理解了学生如何学，教师才能真正知道如何教。但基于脑的学习也并不是灵丹妙药，不能解决我们所有的问题。它不是一套程序或教义，它是一系列原则、知识和技能的基础，基于这些我们可以对学习过程更好地做出决策。①

① Eric. P. Jensen, *Brain-Based Learning：The New Paradigm of Teaching（2nd Edition）*, California, Corwin Press, 2008, p. 15.

二、全面发展学生的思维

思维是我们认识客观世界的认知过程，也是我们认识客观世界的工具。在知识的理解和运用，技能、能力的形成与运用以及习惯的养成上，思维都起着关键的作用。在学生的学习中，思维具有通用性的特点，即思维方法、思维规律跨越学科的界限，具有普遍意义。例如，分解和组合是形象思维的一个基本方法，学习化学时，化学反应就是物质的分解与化合；学习平面几何时，学生要能从综合的图形中分解出基本图形，也要能将图示的或者用辅助线构造的多个基本图形进行组合；学习地理时，对地图的分解和组合是读图的基本技能。① 运用通用的、有限的思维方法和思维规律掌握无限的知识，这是思维培养对学生发展的重要意义。也正是因为思维具有这种通用性，温寒江先生指出，思维的全面发展，特别是形象思维和抽象思维的协调发展，是人的德育、智育、体育、美育全面发展中各育相互联系、相互制约的内在机制，是人的全面发展的共同基础。②

长期以来中小学生的学习普遍存在枯燥乏味、抽象难懂、死记硬背、高分低能等现象，教育质量难以得到真正有效的提高。究其根本原因，教学过程重视知识的获得，忽视思维的培养，学习过程中存在思维的不全面、不协调和不可持续发展问题。具体体现在学科教学普遍忽视形象思维，传统教育媒体对形象思维的表达存在很大的局限性，教育理论长期处在单一思维(抽象思维)的理念上。③

我们的大脑根据知觉、知识和经验来建构对这个世界的认识和理解，运用想象、推测、推理等思维方法来建立认知模型。在这个过程中，直觉、想象、逻辑都可能发挥作用，其中直觉和想象至关重要。因此，我们的教育要促进学生形象思维和抽象思维的全面协调发展。

脑科学的研究揭示，学习的程度与大脑资源的参与程度有关。学习时

---

① 温寒江：《脑科学·思维·教育丛书 学习学》(下卷)，21 页，北京，教育科学出版社，2016。
② 温寒江：《脑科学·思维·教育丛书 学习学》(下卷)，25 页，北京，教育科学出版社，2016。
③ 温寒江：《脑科学·思维·教育丛书 学习学》(下卷)，4、16 页，北京，教育科学出版社，2016。

大脑激活的部位越多，程度越强，学习的效果就越好。大脑功能的偏侧化的相关研究发现，左脑更擅长语言、逻辑分析，右脑更擅长视觉空间的、直觉的加工。当然，我们不能简单地认为这些认知功能就是由某个大脑半球独自完成的。并且这些研究提示我们，我们应当让更多的脑区参与到学习中来，加强脑区之间的神经联系，这将有助于增强大脑进行认知加工的效果，提高效率。在学科教学中，充分调动学生的形象思维和抽象思维，能促进学生思维的全面发展，提升学生的思维能力和学习能力，提高学生的学习水平。

三、培养学生的创造性思维和批判性思维

创造性是人类智能的高级表现。世界各国在为了培养适应未来社会的公民而进行的 21 世纪核心素养的教育和测评中，都不约而同地将创造性作为 21 世纪人才的基本素养。在我国发布的《中国学生发展核心素养》的总体框架中，"实践创新"是六大素养之一。

创造性思维与批判性思维有着密切的联系。创造性思维过程起始于问题，而问题源于批判性思维。因此，批判性思维是创造性思维的前提和基础，创造性思维是批判性思维的目的和归宿。[①] 忽视批判性思维可能会导致创新能力的低下。

创造性思维与形象思维和抽象思维也有着密切的联系。直觉和想象引领创造，逻辑则用来检验和固化创造的结果。左脑和右脑的和谐发展和协同活动是创造性思维活动得以有效进行的前提。我们的教育教学过分注重左脑，对右脑功能的开发相对不足。要开发一个人的创造潜能，就不能忽视右脑的想象力、直观思维等方面的重要作用，要尽可能使左右脑的作用统一起来，使左右脑相互联系、彼此协调、统一发展。

在信息科技高度发达的今天，世界的复杂程度突飞猛进。人们在以更快的速度沦为消极的信息受体，不加批判地接受耳闻目睹的一切。面对这

---

① 赵晓芬：《批判性思维：创新人才的首要思维范式》，载《马克思主义与现实》，2008(3)。

个纷繁复杂的信息世界，我们到底该相信什么？怎样才能不被各种观点欺骗、洗脑和裹挟？这需要我们运用批判性思维对信息进行辨识、过滤，独立思考，理性决策。在这样的时代背景下，批判性思维被世界各国视为新时代公民必备的技能，培养学生的批判性思维对学生的长期发展和适应未来的生活具有重要意义。

批判性思维和创造性思维都涉及人脑最复杂的认知机能。对批判性思维和创造性思维的培养有助于脑的发展。脑是可塑的，被我们的经验塑造着。在教学中注重学生思维的全面发展，运用多种手段充分调动学生的感官、身体、情绪、形象思维和抽象思维，培养学生的批判性思维，激发学生的创造性，能够加强大脑各部位的神经联系和协同工作，并产生新的神经联系，从而塑造出更加强大、更能适应未来社会的脑。

发展学生的思维，要避免落入形式教育的窠臼。知识是思维的材料，对思维的培养不能脱离知识学习。全面发展学生的思维要以学科教学为主阵地。教师在学科教学中要注重发展学生的思维，将思维能力的培养作为重要的教学目标。

四、让学生爱学、学懂、学会

（一）激发学生的学习动机

学生的学习动力问题是一个老生常谈、历久弥新的问题。动机是行为背后的驱动力，如果将学习行为比作一辆行驶中的汽车，那学习动机则相当于这辆车的引擎和方向盘。引擎的马力不够，再豪华漂亮的车也开不起来。如若方向不对，开得再快也只会误入歧途。

缺乏学习动机的学生，对待学习的态度是被动的、敷衍的，严重的会发展为厌学。并且学生学习的动机也各不相同。学生是不得不学习还是喜欢学习，这种不同的动机水平所带来的学习行为和学习感受也是不同的。喜欢学习的学习者其学习行为更持久、更主动，遇到困难能够更坚持，学习的过程也更加愉悦。乐学、善学是《中国学生发展核心素养》的重要内

容之一，也是一个人可持续发展的重要原动力。生活中不乏这样的学生，在中学阶段为了考上理想的大学刻苦努力，但等到终于考上理想的大学了，却失去了目标，找不到学习乃至生活的意义。究其原因，中学阶段的努力学习，是为了考大学这样一个外在的目标，而不是因为享受学习过程，其对学习的情感可能是痛苦的。如果一个学生在学习的过程中，能够体会学习的乐趣，与学习建立起积极的情感联系，那我们可以预期到这个学生会有更勤奋的学业行为、更优秀的学业表现、更好的抗挫能力，以及未来更可持续的发展。

如何让学生爱学习，成为主动的学习者？这对每个教师而言，都是一门重要的功课，在这个需要终身学习的时代更是如此。

(二)学习即理解

我们现在身处于一个知识爆炸的时代，互联网上收录了各种各样的知识，只要一动手指上网搜索，就可以搜到我们想要的各种知识和信息。那么，这些知识还需要我们花费大量时间去学习吗？过去，教师是知识的传授者，也是知识的权威。如今，互联网上的海量知识使教师的知识权威受到了挑战，也让人们对学习产生了错觉。人们容易陷入这样一种盲目的自信中：这些我随手就能搜到的知识，也能轻易地为我所用。在互联网时代，我们需要重塑我们的知识观。

建构主义的知识观认为，知识是由人建构起来的。信息本身并没有意义，信息的意义是由人建构起来的。也就是说，知识不可能以实体的形式存在于具体的个体之外，尽管我们通过语言符号赋予了知识一定的外在形式。只有对知识建构起个人理解，这些知识才能成为真正意义上的个人知识。那些从网络上搜到而没有经过个人意义建构的知识充其量只是"知道"。"理解"和"知道"是不同的层次。威金斯和麦克泰格对"知道"和"理解"进行了详细的区分(见表0-2)。要求学生记住一些事实性知识并不是真正的学习。只有学习者以自己的方式加工信息，与自己个人的概念框架建立联系，才是真正意义上的学习。

表 0-2   "知道"和"理解"

知道	理解
事实	事实的意义
大量相关事实	提供事实关联和意义的理论
可证实的主张	不可靠的、形成中的理论
对或错	有关程度或复杂性
知道一些正确的事情	理解为什么它是知识、什么使它成为知识
根据所知回应	能够判断何时使用以及何时不用所知的知识

(资料来源：[美]格兰特·威金斯、杰伊·麦克泰格，《追求理解的教学设计》（第二版），39 页，上海，华东师范大学出版社，2017。)

理解是巩固记忆的最重要的条件。美国著名的教育心理学家布鲁纳曾这样说道："关于人类记忆，经过一个世纪的充分研究，得出的最基本一点就是：细节的东西，除非放进构造良好的模式当中，否则很快就会被忘记。因为细节的材料是通过简化的表达方式保存在记忆里的。"①理解就是能够运用已有的认知结构去解释新的信息，从而为新信息赋予意义。或者当原有的认知结构不足以解释新的信息时，丰富或者修正原有的认知结构，从而建构起新的理解。

大脑并没有一个固定的地方负责生成意义。阅读过程中的文本理解、问题解决过程的顿悟、生活事件的体悟所激活的脑区并不一致。这也表明，理解是一件很复杂的事情，需要教师根据学习的情境因素、学生的个体因素来进行教学设计。教师特别想告诉学生自己所知道的东西，然而，无论是理论还是事实，再多的信息，其本身也无法提高洞察力和判断力。教学需要引发学生运用自己的方式，在自己已有的知识经验的基础上，建构起对知识的理解，这是一个复杂的、交互的过程。

(三)为迁移而教

在学习过程中，学习迁移是关系学习质量与效率的一个重要问题。学

---

① [美]杰罗姆·布鲁纳：《布鲁纳教育文化观》，37 页，北京，首都师范大学出版社，2011。

习迁移是一种学习对另一种学习的影响，以及将所学知识应用于实践的心理活动过程。2012 年，上海学生在 PISA 测试中，阅读、数学、科学三项成绩均列世界第一，但他们解决问题的成绩却大大低于预期。上海是我国教育的高地，上海学生的表现折射出我国学生普遍存在学习迁移能力的问题，尤其是运用知识解决问题的能力。学习最重要的目的是为我们的未来服务。因此，为迁移而教是学校教育的重要目标。

温寒江先生根据两种思维的理念，提出了一个统一的学习迁移理论，即前后两种知识和技能(能力、习惯)若有共同的思维要素(思维材料、思维规律、思维方法)就能产生迁移，迁移是新旧知识、技能联系的机制。在知识的迁移中，要着重研究概括化知识和适用性强的知识。① 学科的核心概念是学科最重要的概括化知识。在当前的教育课程改革中，围绕学科核心概念的教学成了研究的热点。还有学者提出"大概念"，即那些能够使离散的事实和技能相互联系并有一定意义的概念、主题或问题。② 布鲁纳提出，对基本原理和思想的理解，是我们实现"训练的迁移"的主要途径。把某个事件作为普遍事件的特例去理解——和理解一个更基本的原理和结构的意义一样——就是不仅要学习具体的事件，还要去学习一个模式，这个模式会帮助你理解你可能碰见的诸如此类的事件。③

除了围绕核心概念或者"大概念"的教学外，共通的思维方法也是迁移的重要要素。同时，在情境中学习，将学习任务与学生的生活联系起来也是促进迁移的重要条件。我们的大脑是进化而来的，进化的首要法则是利于生存。我们的大脑非常善于学习那些有用的、与个人生活相关联的知识。因此，增加学习任务的情境性和有用性，不仅能增强学生运用所学知识解决问题的能力，也是大脑高效学习的自然方式。

① 温寒江：《脑科学·思维·教育丛书 学习学》(下卷)，118、121 页，北京，教育科学出版社，2016。

② [美]格兰特·威金斯、杰伊·麦克泰格：《追求理解的教学设计》(第二版)，6 页，上海，华东师范大学出版社，2017。

③ [美]杰罗姆·布鲁纳：《布鲁纳教育文化观》，37 页，北京，首都师范大学出版社，2011。

五、促进学生深度学习

(一)以深度学习促学生发展

深度学习最早由瑞典学者马顿和萨尔乔于 1976 年提出，并区分了表层学习和深层学习。① 自此之后，深度学习引起了研究者和教育者们的广泛讨论和实践探索，成了世界较大范围内的研究热点。

与表层学习相比，深度学习强调学习者不是记忆，而是在深入理解的基础上，积极参与和批判性地思考信息，能够将知识迁移到新的情境中，解决复杂问题。除了认知层面深度信息的加工以外，深度学习非常注重学习的过程。例如，我国的学者郭华将深度学习定义为，在教师引领下，学生围绕着具有挑战性的学习主题，全身心积极参与、体验成功、获得发展的有意义的过程。② 虽然国内外学者对深度学习的研究视角不尽相同，对这一概念的内涵界定也未完全达成一致，但是他们都强调对学科核心知识的理解和迁移，重视高阶思维的运用，注重学习的过程和学习者的深度体验。

深度学习包含认知、人际、自我三个领域的目标，包括掌握核心知识、批判性地思考与解决复杂问题、有效沟通、合作学习、学会学习等，这与发展学生的核心素养是高度契合的。可以说，深度学习是提升学生核心素养、促进学生发展的有效路径。

(二)以脑科学指导深度学习

深度学习与基于脑的学习的理念是一致的。意义建构与整体学习是基于脑的学习理论中最核心的两个理念，它渗透并贯穿于整个观点体系之中。意义建构是大脑最核心的功能，它突出强调，作为学习器官的大脑，始终在为其所经验的事情赋予意义，这种赋予本质上就是一种近乎自然、近乎本能

① 李晓雅：《深度学习研究：国内学术史的回顾与反思》，载《宜宾学院学报》，2020(3)。
② 郭华：《如何理解"深度学习"》，载《四川师范大学学报(社会科学版)》，2020(1)。

地对信息意义的加工、建构与创造。整体学习是指基于脑的学习，具有整体性、综合性、情境性等特性。它包含三个层面的含义。第一个层面是指学习是学习者的认知、情感、身体等各系统整体参与的活动。第二个层面是指学习是大脑各部分协同参与、共同工作的结果。第三个层面是指在学习的过程当中，脑并不是对单个的、片段化的信息进行加工，而是对信息所处的整个复杂的情境做出反应。① 这与深度学习所强调的对信息的深度加工、问题解决、投入体验以及高阶思维都是非常契合的。

脑科学可以为深度学习提供指导。深度学习需要通过精心设计的教学来达到，脑科学所揭示的脑的工作机制为如何设计有效的教学提供了科学依据和指导。反过来，深度学习也会促进脑的发展。脑是可塑的，它具有在外界环境和经验的作用下不断塑造其结构和功能的能力。学习环境中输入的视觉、听觉、触觉、味觉、嗅觉、感觉运动经验等都会在神经系统产生生物性变化。学习经验不仅可以形成不同的突触连接、增加树突密度、增多树突分枝层次，还可以增强大脑的功能区。学习的深度越深，参与的脑区越多，神经元的活动越活跃。脑遵循"用进废退"的原则，深度学习能够塑造出更加高效和更加智慧的脑。正如教育神经科学家舒飒所说，教师是最终的"人脑改变者"，他们每天都在从事改变人脑的专业工作。②

---

① 吕林海：《意义建构与整体学习：基于脑的学习与教学理论的核心理念》，载《教育理论与实践》，2006(8)。

② [美] David A. Sousa：《心智、脑与教育 教育神经科学对课堂教学的启示》，22页，上海，华东师范大学出版社，2013。

目 录
Contents

第一章
脑与学习

　　人是如何学习的，学习又是如何产生的，这是人们一直关注、研究的一个问题。学习过程中人的内部心理过程是无法被直接观察的。因此，长期以来人们只能通过观察输入和输出的东西来间接推测学习过程中人脑"黑箱"中发生的变化。认知神经科学的诞生使人们可以借助一些新型的医学影像技术来直接"观察"学习过程中人脑"黑箱"中发生的变化，可以更加直接地了解学习过程中大脑内部发生的动态变化。通过理解人脑的工作机制，我们能够更加深入地了解学习的机制和规律，并且通过对学习机制和规律的探讨，促进科学的学与教。

　　脑是思维的器官。本章力图对认知神经科学的前沿研究成果与教学情境相结合，探讨如何依据脑的自然工作方式进行有效的学习和教学，从而促进学习效果的最优化，进而促进大脑的发展。第一节"脑的结构与功能"，介绍脑各部分的功能及其对学习和教学的启示；第二节"脑、认知、思维与情绪"，阐述与学习密切相关的注意和记忆系统，以及数学、阅读等思维活动和创造性思维的脑机制；第三节"脑与学科学习"，从数学和阅读出发将脑科学的前沿研究成果与学科教学相结合，从而提高教学的科学性和有效性。

第一节　脑的结构与功能

　　在地球的所有生命中，对地球面貌改造最大的，就是人类了。没有豹的速度、熊的力量，没有锋利的爪子、坚硬的毛皮，人类靠什么在漫长的进化中，取得了这样的进化优势？科学家们对地球上的各种生物进行了比较，发现有一项指标人类遥遥领先，那就是脑指数。脑指数是动物脑的实际大小与预期的脑的大小的比值，是衡量脑的相对大小的一个度量。随着进化阶梯的上升，脑指数逐渐上升。猫的脑指数是 1.0，猩猩的脑指数是 2.2~2.5，人类的脑指数为 7.4~7.8。[①] 这表明，人类之所以能取得今天的进化优势，与人类发达的脑是密不可分的。

---

　　① 彭聃龄：《普通心理学》(第 4 版)，51 页，北京，北京师范大学出版社，2012。

一、脑的概述

脑是人类神经系统的重要部分。神经系统由两个部分组成：中枢神经系统和外周神经系统。中枢神经系统包括脑和脊髓，外周神经系统由遍布全身的感觉和运动神经组成。脑负责加工、存储从外周神经系统接收到的感觉信息，并与脊髓一起控制身体的运动和化学反应，是人类一切心理活动的生理基础。

成年人的整个脑组织重量约为 1.4 千克，多数重量来自水(约 78%)、脂肪(约10%)和蛋白质(约 8%)。成年人的脑的重量约占成年人平均体重的 2.5%，但它的能量消耗却占到一个成年人一天平均能耗的 20%。① 脑的大小如同一个西柚，形状像核桃，大脑皮质有丰富的褶皱。那些突起的部分称为"回"，浅的凹陷称为"沟"，深的凹陷称为"裂"。如果将大脑皮质的褶皱铺开，皮质的总面积为 2200~2400 平方厘米，大约四页书的大小，猩猩大脑皮质的面积约为一页书大小，猴子的大脑皮质约为一张明信片大小，而老鼠的大脑皮质只有一张邮票大小。②

很多人以为颅骨下面就是脑。事实上，我们的脑是悬浮在颅骨内的脑脊液中的。脑比较重，由于脑脊液的浮力，它才得以保持其完美的结构和形态，而不会由于自身重量的原因导致脑组织受到压迫。脑脊液对外界的冲击还能起到一定的缓冲作用，当我们头部受到撞击时，它能在一定程度上减少撞击对脑造成的损伤。

氧和葡萄糖是脑的能量供给，是大脑运转的燃料。脑中处理的事物越难，耗费的燃料就越多。因此，要使大脑保持最佳功能，就需要给它补充足够的能量物质。血液缺氧、少糖会影响大脑的功能。适当吃些含葡萄糖的食物可以提升记忆、注意、运动机能的效能与精确性，改善长期记忆。不吃早餐、饮水不足会导致体内缺少足够的葡萄糖和水来保持大脑的正常运转，长期如此会影响大脑的发育和智力的发展。运动对脑的机能也非常有益，其中有氧运动的效果最佳。这是因为运动向脑输送了带有额外能量的血液，使得脑能够激活更多长时记忆的区域，从而帮助学生

---

① ［美］玛丽亚·哈迪曼：《脑科学与课堂：以脑为导向的教学模式》，19～20 页，上海，华东师范大学出版社，2018。

② 彭聃龄：《普通心理学》(第 4 版)，52~53 页，北京，北京师范大学出版社，2012。

在以往的学习和新的学习之间建立更多的联系。①

二、脑的组成与功能

大脑由两个对称的半球组成，左半球控制右侧身体，右半球控制左侧身体，左右半球由胼胝体连接起来。脑包括几个主要的组成部分：脑干、小脑、边缘系统和大脑皮质（见图 1-1）。

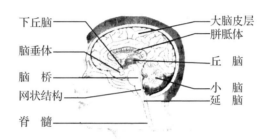

图 1-1　脑的主要结构

（资料来源：[美]费尔德曼、[中]黄希庭，《心理学与我们》，34 页，

北京，人民邮电出版社，2008。）

（一）脑干

脑干包括中脑、脑桥和延髓。脑桥和延髓位于脑的中线上，不是成对出现的。从人类进化的进程来说，脑干是最早出现的。脑干控制人的自主功能，如呼吸、心跳节律、心血管调节，以及觉醒、睡眠等意识状态，因而又叫"生命中枢"。脑干还参与完成大量的感觉及运动加工，特别是涉及视觉、听觉及前庭功能的加工，以及负责面部、嘴部、咽喉部、呼吸系统和心脏的感觉运动控制加工。脑干容纳着从大脑皮质传向脊髓和小脑的神经纤维，以及从脊髓传向丘脑和大脑皮质的感觉纤维。脑干的损伤对生命的威胁是极其严重的。一方面是因为脑干很小，很小的损伤就会殃及很多组织，另一方面是因为脑干控制着人的基础生命功能。因此，脑干的

① A. B. Scholey, M. C. Moss, N. Neave, et al., "Cognitive Performance, Hyperoxia, and Heart Rate Following Oxygen Administration in Healthy Adults," *Physiological Behavior*, 1999(67), pp. 783-789.

损伤大多是致命的。

脑干中一系列运动和感觉核团的集合组成网状结构，与脑的各部位和脊髓都有广泛联系。网状结构按照功能可分为上行激活系统和下行激活系统。上行激活系统控制机体的觉醒或意识状态，与保持大脑皮质的兴奋、维持注意状态有密切关系。下行激活系统具有加强或抑制肌肉活动的功能，参与调节躯体运动和内脏活动。

（二）小脑

小脑覆盖在脑干上部，分左、右两半球。小脑中充满了神经元。目前的测量结果显示，小脑中的神经元数量与中枢神经系统其余部分的神经元数量相等——约110亿！小脑在维持身体姿态、行走以及协调运动过程中都起着至关重要的作用。小脑不直接控制运动，它整合有关身体和运动指令的信息来调整运动，使运动变得流畅而协调。大部分运动学习需要脑皮质和小脑的协同工作，一旦熟练到自动的程度，大脑皮质就不管了，由小脑独立完成，形成下意识反应或肌肉记忆。

近些年来，越来越多的研究表明，除运动协调的作用之外，小脑还有助于认知加工和情绪控制。[1] 关于对脑损伤病人的研究发现，小脑受损的病人会表现出执行功能、语言和情绪调节功能障碍。对小脑中风的病人进行情绪诱发，结果发现，病人加工其他情绪刺激的认知绩效正常，但是会对诱发快乐的刺激表现出较弱的快乐体验。经颅磁刺激技术（TMS）的研究证明，对被试的小脑进行几天缓慢重复的经颅磁刺激，会导致负性心境的加强，说明刺激破坏了脑对情绪的调节。[2]

小脑不仅可提升运动能力，也会促进诸如策划聚会、酝酿论文、拟定决策等思维技能的发展。[3] 脑成像研究发现，冲动控制能力不足的患注意缺陷多动障碍（ADHD）的儿童其小脑体积上有减小。[4]

---

[1] J. D. Schmahmann, D. Caplan "Cognition, Emotion and the Cerebellum," *Brain*, 2006（129），pp. 290-292.

[2] D. Schutter & J. van Honk, "The Cerebellum in Emotion Regulation: A Repetitive Transcranial Magnetic Stimulation Study,"*Cerebellum*, 2009（8），pp. 28-34.

[3] J. N. Giedd, J. Blumenthal, N. O. Jeffries, et al., "Brain Development During Childhood and Adolescence: A Longitudinal MRI Study,"*Nature Neuroscience*, 1999（2），pp. 861-863.

[4] F. X. Castellanos, P. P. Lee, W. Sharp, et al., "Developmental Trajectories of Brain Volume Abnormalities in Children and Adolescents With Attention-Deficitl Hyperactivity Disorder,"*The Journal of the American Medical Association*, 2002（288），pp. 1740-1748.

(三)边缘系统

在大脑皮质下面有一些结构,这些结构在脑干周围形成了一个边界,称为边缘系统(见图1-2)。边缘系统包括:扣带回、丘脑、下丘脑、海马、杏仁核等结构,对情绪、记忆和学习起着重要作用。这里主要讨论丘脑、下丘脑、海马和杏仁核。

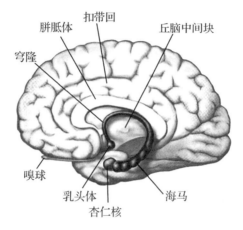

图1-2 左半球内侧面

(资料来源:[美]Michael. Gazzaniga,Richard B. Ivry,George R. Mangun,《认知神经科学——关于心智的生物学》(第3版),69页,北京,中国轻工业出版社,2015。)

丘脑

丘脑是一对卵圆形状的结构,是感觉系统与大脑皮质之间的门户,是处理感觉刺激的中继站。除嗅觉刺激以外,所有来自感觉通道的信息都先到达丘脑,再由丘脑传至大脑皮质中相应的感觉处理区域。

下丘脑

下丘脑位于丘脑的下边,对自主神经系统和内分泌系统非常重要,负责维持体内平衡,控制内分泌腺的活动。它还控制垂体分泌生长激素、甲状腺激素、促肾上腺皮质激素、促性腺激素、抗利尿激素、催产素等多种激素。下丘脑还接收来自其他脑区的输入,如脑干网状结构、杏仁核、视网膜等,调整人的昼夜节律。

海马

海马因形状像大海中的海马而得名,对记忆起着重要作用。心理学史上有位著名的病人 H. M. ，因为患有严重的癫痫症，在 20 世纪 50 年代接受了双侧内侧颞叶切除手术，当时他二十几岁。手术后，他的癫痫被治愈了，但是带来了新的问题——他出现了严重的遗忘症。他无法记起与某人见过面，即使在几分钟前他才和他们交谈过，但他对手术之前发生的各种事情的记忆是完好的。研究他的医生和科学家们很快发现了问题的所在：H. M. 无法形成新的长时记忆。H. M. 的医生报告称在那次手术中，H. M. 的双侧海马被切除。然而在 H. M. 手术 40 年后，人们采用现代的神经成像技术对 H. M. 的手术损伤进行了定位，发现在那次手术中，他的双侧海马的前部都被切除，但双侧海马的后部却被完整保留，不过已经萎缩，失去了功能。这也许是因为在当年的手术中海马周围的皮质也被切除了，不能再为海马提供刺激输入。① 虽然与 H. M. 的医生的报告不同，但 H. M. 的脑中已没有起作用的海马组织。科学家们从 H. M. 的病例中发现，海马对新信息的学习至关重要，是人们形成新的长时记忆的关键结构。

在我们学习时，海马对学习的快速巩固以及情节和语义记忆的初始存储是非常重要的，但海马的功能会受到高水平的皮质醇的干扰。身体和心理上的压力会触发皮质醇的释放。皮质醇是一种激素，少量的皮质醇可以促进学习和提高注意力，但高浓度的皮质醇会破坏海马的功能。临床上由高水平皮质醇引起的紊乱——包括严重抑郁症和糖皮质激素强的松治疗的哮喘——都表现出记忆功能的损伤。② 还有研究发现，与没有慢性压力、皮质醇水平正常的年龄相仿的老人相比，有慢性压力和持续高水平皮质醇的老人的海马体积减小了 14%，③ 这表明长期高水平的皮质醇会造成海马的损伤。因此，要使学生的海马保持良好的功能状态，要避免学生长期处于压力状态下。为学生营造安全放松的心理环境十分重要。

杏仁核

杏仁核是一个杏仁状的小结构，位于颞叶内侧，与海马前部相连，其功能与情绪状态和情绪的处理有关。尽管大脑的很多部位都参与了情绪信息的处理，但只有

---

① ［美］Michael S. Gazzaniga, Richard B. Ivry, George R. Mangun：《认知神经科学——关于心智的生物学》（第 3 版），282~283 页，北京，中国轻工业出版社，2015。

② J. Payne & L. Nadel, "Sleep, Dreams, and memory consolidation: The Role of the Stress Hormone Cortisol," *Learning and Memory*, 2004(11), pp. 671-678.

③ S. J. Lupien, A Fiocco, N. Wan, et al., "Stress hormones and Human Memory Function Across the Lifespan," *Psychoneuroendocrinology*, 2005(30), pp. 225-242.

杏仁核被认为起了关键的作用，尤其是恐惧这种情绪。损伤了杏仁核的猴子失去了恐惧情绪，对应该引发恐惧反应的物体不再产生回避行为。① 因病变损毁杏仁核的病人被发现不能识别恐惧这种情绪。②

神经科学发现，从外界环境中接收到的感觉信息到达杏仁核的时间要先于到达负责理性思考的大脑皮质。杏仁核接收到感觉刺激的时间比大脑皮质早40毫秒。③这个发现说明人对刺激的恐惧反应要先于任何有意识的、经过思考的反应。

(四)大脑皮质

大脑的两个半球可以分为四个叶：额叶、顶叶、颞叶和枕叶。每个叶与其他叶在解剖结构上有着明显的区分，由脑沟裂隔开(见图1-3)。

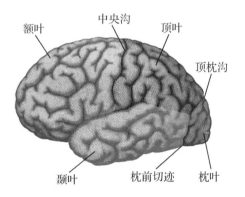

图1-3 大脑皮质的外侧

(资料来源：[美]Michael S. Gazzaniga，Richard B. Ivry，George. Mangun，《认知神经科学——关于心智的生物学》(第3版)，60页，北京，中国轻工业出版社，2015。)

大脑皮质的各叶在神经加工过程中发挥着多方面的作用，虽然主要的功能系统一般都能定位在某个脑叶中，但很多功能系统是跨脑叶的，而且脑的大部分功能都

① H. Klüver & P. C. Bucy, "Preliminary Analysis of Functions of the Temporal Lobes in Monkeys," *Archives of Neurology*, 1939(42), pp. 979-1000.

② Michael S. Gazzaniga, Richard B. Ivry, George R. Mangun：《认知神经科学——关于心智的生物学》(第3版)，315页，北京，中国轻工业出版社，2015。

③ [美]玛丽亚·哈迪曼：《脑科学与课堂 以脑为导向的教学模式》，24页，上海，华东师范大学出版社，2018。

需要大脑皮质和皮质下结构的共同作用来实现。人的认知系统是个高度复杂的系统，认知系统的活动由位于不同脑区的神经网络协同活动来实现。随着脑成像技术的发展，研究者不仅可以较精确地分析不同脑区的特定功能，而且能有效地分析不同脑区间的功能联结，从而揭示出不同神经网络在执行特定认知功能中的作用。

下面，我们对大脑皮质的解剖结构和功能做大致介绍。

额叶

额叶主要包括两个部分——运动皮质和前额叶皮质。运动皮质起自中央沟的深部，向前延伸。它的主要功能是发出动作指令，支配和调节身体在空间的位置、姿势及身体各部分的运动。

前额叶皮质承担着人类的各种高级认知功能，包括：决策判断、问题解决、计划与执行、行为和情绪的调控等。前额叶和所有的感觉区都有双向的神经纤维联系，其眶后部和腹内侧部有投射到海马和海马旁回的神经纤维，与杏仁核、颞叶、枕叶和顶叶等脑区的联系也很密切。因此，前额叶与多种感觉信息的加工、注意、记忆、思维和情绪等高级功能相关。前额叶受到损伤会破坏一个人的行为控制能力，并引起其人格的改变。1868年，美国的哈洛医生向麻省理工医学会报告了一个额叶受伤的案例——盖吉。盖吉在1848年一次事故中前额到左侧面部被一根铁杆刺穿，前额叶受伤严重。这次事故导致盖吉左眼失明，左脸麻痹，但他的运动和语言功能无恙。可是，在人格上他完全像变了一个人。他随时发作、放纵，不听朋友和伙伴的劝阻，随时异想天开地提出很多计划，而后又迅速否定，反复无常。这与受伤之前的他判若两人。

前额叶之于大脑，如同指挥之于交响乐团。学习语言、阅读、写作、数学、音乐都要在前额叶里经历认知处理过程，从而提高相应的分析、应用和评价能力。然而，前额叶成熟得相当缓慢，要到青春期末期才能发育成熟。[①] 因此，青少年易冲动、爱冒险、情绪调节能力不足，这都与前额叶发育不成熟、中央执行功能不足有关系。

---

① J. N. Giedd, "Structural Magnetic Resonance Imaging of the Adolescent Brain," *Annals of the New York Academy of Science*, 2004(1021), pp. 77-85.

顶叶

顶叶位于头顶的位置，在中央沟之后、顶枕沟之前。躯体感觉皮质位于顶叶，负责接受和处理由丘脑中继过来的触觉、温度觉、痛觉，以及本体感觉等躯体感觉刺激。

颞叶

颞叶位于两侧耳朵附近，在耳朵上方，其得名来自对应位置的颅骨——颞骨。颞叶即位于颞骨下方的脑区。拉丁文中的颞部（temporalism）意为时间，由于时间的流逝，颞骨附近的头发变得花白。听觉皮质位于颞叶，负责初步处理由丘脑中继过来的声音刺激。刺激这一区域时，人会产生对声音的感觉。颞叶还与长时记忆的储存有关。有研究表明颞叶前部的外侧皮质受到损伤会导致逆行性遗忘症。

枕叶

枕叶位于脑的后部，是视觉加工区域，接受和处理由丘脑中继过来的视觉刺激，对颜色、明度、朝向以及运动等信息进行加工。

三、脑的神经细胞

（一）神经元与胶质细胞

神经系统由两类细胞组成：神经元和神经胶质细胞。典型的神经元由细胞体、树突和轴突组成（见图1-4）。

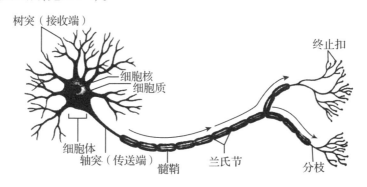

图1-4　神经元的结构

（资料来源：彭聃龄，《普通心理学》（第4版），55页，北京，北京师范大学出版社，2012。）

树突是形状像大树样的突起，是神经元的信号接收端。轴突的形状像一根从细胞体伸出的长长的尾巴，尾部是轴突末梢，是神经元的信号输出端。一个神经元的树突与另一个神经元的轴突间有很微小的缝隙，这个结构被称为突触。神经元之间的信号传递就是在突触间借助神经递质进行神经冲动传导的。学习和记忆过程是以相互联结的神经元网络为基础的。每个突触连接的相对活动水平决定了突触的增强、减弱，甚至最终的死亡。这种现象决定了脑内学习和记忆的结构编码过程。

胶质细胞的数量远多于神经元细胞的数量，是其 10 倍左右。胶质细胞为神经元提供结构支撑和营养，清除死亡的神经元细胞和突触间过多的神经递质。胶质细胞的另一主要功能是构成包裹在神经元轴突外部的髓鞘，髓鞘起到绝缘层的作用，使得神经冲动能够在轴突中进行快速传递。

神经元细胞体的颜色较深，大量的神经元细胞体聚集在一起，看起来是灰色的，因此被称为灰质。胶质细胞因含有脂类，聚集在一起色泽亮白，被称为白质。

(二)镜像神经元

镜像神经元是大脑皮质中一种特殊的感觉—运动神经元。1996 年，科学家在猴子的大脑运动皮质中发现了一种特殊的神经元。当猴子做某种身体动作时，这组神经元会被激活。而当猴子看到别的猴子或人做相似动作时，这组神经元也会被激活，就如同自己也做了一遍这个动作。这种特殊的神经元被命名为镜像神经元。接着研究者们运用功能性核磁共振技术在人类的大脑中也发现了镜像神经元。镜像神经元的关键特征是在动作执行阶段和动作观察阶段皆被激活。这一点使它既区别于运动神经元，又区别于感觉神经元，因为后两者仅仅同动作执行或动作观察相联系。镜像神经元则同时与这两种功能联系在一起。

镜像神经元的存在使我们在看别人打球时，就如同我们自己在打球一样，这为人类的观察学习和模仿学习奠定了神经生理基础。除了动作学习以外，镜像神经元还能帮助我们理解他人。当我们看到他人的行动，在脑中进行相同的行动，这使我们能够了解他人行为的意图，感受他人的情绪体验，理解他人的内心世界。对自闭症的研究发现，自闭症患者的镜像神经元系统存在缺陷，这可能是导致其社会知觉功能受损的原因之一。这也就可以解释为什么他们不能揣摩他人的心意并与他人的行为产生互动了。目前，镜像神经元理论已被用于脑卒中病人的康复。脑卒中病人常常出现身体运动障碍，运用动作观察疗法让病人在观察和反复多次执行同类动作时，可以多次刺激并激活大脑的相同区域，从而引起受损大脑皮质的重塑。

四、大脑功能的偏侧化

大脑的左半球和右半球由胼胝体连接在一起。胼胝体纤维进入两侧半球后散开，投射到整个半球皮质。它把两大脑半球对应部位联系起来，使大脑在功能上成为一个整体。在形状上，大脑的左右半球是对称的，但在一些认知功能上却存在偏侧化，即功能的不对称性。

20世纪60年代，为了治疗严重的癫痫症，医学上曾采用过切除胼胝体的治疗方案，一些患者接受了这样的割裂脑手术。术后，这些病人在一些认知任务上出现了异常的现象，如通过在一侧视野快速闪过刺激，限制视觉刺激仅呈现到一侧半球。若视觉刺激呈现到左半球，病人可以用语言描述看到的物体；若视觉刺激呈现到右半球，病人会否认看到任何东西，但是却能用左手准确地拿起呈现的物体。[①]对割裂脑的研究发现切除了胼胝体后两个大脑半球之间不能互相传递信息，同时也发现两个大脑半球的功能是不对称的，如语言功能主要在左半球。

大脑功能的偏侧化主要体现在以下三个方面。

(一)语言—视觉空间的偏侧化

目前发现的大脑最明显的偏侧化就是左脑具有语言功能。对割裂脑病人的研究发现，右脑无法用语言表述看到的物体。对一侧脑损伤病人的研究也发现，左脑特定区域的损伤会导致失语症，而右脑的相同部位损伤却不会影响语言功能。

19世纪60年代，法国的布洛卡医生收治了一位叫"Tan"的病人。"Tan"并不是这位病人的本名，大家叫他"Tan"是因为他除了"Tan"这个音，别的话几乎不能讲。他去世后，布洛卡医生解剖了他的大脑，发现他的大脑左半球额叶下回后部有损伤，这个区域被命名为布洛卡区，被认为与口语的产生相关。布洛卡区损伤会造成

---

① R. W. Sperry，"Mental Unity Following Surgical Disconnection of the Cerebral Hemispheres，"*Harvey Lect*，1966(62)，pp. 293-323.

口语产生困难，即表达性失语症。19 世纪 70 年代，德国的威尔尼克医生发现了两位在脑卒中后有口语理解困难的病人。这两位病人说话流利，但说出的话都是无意义的。在这两位病人去世后，对其中一位病人的遗体解剖，发现病人的左侧颞上回有损伤，这个区域后来被称为威尔尼克区。该区域损伤会造成语言理解困难，即接收性失语症。病人说无意义的话语，是因为他们无法监控自己的语言输出。

关于阅读的神经成像研究发现，阅读主要是由左脑的额叶、颞顶区和枕颞区构成的阅读网络将正字法信息、听觉信息和语义表征对应起来。① 由于阅读技能从幼儿期到成年期是不断增强的，与阅读相关的脑区激活也随年龄的增长不断表现出偏左侧化。对那些智力正常但存在阅读障碍的发展性阅读障碍者的研究发现，他们除了存在局部脑区的结构和功能上的异常外，还表现出在完成阅读任务时左脑的偏侧化不足。②

脑损伤和脑神经成像的研究为语言功能的偏侧化提供了强有力的证据，左脑对人的语言功能起着主导作用，但我们不能简单地认为右脑就完全不具备语言功能。对于复杂的认知功能，两半球都有贡献，只不过贡献的大小不同。虽然大多数人的语言能力是左半球偏侧化的，但对语言中相关情绪内容的加工是右半球偏侧化的。研究发现，右侧颞叶损伤的病人在词组的语义理解任务中表现得很好，但是当词组伴有情绪语调（如愤怒的、恐惧的等），且情绪语调对词组理解有影响时，他们对词组的解释就出现了困难。③ 而且语言功能的偏侧化还存在个体差异。研究发现，右利手中有 96% 主要依靠左半球加工语言，左利手中依靠左半球加工语言的比例约为 60%。④

与左脑的语言功能优势相比，右脑在视觉空间任务上体现出更明显的优势。割裂脑病人能在右半球的控制下用左手很熟练地完成积木排列任务，左半球的表现却

① B. D. McCandliss & K. G. Noble, "The Development of Reading Impairment: A Cognitive Neuroscience Model," *Mental Retardation and Developmental Disabilities Research Reviews*, 2003(9), pp. 196-204.

② J. Zhao, M. T. D. Schotten, I. Altarelli, et al., "Altered Hemispheric Lateralization of White Matter Pathways in Developmental Dyslexia: Evidence From Spherical Deconvolution Tractography," *Cortex*, 2016(76), pp. 51-62.

③ [美]Michael S. Gazzaniga, Richard B. Ivry, George R. Mangun：《认知神经科学——关于心智的生物学》（第 3 版），396 页，北京，中国轻工业出版社，2015。

④ G. L. Rizze, J. R. Gates & M. C. Fangman, "A Reconsideration of Bilateral Language Representation Based on the Intracarotid Amobarbital Procedure," *Brain and Cognition*, 1997(33), pp. 118-132.

很糟糕，难以用右手完成简单的积木任务。在人的社会生活中，面孔是最具有生态意义的视觉刺激。对面孔识别的研究显示，右脑对于面孔的敏感性也要高于左脑。左脑同样也可以知觉和再认面孔，但是没有右脑熟练。

(二)局部—整体加工的偏侧化

给脑损伤病人呈现局部刺激和整体刺激，左侧脑损伤病人在识别局部刺激时速度更慢，而右侧脑损伤病人在识别整体刺激时速度更慢。[1] 对于复杂图形的回忆，左侧脑损伤病人记住的是图形的整体轮廓，而右侧脑损伤病人记住的是图形的局部细节。这说明左半球更擅长于表征局部信息，而右半球更擅长于表征整体信息(详见图 1-5)。

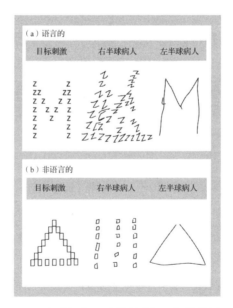

图 1-5　大脑损伤导致的刺激加工损伤的例子

(资料来源：［美］Michael S. Gazzaniga，Richard B. Ivry，George. Mangun，《认知神经科学——关于心智的生物学》(第 3 版)，406 页，北京，中国轻工业出版社，2015。)

---

① L. C. Robertson，M. R. Lamb & R. T. Knight，"Effects of Lesions of Temporal-parietal Junction on Perceptual and Attention Processing in Humans," *Journal of Neuroscience*，1988(8)，pp. 3757-3769.

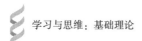

需要注意的是，左脑和右脑其实都可以进行局部和整体的表征，它们的差异在于其表征局部或整体信息的效率。左脑对局部信息的识别更快，右脑对整体信息的识别更快。

根据左右脑在加工局部和整体信息的偏侧化特点，一些研究者认为左脑和右脑有着不同的信息加工风格。左脑倾向于分析式风格，擅长分析细节和序列化的加工。右脑倾向于整体式，擅长综合和直觉。还有一种观点认为这种加工风格是更为一般化的。例如，语言被认为是序列化的言语流，需要切分其结构，并进行分析，而空间表征不仅需要知觉其组成，还需要我们把它们看成连续的整体。

（三）左右半球的优势

关于大脑偏侧化的研究揭示了左脑和右脑存在一些不同。表 1-1 对大脑两个半球各自擅长的功能进行了描述。

表 1-1　大脑左右半球功能

左半球的功能	右半球的功能
控制身体右侧	控制身体左侧
以序列和分析的方式对输入进行加工	以整体和抽象的方式对输入进行加工
时间知觉	空间知觉
产生口语	姿势、面部表情、情绪和肢体动作表达
执行不变的和算数的操作	执行推理的和数学的操作
文字和数字（作为词）方面的识别	面孔、地点、物体和音乐方面的识别
积极构造虚假的记忆	据实回忆
对事情为什么会发生寻找假设	将事情放置于空间模式中
善于引发注意以应对外部刺激	善于内部加工

（资料来源：刘儒德，《教育心理学：原理与应用》，93～94 页，北京，中国人民大学出版社，2019。）

需要注意的是，上述的这些认知功能，尤其是复杂的认知功能并不是只由左脑或者右脑完成的，对每个认知领域左右脑均有贡献。

第二节　脑、认知、思维与情绪

人任何一种思想行为的改变、习惯的养成、知识的获得，以及我们在这个过程当中发生的所有行为、态度、情感的变化，都是大脑本身结构和功能变化的结果。学习和教育就是通过塑造突触的联系来改变我们的知识和技能、思想和行为，并形成我们每个人大脑的独特连接模式。理解脑的工作机制，对我们有效促进学生的各项认知和思维活动具有重要意义。

一、注意

注意可以说是学习的开始，当人们对一项事物予以注意后，才会开启学习的过程。在学校，很多教师对学生注意力不够集中的问题感到困扰。教师们常常考虑如何吸引学生的注意并采取种种办法"吸睛"，牢牢地抓住学生的注意力。然而，近些年来脑科关于注意的研究提示我们，教师关于学生注意力的观念需要改变，要从"吸引"学生的注意力转变到"管理"学生的注意力。

(一)什么是注意

注意是心理活动对一定对象的指向与集中，其基本功能是对环境信息进行选择。根据注意在产生和保持时有无目的以及意志努力的程度，可以将注意分为无意注意和有意注意。无意注意也叫不随意注意，是事先没有预定目的，也不需要意志努力的注意。例如，正在上课的学生突然听到窗外一声巨响，这时学生不需要任何意志努力也会将注意指向窗外。无意注意跟外部刺激的特征有关系。有意注意也叫随意注意，是指有预定目的，必要时需要一定意志努力的注意。例如，要抑制一些外部和内部的分心干扰时，就是有意注意。有意注意是自上而下的、目标驱动的注意，而无意注意是自下而上的、刺激驱动的注意。学习的过程既有无意注意，又有有意注意。

注意这种机制通过对外部刺激的过滤，将人的心理活动指向某个事物，使人们可以专心致志地投入当前的活动中，这体现了注意具有选择性的特点。人们有时还会在同一时间对两种或两种以上的刺激进行注意，如一边开车一边听音乐，这说明注意还具有分配性的特点，也就是人们常说的"一心二用""一心多用"。

很多复杂的任务都要求注意的分配。例如，学生上课要一边听课，一边记笔记；教师讲课要一边完成教学活动，一边关注学生的上课状态：谁在开小差，谁在偷看课外书。然而，注意的分配并不是那么简单的事。例如，很多学生对一边听课一边记笔记感到困难。注意的分配有些基本的条件，其中最重要的条件是，同时进行的几种活动中有些活动的熟练程度和自动化程度较高。这是因为注意是一种资源，每个人的注意资源是有限的。一项活动的自动化程度高，它占用的注意资源就少，人们才能有足够的注意资源分配到另一项活动中。例如，经验丰富的司机对车辆的操控已经非常熟练，在畅通的路况下不少司机可以一边开车一边与副驾驶聊天，当然这应当是禁止的。但在遇到复杂路况或者停车入位时，需要对路况给予相当的注意，司机往往就没心思聊天了。不少学生难以做到一边听课一边记笔记，这主要是因为这两项任务都需要耗费较多的注意资源。尤其是对小学生来说，他们的文字书写还不够熟练，难以完成这样的注意分配。因此，在训练学生这项技能的时候，可以加强学生的课前预习以明确听课和记笔记的重点，加强书写练习以提高其书写速度，课上用电报式语言记录要点、课后再补充等从多方面着手对学生进行训练提高。

需要注意的是，不要将注意的分配与分心相混淆。一边写作业，一边与同学在手机上闲聊是分心的表现。因为在聊天的时候，注意已经从写作业这项任务上转移了。这种注意的频繁切换会大大降低学习的效率，不仅因为闲聊耗费时间，还因为注意的切换是有成本的。当注意切换时，人们还需要一段时间才能进入当前活动的状态，这会产生认知损耗。有研究表明，一个人在完成任务时被打断，需要多花50%的时间来完成任务，而且多犯50%的错误。①

---

① ［美］大卫·苏泽等：《教育与脑神经科学》，24页，上海，华东师范大学出版社，2014。

(二)注意的脑神经机制

经过近几十年的研究，脑认知神经科学家们发现，负责注意功能的神经系统在解剖学上是与感觉加工(如视觉加工、听觉加工等)相分离的独立系统。有研究者提出注意的脑神经机制的整合模型，认为大脑中有三个神经网络与注意的不同方面分别相关：警觉网络、朝向网络和执行控制网络。警觉网络使我们能保持觉醒和警觉状态，朝向网络使我们反射性地把注意朝向环境中的新异刺激，执行控制网络使我们能够抑制分心物的干扰，将注意维持在当前任务上。[①]

1. 警觉网络

警觉系统主要涉及脑干中的网状结构。第一节中我们已经提到，网状结构是脑干中一系列运动和感觉核团的集合，能够维持和改变大脑的兴奋状态。来自躯体或内脏器官的神经冲动，一部分沿感觉传导通路(特异通路)到达相应的大脑皮层感觉区；另一部分通过感觉传导通路上的侧支先进入脑干的网状结构，经网状结构的上行激活系统释放神经冲动，弥散性地到达大脑皮层的广泛区域，激活和维持大脑皮层的兴奋，使其处于觉醒和警觉状态。由网状结构所引起的大脑皮层的兴奋与经由特异神经通路而来的传入冲动结合起来，便会产生特定的意识感觉。网状结构中的蓝斑核是脑内合成去甲肾上腺素的主要部位，是上行激活系统的重要组成部分，其产生的去甲肾上腺素对脑的广泛部位具有兴奋性作用，从而增强大脑的觉醒状态(见图1-6)。网状结构不传递环境中的特定信息，但会激活和保持大脑皮层的唤醒和警觉状态，在感觉信息到达大脑皮层的相应感觉区之前，通过让大脑皮层兴奋，从而使大脑皮层为感觉信息的加工做好准备，保证大脑有效地加工环境信息。若网状结构被阻断，人会昏睡不醒。若存在病理性兴奋则会导致失眠症，临床上治疗失眠症的强安定药主要就是作用在网状结构上的。学生在课堂上昏昏欲睡跟网状结构的激活不足有关。

[①] M. I. Posner & S. E. Petersen, "The Attention System of the Human Brain," *Annual Review of Neuroscience*, 1990(13), pp. 25-42.

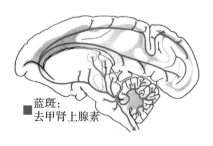

蓝斑：
去甲肾上腺素

图1-6　恒河猴脑中觉醒系统的蓝斑核投射

（资料来源：S. E. Petersen & M. I. Posner，"The Attention System of the Human Brain：
20 Years After,"*Annual Review of Neuroscience*，2012(35)，pp. 73-89.）

关于警觉的研究一般要求人们对特定的目标信号做出迅速反应。研究发现，如果在呈现目标信号之前先呈现一个警示信号，那么人们对目标信号的反应速度就会大幅提高。警示信号相当于是在告诉人们："准备了！目标信号要出现啦！"这就启动了大脑中的警觉系统。脑神经的研究发现，警示信号的出现会启动蓝斑核的活动，从而增加脑内的去甲肾上腺素，提高大脑皮层的兴奋性水平。[1] 这也提示我们，让学生对即将学习的内容产生好奇和期待，是启动他们警觉系统、提高注意力的一种有效手段。

2. 朝向网络

当环境中出现新异刺激时，人们会自然地将感官朝向刺激物，这种现象被称为朝向反射。例如，教师正在讲课，这时校长走进了教室，学生们会自然地将目光转向校长。朝向反射包括身体的一系列变化，如感官朝向刺激物、正在进行的活动受到压抑、呼吸节律改变等。脑成像研究发现，与朝向反射有关的神经网络主要涉及顶叶、位于额叶后部控制眼球运动的运动皮质、腹侧额叶、颞顶联合区等多个脑区。[2]

3. 执行控制网络

执行控制网络的功能是维持有意注意，即有意识地将注意集中到特定目标上，

---

① G. Aston-Jones & J. D. Cohen，"An Integrative Theory of Locus Coeruleus-norepinephrine Function：Adaptive Gain and Optimal Performance,"*Annual Review of Neuroscience*，2005(28)，pp. 403-450.

② S. E. Petersen & M. I. Posner，"The Attention System of the Human Brain：20 Years After,"*Annual Review of Neuroscience*，2012(35)，pp. 73-89.

并抑制其他无关刺激的干扰。注意的执行控制网络能够调节感觉皮质区域对刺激的加工，将从执行控制网络发出的神经投射与感觉皮质区域中的神经元相联系，并经由这种联系改变后者的兴奋性。如果某个刺激被执行网络赋予较高的优先性，它在对应的感觉区所引发的神经反应就会增强，如果它与当前目标无关，那么它引起的神经反应就会减弱。正是这种机制使我们的注意像聚光灯一样，目标刺激会被照得更亮，而周围的无关刺激则变得更暗，大脑对目标刺激的加工也因此变得更加高效。

脑成像研究揭示，注意的执行网络涉及前扣带回、前额叶、后部顶叶、丘脑等多个区域。扣带回是边缘系统的组成之一，前扣带回是扣带回的前部，它广泛地参与各种需要注意参与的认知活动，负责监控行为反应是否出错、是否存在冲突等。在需要抑制占优势的刺激而去执行次优势的刺激时，都能发现前扣带回被明显激活。① Stroop 任务是在这类研究中经常使用的一种任务，给人们呈现一些带颜色的色词，如黄色的"蓝"字，要求被试迅速说出该字的颜色，而不是读音，即看到黄色的"蓝"字，要迅速说出"黄"，而非"蓝"，这需要人们抑制对字形、字音的加工。研究发现，在完成 Stroop 任务时，前扣带回会出现明显激活。

前额叶是大脑的执行控制中心，是主动调节行为、对信息进行选择的重要脑区，与注意功能密切相关。对脑损伤病人的研究发现，前额叶损伤的患者在注意的集中、转换、分配、控制等方面都存在明显的障碍。②

注意缺陷多动障碍（Attention Deficit Hyperactivity Disorder，ADHD）是儿童期常见的一种心理障碍。注意缺损、多动、冲动是其核心症状，发病率为 3%～5%，其中约 85% 的患儿的症状会延续至青春期，50%～70% 会延续至成人期。ADHD 儿童在注意的维持、选择、转换和分配上都存在困难。他们注意的持续时间短，易被分心刺激干扰，不能快速地进行任务转换，难以同时做两件事情。对 ADHD 儿童的功能磁共振成像研究显示，ADHD 儿童的前额叶、前扣带回等脑区功能低下，同时

---

① M. M. Botvinick, T. S. Braver, D. M. Barch et al., "Conflict Monitoring and Cognitive Control," *Psychological Review*, 2001(108), pp. 624-652.

② 季俊霞、江钟立、贺丹军等：《基底核损伤与额叶损伤对注意力和短时记忆的影响》，载《中国康复医学杂志》，2008(4)。

丘脑功能也存在异常。①

在警觉网络、朝向网络、执行控制网络这三个与注意相关的神经网络中，前两个神经网络在儿童早期就已经得到很好的发展了，而执行控制网络则发展得缓慢得多，要到青春期后期才会发育成熟。因此，在小学普遍存在的学生注意力的问题，主要是由注意的执行控制神经网络发育不成熟导致的。

（三）脉搏式的注意节律

在学校，老师们常常希望学生能在学习时长时间地保持注意，然而持有这一观念的老师常会感到沮丧，因为他们发现学生难以做到这一点。事实上，长时间保持注意并不符合大脑自然的工作机制。脑科学的研究揭示，我们的大脑并不能总是保持全速工作的状态，大脑的工作是有节律的。

我们能体会到，在一天中有时我们的注意力比较集中，工作和学习效率高，有时则难以集中注意力。这是因为大脑皮层存在一种"唤醒—休息"的循环节律，就像我们在睡眠时有"浅睡—深睡"的循环节律一样。有研究者认为，这两种循环节律是有关联的，白天的"唤醒—休息"的节律是夜间睡眠节律的延伸。白天大脑的这种"唤醒—休息"节律每 90~100 分钟循环一次，这与夜间睡眠的节律周期也是一致的。大脑在白天的"唤醒—休息"的节律中，不仅会发生血压、呼吸等生理上的周期性波动，其认知功能也会发生周期性波动，如注意、记忆、认知风格等，又如大脑左半球和右半球的活跃状态会在一个周期当中出现一次交替轮换。一项在 8 小时内每隔 15 分钟测试一次言语匹配任务和空间匹配任务的研究中，发现被试在言语任务和空间任务上的表现出现了周期性的波动，周期约为 90 分钟，且言语表现的波形与空间表现的波形相位相差 180°，即言语表现处于波峰的时候，空间表现处于波谷。由于左半球具有言语加工优势，右半球具有视觉空间加工优势，这项研究表明，90 分钟内左半球和右半球的信息就会交替地各出现一次高峰和低谷。② 这种周期性的节律也提示我们，课堂上要尽量让学生的左右脑都开动起来，因为学生

---

① 张磊、金真、曾亚伟等：《儿童注意缺陷多动障碍的功能磁共振成像研究》，载《中华放射学杂志》，2004(6)。

② R. Klein & R. Armitage，"Rhythms in Human Performance：1. 5 Hour Oscillations in Cognitive Style，" *Science*，1979(204)，pp. 1326-1328.

的大脑工作节律是不完全一致的。另外，不要总把测试安排在一个固定的时间，选择不同的时间、采用不同的形式来测试和评价学生的学习，如"档案袋"评价法，能更准确地评估学生的学习水平。

人们的警觉性和注意的集中性在一天中也会出现上述的周期性波动。在工作场所可以观察到人们常常在工作了一个半小时左右，去冲点咖啡或者稍作休息。在脉搏式的"聚焦—涣散—聚焦"节律下，大脑的工作状态是最佳的，长时间地保持注意会令大脑工作效率越来越低。要想保持高度的注意，"聚焦—涣散—聚焦"的切换频率还要更加频繁。因此，教师在教学中要有意识地设计脑休息。对于年幼儿童，每小节讲授或活动的时间以 5~10 分钟为宜，进行短暂休息或放松后再进行下一小节的活动。对青少年，每小节的教学活动以 10~15 分钟为宜。对成年人，也不宜超过 25 分钟。① 脑休息可以是伸展或活动身体、听音乐，也可以是转换教学活动形式、组织学生讨论等方式。

(四)管理注意力的策略

教师进行教学首先要做的就是引起学生的注意。教师可以基于大脑的工作机制，尝试多种策略来管理学生的注意。

1. 制造学习环境中的变化

人们对熟悉的事物容易熟视无睹。人们对外界刺激的感觉存在一种叫"感觉适应"的现象，如"入芝兰之室，久而不闻其香"。虽然外界刺激一直存在，但是身体的感受器不会一直向大脑传递同样强度的神经冲动，这是我们适应环境的一种方式。如果学习环境中的刺激比较单调，缺少变化，那么大脑皮质的兴奋程度就会逐渐下降，学生就容易昏昏欲睡。在学习环境中，可以制造变化的元素有很多。比如，在教师使用新颖的教学活动设计或新颖的教学材料时，我们的大脑就会被新异刺激吸引；教师在讲课过程中变换音调，抑扬顿挫的音调更容易吸引学生的注意；定期调整学生的座位，这会让学生在教室中的感受有所不同；改变学习资料等印刷材料的字体大小等。

---

① Eric. P. Jensen, *Brain-Based Learning: The New Paradigm of Teaching* (2*nd Edition*), California, *Corwin Press*, 2008, p. 45.

2. 减少环境中的无关干扰

学习在大多数情况下是一项需要有意注意来维持的活动。儿童和青少年的前额叶发育不完善，对分心刺激的抑制功能不足。因此，减少环境中的分心物对维持学生的注意是非常必要的。

3. 让学生对学习内容产生期待与好奇

当学生对要学习的内容有所期待的时候，脑干中的蓝斑核会制造去甲肾上腺素，使大脑皮层处于兴奋状态，为处理环境刺激做好准备。教师可以利用谜题、认知冲突等策略令学生对即将学习的内容产生好奇和期待。

4. 给学生具有一定挑战性的任务

注意是一种有限的认知资源。如果学习任务需要耗费的注意资源较多，那么学生将没有多余的注意资源去关注其他无关刺激。因此，设计有一定挑战性的学习任务能够让学生更好地将注意集中在当前任务上。当然，挑战性要适合学生的水平。如果学习任务过于简单，学生的注意资源就很容易溢出到与当前任务无关的其他事情上。而过于复杂的任务容易导致学生的沮丧和放弃，学生的注意力也就自然转移了。这里的挑战性不仅仅是难度，还包括对注意资源的要求。例如，在解决问题的过程中，教师要求学生对自己的思维过程进行自我解释，这样就会占用较多的注意资源，如果教师可以帮助他们调整注意状态，使其更多地将注意集中到当前的任务上，就会提高解题效率。

5. 让学生活动起来

学生昏昏欲睡时，让学生活动起来能够增加其大脑的供血量，也能够增加环境刺激量，从而增强传入脑干中网状结构的神经刺激，提高大脑皮质的兴奋度。另外，上一节讲到，小脑除了参与身体运动以外，还参与大脑认知控制等认知功能的活动。因此，在教学过程中适时安排一些活动，让学生动起来，有助于学生更好地维持注意，对那些有注意力缺损和障碍的学生更是如此。

6. 创造教学的节奏感

在教学时，遵循大脑"聚焦—涣散—聚焦"的工作节律，创造教学的节奏感，适时安排脑休息，能够让大脑更有效率地工作。脑休息的形式可以多样，伸展或活动身体、转换教学活动形式等，都能够让学生的大脑获得休息，从而在后面的学习中能够更好地聚焦。

7. 使学习与学生个人相关

大脑追寻意义，与自己有关的刺激最具有个人意义。使用与学生相关的素材、解决学生个人的困惑和问题，能够迅速吸引学生的注意。

二、记忆、思维与学习

记忆是基本的心理机能，是思维活动的基础，是学习得以发生的基本条件。一方面，只有在有效记忆的基础上，我们才能习得知识和技能，从而改变学习态度和学习行为。另一方面，记忆是学习的结果。学习是获取新信息的过程，其结果便是形成记忆。想要更有效地促进记忆和学习，要从理解记忆的大脑机制开始，一些科学规律与我们的直觉和习惯做法是相反的。

（一）记忆与思维

记忆是人脑对个体经验积累和保存的过程。根据信息的保持时间，记忆可以分为感觉记忆、短时记忆和长时记忆。感觉记忆也叫瞬时记忆，是记忆系统对外界信息进行进一步加工之前的暂时登记。感觉记忆的容量较大，其中大部分信息因为来不及加工而迅速消退，只有一部分信息由于注意而得到进一步加工，进入短时记忆。短时记忆对信息的保持时间约为一分钟。对信息的保持时间在一分钟以上的记忆称为长时记忆。

与短时记忆有关的另一个更为工作化的概念是巴德利等人提出的工作记忆，即在短时间内对信息进行存储和心理操作的、容量有限的记忆系统。工作记忆是对短时记忆概念的扩展，更是为了完成某一认知任务而对信息进行存储和加工的过程。工作记忆的内容可以源于感觉记忆的感觉输入，也可以从长时记忆中来提取获得。例如，我们要完成两位数加减法心算，就需要记住要运算的数字，然后在对个位数和十位数进行加减法运算时，就需要从长时记忆中调取先前知识来进行计算。我们要先记住每个数位的计算结果，如需进位，就要进行进位或借位操作，最后得出结果。这个过程就是工作记忆的工作状态。

巴德利等人提出的工作记忆模型包含了多个成分，其中最主要的组成是语音环路、视空模板和中央执行系统。语音环路处理以语音为基础的信息，视空模板处理视觉空间信息。还以上面的两位数加减法心算为例，如果心算过程都是对数字语音进行操作，那么工作记忆主要就是处理语音环路的信息，如果心算过程是在脑海中呈现出列竖式的视觉表征，那么该过程还要处理视空模板的信息。中央执行系统是一个管理语音环路、视空模板和长时记忆之间相互交流的命令控制中心，是指导工作记忆加工的认知系统。工作记忆是思维活动的基本操作系统，而这一系统的容量是有限的。如果要完成四位数加减法的心算，对大多数人来说是比较困难的，因为工作记忆的容量不够用了。

工作记忆是人脑进行思维活动的重要基础。认知神经科学家科斯莱恩认为，思维包含两种属性：第一，信息必定由个体内部来表征；第二，信息是可操纵的，以便人们进行推理并得到结论。[1] 温寒江先生提出，思维是人脑对客观事物在脑中的表征(语言和表象)进行加工的一个认识过程，它既能反映、揭示事物的本质特征和事物间规律性的联系，又能预测和把握事物的未来。[2] 工作记忆是思维的核心。思维的过程也是信息加工的过程，工作记忆是思维过程不可分割的组成部分。脑科学对工作记忆和对思维的研究具有重大的价值。

(二)记忆的大脑神经基础

从细胞基础上来看，记忆可以说是神经网络中神经元之间突触强度变化的结果。简单来说，神经元之间形成了新的突触，或者原有的突触增强，就是发生了记忆和学习。这一过程发生的比较慢，并且需要不断地巩固。如果神经元之间的突触消失了，那么头脑中已经学到的东西也就随之消失了，这就是发生了遗忘。

从脑的结构功能角度来看，脑的哪些结构组织与记忆功能有关呢？内侧颞叶，特别是海马，对于快速巩固以及情节和语义记忆的初始存储是非常重要的。经过海马的初始存储和快速巩固后，通过海马与大脑皮质之间的投射，会在大脑皮质中形成永久的记忆痕迹。在前一节中我们提到的病人 H. M. 由于海马受损，导致他出现了严重的顺行性遗忘，不能记住手术后发生的事情。这表明，海马是短时记忆存储

---

① [美]M. S. Gazzaniga, Richard B. Ivry, George R. Mangun：《认知神经科学——关于心智的生物学》(第3版)，643页，北京，中国轻工业出版社，2015。

② 温寒江、陈爱苾：《脑科学·思维·教育丛书　学习学》(上卷)，27页，北京，教育科学出版社，2016。

到长时记忆的关键结构。

那么长时记忆存储在大脑的什么部位呢？有研究发现，颞叶前部的外侧皮质受到损伤会导致严重的逆行性遗忘，即不能回忆起受伤之前的记忆。但颞叶前部的外侧皮质也并非长时记忆的唯一存储库。因为如果这些部位是长时记忆的唯一存储库的话，那么我们将不可能发现丧失所有先前获得的记忆却还能够生成新记忆的病人，但是这样的病人确实存在。新近的脑神经成像研究证据表明，记忆以分布式表征的方式储存在大脑皮质中。①

杏仁核在那些与情绪有着强烈关联的记忆中起着重要作用。当我们回顾自己的人生时，我们会发现我们不会记得一些比如钥匙放在哪儿了、学校餐厅的食谱等日常平凡的小事，我们记住的是第一次告白、学校里的窘迫经历、获得某项成就时的自豪、一次意外事故，等等。那些能长久储存的记忆往往都是情绪性的记忆。这种持久性的原因可能与杏仁核的激活有关。研究发现，杏仁核可以调节海马的活动，从而调节针对情绪事件的记忆强度。②

关于工作记忆的大脑机制，对脑损伤病人的研究发现，包含外侧额叶和下顶叶的左半脑网络参与了语音工作记忆。位于下顶叶的左侧缘上回的损伤会导致语音工作记忆的不足，在这一区域有损伤的病人听觉—言语记忆大幅度降低，他们无法在工作记忆中保持词串。语音环路的复述过程包含左侧运动前区的活动。双侧顶枕区域的损伤会引起视空模板的功能障碍，但是右半脑的损伤会造成更严重的视觉空间短时记忆的缺陷。对于健康人的脑成像研究发现，语词工作记忆和空间工作记忆呈现明显的半球优势，对于语词工作记忆，会伴随左侧外侧额叶皮质下部的激活，对于空间工作记忆，其激活主要出现在右半球，包括右侧的下额叶、后顶叶和枕叶。③

另外，前额叶皮质对工作记忆非常重要。外侧前额叶皮质负责当前知觉信息和已存储的知识间的相互作用，是工作记忆系统中的一个重要成分。一种观点认为，

---

① Michael S. Gazzaniga, Richard B. Ivry, George R. Mangun：《认知神经科学——关于心智的生物学》(第3版)，295页，北京，中国轻工业出版社，2015。

② J. I. McGaugh, L. Cahill & B. Roozendaal, "Involvement of the Amygdala in Memory Storage：Interaction With Other Brain Systems," *Proceedings of the National Academy of Science*, 1996(24)，pp. 13508-13514.

③ Michael S. Gazzaniga, Richard B. Ivry, George R. Mangun：《认知神经科学——关于心智的生物学》(第3版)，495页，北京，中国轻工业出版社，2015。

前额叶皮质是一个暂时存储区域，存储来自其他神经区域的表征。信息并不在前额叶皮质中永久存储，但是与当前任务相关的信息会被存储在前额叶皮质中。[1] 事实上，脑科学已经发现前额叶皮质与颞叶和顶叶的后感觉区域确实存在着密切的联系。

（三）如何加深记忆和学习

1. 建构意义和理解

从大脑的工作机制来看，与简单的复述相比，对信息进行深层加工，建构对信息的意义和理解所激发的神经元网络要更大。建构意义和理解的过程是将信息与已有的认知结构建立联系的过程，也是建立神经元联结的过程。从神经生理学的角度来看，要巩固记忆，一方面是要增强神经元之间联结的强度，即突触的强度，另一方面就是要更广泛地建立神经元之间的联系，这样通过学习建立起来的神经元联结就不容易被修剪掉，学到的知识和信息也就不容易被遗忘。因此，在学习中，学习者对信息建构自己的意义和理解是加深和巩固记忆的重要条件。

在一项研究中，被试被分成两组：第一组要记住一些具有"主—谓—宾"结构的简单句子；第二组被试用句子中的主语和宾语另造句子，然后进行回忆。检查时只给两组被试提示主语，要求他们回忆宾语。结果表明，第一组的回忆率为29%，第二组为58%。[2] 这是因为第二组被试的句子是自己造的，他们对材料的加工程度要更深，并且对材料进行了意义建构。

2. 建立多重表征

建立对信息的多重表征也有利于加深记忆和学习。多感官学习对记忆的促进作用已经被大量的证据证实。运用观看、听闻、触摸、表演、想象、体验等学习方式，让学习者的视觉、听觉、触觉、嗅觉、味觉等多种感觉通道都参与到学习中，这样就会对所学的信息建立起多种感觉表征。大脑在学习过程中的激活范围越大，强度越高，那它建立起的神经元联结就越广泛。同时，建立多重表征也意味着记忆提取的线索更多了。因此，学习的内容印象越深刻，也就越容易被回忆起来。

① Michael S. Gazzaniga, Richard B. Ivry, George R. Mangun：《认知神经科学——关于心智的生物学》(第3版)，490页，北京，中国轻工业出版社，2015。

② 彭聃龄：《普通心理学》(第4版)，260页，北京，北京师范大学出版社，2012。

除了多感官学习，大脑还可以根据学科知识的特点建立起多重表征。例如，数学中函数的学习可以将代数表征和图形表征紧密结合起来，这样有助于学习者的学习和记忆。

3. 及时复习

对学习的内容进行反复练习能够巩固记忆，也就是我们常说的"熟能生巧"，这是人们对巩固记忆的一般认识。与遗忘进行斗争的第一要领，是要及时复习。俄罗斯著名教育家乌申斯基说过，我们要巩固建筑物，而不要等待取修补已经崩溃的建筑物。如果我们要记住某些内容，就需要在这些内容还没有被遗忘之前及时进行复习。从大脑细胞机制的层面来看，通过学习建立起来的新的神经突触，其强度往往比较弱，如果没有得到及时强化巩固，突触可能就会消失，而建立新的神经突触要比增强已有的突触要困难得多。

4. 分散学习

我们除了及时的复习和练习外，还要注意练习的方法。研究发现，重复能够提高记忆效果，但并不是所有的重复都具有同样的效果。同样的内容需要复习三遍，怎样复习的效果更好呢？是一天连续复习三遍，还是这些内容每天复习一遍，分三天复习呢？前一种重复方式称为集中学习，后一种重复方式称为分散学习。实验研究证明，分散学习比集中学习的效果好。

在一项研究中，让大学生学习 30 个之前从未接触过的外语单词。当时有两种实验方式，一种是集中学习，即每个单词连续呈现 6 遍；另一种是分散学习，每个单词间隔 11 个单词重复呈现一遍，共重复呈现 6 遍。在学习结束半小时、一天和一周后分别对被试进行记忆测查。结果发现，虽然随着测查间隔时间的增长，用两种学习方式学习的成绩都明显降低，但是在第三次测查中，分散学习的成绩都明显好于集中学习的成绩。[1] 分散学习的效果优于集中学习的效果已被证明。无论使用何种学习材料，如图片、文字或面孔，面向何种实验对象，如成人或儿童，采取何种记忆测查方式，如回忆或再认，最后都发现分散学习的学习效果更好，这一现象被称为分散效应。

---

[1] 薛红莉、梅磊磊、薛贵等：《学习方法对陌生语言字形学习的影响》，载《心理科学》，2017(5)。

为什么分散学习的效果要优于集中学习的效果？脑神经科学的研究发现，这两种学习方式下大脑的激活模式不同。与间隔重复相比，连续重复的刺激在重复出现时，大脑的编码加工不足。大脑对重复的刺激存在重复启动效应，即面对重复的刺激，大脑对它的加工程度会逐渐减弱。我们自己也能体验到，复习时会比初次学习时感到轻松，复习的次数越多，复习的过程就越轻松。在集中学习条件下，由于刺激是连续重复的，其重复启动效应比分散学习效应更大，因而集中学习条件的重复刺激比分散学习的重复刺激得到了较少的加工。

薛贵等人通过一系列研究，运用磁共振功能成像（fMRI）、脑电图（EGG）等技术来提供了神经机制的直接证据。研究发现，在反复练习中，每次学习所引发的大脑活动模式的相似度越高，其后的记忆效果就越好。在集中练习条件下，重复启动效应越大，大脑对重复刺激的加工就越少，相应脑区的激活也就越少。分散学习减少了刺激在神经活动上的重复抑制，学习过程中大脑具有更高的活动水平和更强的激活模式相似性。①

然而，在现实生活中有很多学生偏好集中学习的方式，很多教师也喜欢在考试前组织学生进行集中复习。这也许是由集中学习和分散学习的流畅性体验不同造成的。由于重复启动效应的缘故，在集中学习条件下，学习的流畅性较好，在分散学习条件下，重复学习的流畅性较差。但是，轻松的学习并不能带来好的学习效果。虽然两种学习花费的时间相同，但与集中学习相比，分散学习所耗费的大脑认知资源显然要更多。这提示我们，要提高学习效率，促进学习的长期保持，就要创造难度适当的学习环境，让大脑的资源充分地参与到学习活动中来。

5. 经常测试和主动回忆

一些关于记忆的理论模型把记忆的活动分为两个过程：编码过程和提取过程。编码过程指的是将新信息编码存储到记忆中，提取过程指的是回忆存储在记忆中的信息。在学校中，学习新知识涉及记忆的编码，而测验和考试则涉及记忆的提取。通常人们将编码过程看作学习，将是否能正确提取视作对学习效果的检验。然而，近些年来关于测试与记忆的系列研究颠覆了这一传统观念。

---

① G. Xue, L. L. Mei, C. S. Chen, et al., "Spaced Learning Enhances Subsequent Recognition Memory by Reducing Neural Repetition Suppression," *Journal of Cognitive Neuroscience*, 2011(7), pp. 1624-1633.

在一项研究中，让一些大学生学习科学主题的文章，他们被随机分配在三种条件下进行学习：SSSS、SSST、STTT。SSSS 代表对文章进行 4 个时段的重复学习，每个学习时段 5 分钟。SSST 代表对文章进行 3 个时段的重复学习后，进行一次回忆测试，要求被试回忆文章的内容，并写下来。STTT 代表对文章进行 1 个时段的学习后，进行三次回忆测试，每次回忆测试后不反馈测试结果。在这三种条件下的操作结束 5 分钟和一周以后，分别进行两次最终的回忆测试。结果发现，在 5 分钟后的测试中，回忆成绩最好的是 SSSS 组，其次是 SSST 组，最差的是 STTT 组。但一周以后的测试成绩出现了反转，成绩最好的是 STTT 组，其次是 SSST 组，SSSS 组最差。① 这表明，在学习结束后短时间内的记忆保持与学习的次数呈正相关，而长时间的记忆保持则与测试的次数呈正相关。后续的相关研究都证明，测试比重复学习更能促进记忆的长时保持。② 研究者们将这一现象称为测试效应。

测试效应说明，对记忆的提取不仅能检测记忆的效果，还能加深记忆的痕迹。提取的过程本身就是学习的过程。与重复学习相比，回忆所耗费的认知努力要更多。脑成像研究表明，记忆的提取伴随着记忆编码时神经活动模式的再现，能增强相关神经突触的强度，促进记忆的长时保持。同时，测试也能让学习者更好地监测自己的学习水平，调整自己的学习行为。

然而，在现实生活中，很多学生更愿意一遍一遍地复习课本、笔记，而不是做一下自我测试。这可能是因为与测试相比，重复学习要更轻松。而且重复学习带来的这种流畅感还会导致学生过高地估计学习效果。在上述研究中，在第一阶段四个时段的实验操作结束后，要求四组学生预估自己一周以后的记忆保持率，SSSS 组预估的最高，其次是 SSST 组，STTT 组最低。然而一周以后的回忆测试成绩却恰恰相反。

对学生进行随堂小测试、引导学生采取主动回忆学习内容的学习方法、鼓励学生自我测试等策略都能够促进学生对学习内容的记忆保持。测试的本质是对学习内容的主动回忆和检索。学生不喜欢测验和考试是因为测验和考试往往伴随着对学生

① H. L. Roediger & J. D. Karpicke, "Test-enhanced Learning: Taking Memory Tests Improves Long-term Retention," *Psychological Science*, 2006(3), pp. 249-255.

② J. D. Karpicke & H. L. Roediger, "The Critical Importance of Retrieval for Learning," *Science*, 2008 (5865), pp. 966-968.

的评价，这会引发学生的焦虑。对测试给予信息性的反馈，减少学生的焦虑，是教师在使用测试手段时需要注意的事项。

分散效应和测试效应揭示的规律与人们对学习的一般看法相反。人们一般认为，只要在某件事情上花费的时间足够长，就可以把它们牢牢地记住。很多老师相信，只要让学生学起来更快、更轻松，学习效果就会更好。而关于分散效应和测试效应的研究却证明，事实恰恰相反：学习越感到吃力，记忆就越长久、牢固。

三、创造性思维与脑

创造性思维是人们以新的方式解决问题的高级思维活动，是人类智能的高级表现，包括顿悟、类比迁移、创造性想象、发散思维等。关于创造性大脑机制的研究一般从两个方面进行：一是关注创造性思维过程，运用脑成像技术研究在完成特定的创造性任务时大脑的激活；二是关注高创造性个体的大脑结构和功能连接特点。不过到目前为止，关于创造性思维的大脑神经机制的研究还没有完全达成共识。

有关创造性思维大脑功能定位的研究发现，创造性思维是一种高级认知，离不开全脑功能的协调，但也并不是定位于全脑。大多数研究倾向于支持其主要定位于额叶、扣带回及颞顶联合皮层等区域。① 有研究者总结了数十项脑损伤和脑成像研究，提出了三因素脑解剖模型来解释创造力的脑结构基础。该模型认为创造性是颞叶、额叶和边缘系统网络联结功能的结果。其中，颞叶主要负责生成新颖观点，额叶负责观点远距性和新颖性的连通，边缘系统则负责寻求新颖性和提供创造性的驱动力。②

创造性思维与前额叶的执行功能相关。认知抑制是执行功能的一项重要组成部分，是对认知内容或过程的抑制，并且认知抑制在创造性思维中扮演着重要角色。对高创造性个体的研究发现，高创造性个体的认知抑制和注意焦点的灵活性更

---

① 沈汪兵、刘昌、陈晶晶：《创造力的脑结构与脑功能基础》，载《心理科学进展》，2010(9)。

② A. W. Flaherty, "Frontotemporal and Dopaminergic Control of Idea Generation and Creative Drive," *Journal of Comparative Neurology*, 2005(493), pp. 147-153.

高。[1] 在解决创造性问题的早期和晚期阶段需要不同的认知抑制水平。在解决创造性问题的早期阶段，问题的定义不太精确，问题情境从初始状态通往目标状态的路径被堵塞，如果我们运用惯常方案来思考、理解和解决问题，就会陷入思维僵局。研究发现，在这个阶段，高创造性的个体能够更多地注意并记忆无关信息，更具冲动性，认知抑制较弱。他们倾向于离焦注意，注意宽泛且信息加工速度变慢。在解决创造性问题的晚期阶段，高创造性的个体能够很好地抑制无关信息，增加对任务的集中注意，这样能使注意变窄并提高认知加工速度。低抑制提高了一开始的独创性，但在随后的加工中，高认知抑制有助于创造性的加工。

脑左右半球的平衡和协调对创造性思维有着重要的意义。降低大脑左侧额叶的活动，增加大脑右侧额叶的活动，能够降低认知抑制，有助于创造性观点的产生。[2] 对脑损伤病人的研究发现，右侧内侧前额叶的病变会导致思维独创性的下降，这个区域的病变面积越大，思维的独创性水平越低。研究者认为，右侧内侧前额叶是右侧额顶联合网络的一部分，右侧额顶联合网络与新想法的产生密切相关。左侧颞顶联合皮层的病变在某种程度上与思维的独创性呈正相关，这个区域的病变面积越大，思维的独创性水平越高。研究者认为，左半球的线性认知加工，如语言，会削弱创造性想法的产生。[3] 不过要完成复杂的创造性任务，只产生新想法是不够的，还需要对想法进行假设、分析、检验，这都需要左半球的参与。因此，创造性思维不是定位于某一个半球，它需要两半球的平衡发展与协同工作。

四、情绪与学习

思维是"冷"的，情绪是"热"的，二者看上去不兼容，但事实上，思维与情绪密不可分。思维帮助我们确定目标，推动我们向目标前进的是情绪，情绪为我们的

———————————

① C. Martindale, "Creativity, Primordial Cognition, and Personality," *Personality and individual difference*, 2007(7), pp. 1777-1785.

② N. Mayseless & S. G. Shamay-Tsoory, "Enhancing Verbal Creativity: Modulating Creativity by A lertingthe Balance Between Right and Left Inferior Frontal Gyrus With the tDCS," *Neuroscience*, 2015 (291), pp. 167-176.

③ S. G. Shamay-Troosy, N. Adler, J. Aharon-Peretz, et al., "The Origins of Originality: The Neural Bases of Creative Thinking and Originality," *Neuropsychologia*, 2011(2), pp. 178-185.

行动提供能量。同时，人的思维能力也高度依赖情绪状态。过度的、狂乱的情绪会破坏我们的理性思维，同样，缺少情绪也会令我们的大脑难以迸出灵感的火花。因此，营造适宜的情绪氛围是让学习得以真正发生的重要前提。

（一）调动积极情绪，激发内在动机

在积极情绪下大脑的注意机能更好。作为一种生存机制，位于脑干的网状激活系统接受与快乐相关的感觉输入。动物适应了生存的环境以后，就会设法重复那些与生存相关的愉快行为，如寻找美味的食物或者追随可能的配偶的气息。我们人类大脑对伴随愉悦感的感觉的输入十分警觉。在教学中，如果能引发学生的兴趣，唤起他们的愉悦情绪，那学生就会对学习任务更加专注和投入。

大量的研究证实，积极情绪与创造性思维相关。积极情绪能够影响认知联结的广度，从而提高思维的独创性、流畅性和灵活性。在一项研究中，让被试观看影片，从而诱发其积极、消极和中性的情绪，结果发现，积极情绪能够提高注意的广度、整体性思维和行动反应。①

在学习的过程中，在预测正确答案时会促进大脑一种重要的神经递质——多巴胺的分泌。② 多巴胺水平的上升与愉快的情绪有关，其水平的下降与消极的情绪有关。多巴胺在调控情绪、学习记忆、奖赏等方面具有重要作用，它能够在产生愉悦情绪的同时，增强大脑的学习动机、记忆力和注意力。因此，在教学中要给学生创设难度适宜的认知挑战，让学生投入解决问题的情境当中，并给予学生及时、准确的反馈，这能促进多巴胺的分泌。

在设定学习的情绪氛围时，一个很重要的方面是激发学生的内在学习动机。激发学生的学习兴趣、及时给学生提供反馈、帮助学生获得成就感、建立良好的师生关系等，都能激发学生的内在学习动机，调动他们对学习的积极情绪。

---

① B. L. Fredrickson & C. Branigan, "Positive Emotions Broaden the Scope of Attention and Thought-action Repertoires," *Cognition & Emotion*, 2005(19), pp. 313-332.

② ［美］David A. Sousa：《心智、脑与教育 教育神经科学对课堂教学的启示》，43 页，上海，华东师范大学出版社，2013。

（二）增加"好"的压力，避免"坏"的压力

人类大脑的功能，首先是确保生存，其次是满足情感的需要，最后才是认知学习。当一个学生受到严重的威胁、感到巨大的压力时，如受到霸凌、受到羞辱时，他大脑的第一反应是启动防御机制，应对威胁和压力。在这种情况下，我们就没法指望他专注地进行学习活动了。

不过，压力也并非全是坏事。心理学家詹森将课堂上的压力分成两类："好的压力"和"坏的压力"。①

"好的压力"是短时间内强度适中的压力。当我们面临中等程度的挑战，并且相信我们能够达成的时候，会体验到这种"好的压力"。这时，大脑会释放适量的皮质醇、肾上腺素、去甲肾上腺素，来提高知觉水平、增强动机以及大脑的唤醒和准备状态，这些都有助于学习。学生在什么情况下会感受到这种"好的压力"呢？詹森认为，当学生主动地想要解决某个问题并感到自己有能力解决这个问题、能够获得解决问题的资源和支持、对环境有控制感、挑战之间有足够的休息的时候，学习带给学生的压力就是"好的压力"。

"坏的压力"是巨大的或长期的压力。当我们受到威胁，包括身体上的伤害，认知上的威胁(如难以实现的期望、无法完成的时限要求、缺少资源、缺少支持和榜样示范)，情感上的损害(如窘迫、羞辱、被拒绝)的时候，大脑就会启动防御机制，进入应激状态。位于大脑边缘系统的杏仁核是情绪的关键结构，杏仁核一旦受到环境的威胁时，一连串的生理反应就会随之而来。杏仁核加工的信息触发下丘脑，激活应激激素的分泌，包括肾上腺素、去甲肾上腺素、抗利尿激素、皮质醇等，引发生理上的一系列变化：血压升高、心率加快、肌肉收缩，让身体做出战斗或者逃跑的反应。与此同时，人体的消化、生长和生殖功能减弱，身体将能量主要集中到应对威胁上。因此，长期的慢性压力会损害我们的身体系统，如心血管系统、消化系统、免疫系统和生殖系统等。

在这种"坏的压力"下，大脑的高级思维能力、存储和提取信息的能力、对关

---

① E. P. Jensen, *Brain-Based Learning：The New Paradigm of Teaching* (2nd *Edition*) , California, Corwin Press, 2008, p. 58.

系和同伴的觉察能力，以及解释环境线索的能力都会出现下降，但过激反应会增加，容易恢复到惯常的行为和思维习惯上。在课堂上，如果学生必须要面对他不想解决的问题，想不出解决的办法，缺少解决问题的资源，对环境缺乏控制感，感到存在难以接受的风险，重复而持续地体验到紧张时，这时学习带来的压力就是"坏的压力"。

因此，教师要通过激发学生学习的内在动机、设计学习任务、提供资源和支持、营造安全的心理氛围等渠道，调动学生的积极情绪，增加"好的压力"，避免"坏的压力"。

第三节　脑与学科学习

一、数学与脑

数学是人类特有的高级思维活动，是我们理解抽象思维的最佳典范，同时也是学生在学校最容易遇到困难的科目。数学老师面临的一个重大难题是——我们不知道人究竟是如何学习数学的。我们只有理解我们是如何加工数学概念的，才能理解学生在学习数学时遇到的困难。

（一）数量概念和运算的脑机制

数学的发展历史与人类几百万年的漫长进化相比，短得就如同一瞬间。因此，我们要认识到人的大脑不是为学习数学而设计的。人脑是模式识别器。人类的记忆系统具有模糊细节、保留结构的倾向，因此发现模式和相似之处是人脑最大的优势，这与电脑的工作模式大相径庭。电脑可以完好地保存所有数据，做精密的计算，但是要做人脸识别这类事情就困难得多。同样，人脑对精确计算这类事却不擅长。数学是要求精确、缜密的学科，这对很多人来说都是巨大的挑战。

尽管人类的脑并不是为数学进化而来的，但是我们的脑能够对进化过程中已有的神经回路进行再利用，为新的文化机制服务，这是人类学习的普遍特征。那些在遗传上不是专门用于数学思维的神经回路被逐渐地塑造为适应数量加工的功能，这一过程被称为"神经元再利用"。① 因此，数学素养是通过生物学基础和经验的协同作用在脑中创造出来的。

在过去的二十多年里，研究者围绕数感、数学运算等基本数学认知加工的脑神经机制进行了积极的研究，确认了顶叶皮质，尤其是双侧顶内沟，是进行抽象数量表征的重要脑区。只要我们想到数字和数量，无论是说还是写，无论是符号的还是非符号的，这个区域都会被激活，而且其激活的强度与算术任务的难度直接相关。双侧顶内沟损伤的病人存在数字加工困难，在减法计算、数字数量比较等任务上都表现得不好。还有些儿童存在发展性计算障碍，这些儿童智力正常，但是他们却缺乏对数字意义的直觉，在许多数学任务上落后于其他人。脑成像结果显示，部分具有发展性计算障碍的儿童具有左侧或右侧顶内沟激活减弱或灰质减少的现象。②

虽然顶内皮层在数的概念的发展中起着基础性作用，但是它必须和其他神经回路协同工作，才能完成简单的数学认知任务。学者迪海因提出存在一个"三重编码"的结构，分别是数量编码、语音编码、阿拉伯数字编码。数量编码负责处理数量表征，包括数字大小比较、数量估算、数量运算等加工过程，语音编码处理数字词的口语理解、书写和阅读以及机械记忆(如乘法表)等加工过程，阿拉伯数字编码则负责处理数学符号的阅读和书写。"三重编码"涉及不同的脑区。数量编码主要涉及双侧顶内沟，语言编码涉及左侧额叶下回等语言区，而数字编码涉及枕颞联合区等区域。③ 加减法和乘法的大脑模式不同，在进行乘法运算时人们一般从记忆中的乘法表里提取，因此左侧角回、辅助运动区和颞上后回部等言语加工的脑区激活更多。④

除了这三重编码以外，前额叶也是完成数学任务涉及的重要脑区之一。在完成数学任务时，需要调动工作记忆。前额叶是与工作记忆相关的重要脑区。同时，完

---

① S. Dehaene & L. Cohen，"Cultural Recycling of Cortical Maps，"*Neuron*，2007(56)，pp. 384-398.

② S. Dehaene，N. Molko，L. Cohen，et al.，"Arithmetic and the Brain，"*Current Opinion in Neurobiology*，2004(14)，218-224.

③ [美]David A. Sousa：《心智、脑与教育 教育神经科学对课堂教学的启示》，155页，上海，华东师范大学出版社，2013。

④ X. Zhou，C. Chen，Q. Dong，et al.，"Event-related Potentials of Single-digit Addition，Subtraction，and Multiplication，"*Neuropsycologia*，2006(44)，pp. 2500-2507.

成数学任务时还需要抑制一些无关信息的干扰和不适宜的优势反应，这也涉及前额叶的认知控制。一些儿童在数学运算中表现不佳，可能并不是数学素养的问题，而是前额叶的资源不够造成的。皮亚杰在关于儿童"数量守恒"的经典实验中，向儿童展示两行同样数量的物体，其中一行物体间排列距离拉大，看起来比另一行要长，四五岁以前的儿童会说长的那行物体的数量更多。皮亚杰认为，四五岁以前的儿童没有形成数量守恒的概念。有研究者认为，这些测试要求儿童抑制优势反应（即长的那行数量更多），儿童回答错误有可能是因为缺少高水平的执行与抑制能力，而不一定是缺少相关概念。[1]

　　数量加工与空间加工之间有着密切的联系。有研究发现，在对数字大小以及奇偶进行判断时，对较小的数字，左键或左手反应更快；对较大的数字，右键或右手的反应更快。[2] 这表明，数字的表征具有空间特性。这种将小数字与左侧空间联结、大数字与右侧空间联结的反应倾向被称为"空间数字联合反应编码效应"。这种数字空间联结受到文化、阅读、书写习惯的影响。在阅读习惯是从右往左的文化里，人们倾向于将小数字与右侧空间联结，大数字与左侧空间联结。具有从上向下阅读习惯的日本被试则出现了垂直的空间数字联合效应。[3]

　　我们可以从脑的结构和功能来理解数字与空间的这种联合效应。前面提到，数量加工的主要区域在顶内皮层，但即使在顶内皮层的热点区域，编码数字的神经元密度也没有超过15%。[4] 顶叶也是负责大小、位置、朝向等空间编码的脑区。负责运动、触觉的神经元与数量加工的神经元混合在同一脑区内。数量加工的脑区和空间加工的脑区位置非常接近或者有部分重叠。[5]

　　当呈现数字时，数量所引起的顶叶激活以相同的方式传递到与空间编码相关的

---

① David A. Sousa：《心智、脑与教育 教育神经科学对课堂教学的启示》，150 页，上海，华东师范大学出版社，2013。

② S. Dehaene, S. Bossini & P. Giraux, "The Mental Representation of Parity and Number Magnitude," *Journal of Experimental Psychology*, 1993(122), pp. 371-396.

③ Y. Ito & T. Hatta, "Spatial Structure of Quantitative Representation of Numbers: Evidence from the SNARC effect," *Memory & Cognition*, 2004(32), pp. 662-673.

④ David A. Sousa：《心智、脑与教育 教育神经科学对课堂教学的启示》，155 页，上海，华东师范大学出版社，2013。

⑤ A. Knops, B. Thirion, E. M. Hubbard, et al., "Recruitment of an Area Involved in Eye Movement During Mental Arithmetic," *Science*, 2009(324), pp. 1583-1585.

区域：小数字在负责左侧空间编码的右半球激活更强，而大数字在负责右侧空间编码的左半球激活更强。

(二)对教育的启示

关于数学与脑的研究对数学教学有着重要的启示。

1. 儿童期的相关训练和练习是非常必要的

迪海因的三重编码模型提出数量加工需要语言编码、数字符号编码和数量编码三重加工，这三重编码涉及不同的脑区。要促进学生的数学思维，就要在不同的皮层表征之间建立稳固的、自动化的联结，提高信息在不同数字皮层表征之间流动的流畅性。对儿童来说，需要大量和长时间的练习才能让这种联结达到自动化。在儿童进行熟练运算之前，训练他们不同的脑系统及相互的联结，让他们在语言、数字符号以及数量之间流畅转换，这对数学运算的学习是非常有益的。

计算是一个艰苦的过程，需要注意的高度集中、策略选择和工作记忆的资源，这些因素都与前额叶密切相关。前额叶是大脑成熟最晚的部分，小学生的前额叶发育还不完善，前额叶的认知资源本身就不足。如果光是数学运算就耗尽了前额叶资源，他将没有足够的资源去注意其他方面，如检查解决方案的相关性、问题的整体意义等。对儿童和成人的脑成像研究发现，从儿童到成人，在计算和数量加工任务上的大脑激活出现了从前额叶到顶叶的转移。[1] 也就是说，儿童在完成计算和数量加工任务时会大量激活前额叶，而成人在这些任务上已经达到了自动化，前额叶的资源耗费很少。在小学阶段，需要通过训练帮助儿童在基本运算中达到高度熟练和自动化的水平，以解放他们的前额叶资源，使得他们能够解决更加复杂的问题。

2. 将数量与空间联系起来

"空间数字联合反应编码效应"揭示了数量表征与空间表征之间的紧密联系。数量表征与空间表征的脑区非常靠近或存在重合。这意味着，把数量和空间联系起来的教学方法是非常有效的教学工具。例如，数轴和具体空间操作的教学工具(如积木、计算游戏、算盘、测量工具等)可以强化和巩固儿童的直观数学理解。培养

---

① J. F. Cantlon, M. E. Libertus, P. Pinel, et al., "The Neural Development of an Abstract Concept of Number," *Journal of Cognitive Neuroscience*, 2009(21), pp. 2217-2229.

儿童和青少年的空间观念和空间想象能力对学习数学是非常重要的。

二、阅读与脑

与数学相比，阅读是出现较晚的人类文化发明。我们的大脑不是为阅读而进化的。因此，作为一种语言能力，阅读不像听、说那样可以自然地习得，它需要经过细致而正规的教学才能被掌握，而且即便经过了艰苦的学习，仍然有很多人对阅读感到吃力，如阅读障碍者。

（一）阅读的大脑神经机制

1892 年，法国神经学家 Dejerine 介绍了一个失读症病例——C 先生。C 先生在中风后突然失去了阅读能力，他可以说话、能够理解语言、能通过视觉辨认面孔和物体，但是他不再能阅读单词了。C 先生去世以后通过对他大脑的解剖发现，他左侧脑的后部有一个由中风导致的损伤，这个区域对字词的加工至关重要。这个区域后来被命名为视觉词形区。[1] 该区域只在有阅读经验的大脑中才会选择性地对文字敏感，在文盲的大脑中该区域对文字不敏感。成人阅读者在单词呈现 150～200 毫秒内，左半球会出现具有选择性的 ERP 波，而没有阅读经验的幼儿园幼儿并不表现出这种对词语具有选择性的 ERP 波，也就是说，儿童对词语和其他无意义符号的感知没有差别。[2] 这说明，大脑并没有在基因水平上预设好要发展一个专门加工阅读的神经系统。视觉词形区反映了一种经验决定的皮质功能的转换，这与前面提到的"神经元再利用"的观点一致。大脑是被经验塑造的。在阅读经验发生之前，这些皮质是用于更原始的物体和面孔识别的脑区的一部分。后天的阅读经验使得这部分皮质的神经元得到再利用，为加工阅读服务。

阅读是一个复杂的认知过程。脑成像研究发现，阅读加工主要由左侧颞顶联合区、颞枕区和前额皮层所组成的一个左侧化的神经网络协同完成。我们在阅读时，

① David A. Soua：《心智、脑与教育 教育神经科学对课堂教学的启示》，93 页，上海，华东师范大学出版社，2013。

② U. Maurer, S. Brem, F. Kranz, et al., "Coarse Neural Tuning for Print Peaks When Children Learn to Read," *NeuroImage*, 2006(33), pp. 749-758.

需要将字形、字音、字义建立起相互联系。儿童在习得语言的过程中，字音与字义之间的联系已经建立了。阅读中需要建立的两个关键的联系是字形与字音的联系以及字形与字义的联系。脑科学的研究发现，大脑使用两条不同的通路来完成这两件事。一条通路是语音通路，这条通路将字形解码成语音，它主要依赖于左半球后部的颞顶区。另一条通路是直接通路，该通路绕开读音模式阶段，将文字与意义直接匹配起来，用于加工常用高频词是非常高效的，是更快速的自动化的阅读通路，主要依赖于左半球后部的颞枕区。前额皮层包含了支持工作记忆的脑区，该脑区使人们可以有意识地在心里选择、保持和操纵一个单词。

与英语母语者相比，中文母语者阅读时需要征用更多的脑区，而且中文母语者读英语的时候这些区域也会被激活。中文母语者会用到左侧额中回和后顶叶区域，这些区域通常与空间信息的处理和认知资源的协调有关，这可能是因为汉字独特的空间表征方式，并且与音节水平的语音表征存在联系。①

关于阅读脑的发展，研究发现，随着儿童年龄的增长和阅读能力的提高，进行阅读加工的脑区也呈现出发展性的变化。首先，随着儿童阅读经验的积累和熟练化水平的提高，语音通路的参与程度逐渐下降，直接通路的参与程度逐渐增加。另外，随着儿童阅读的流畅性和自动化程度的不断提高，前额叶在阅读中的参与程度逐渐减少。②

对阅读障碍的研究增进了我们对阅读的大脑机制的理解。据估计，有 5%～17% 的学龄儿童是阅读障碍者。阅读障碍者是指智力正常、有完整的感知觉能力，有足够的受教育机会和学习动机，但仍然在阅读上表现出明显困难的一类群体。阅读障碍是一种特殊的学习障碍，源于神经生物学特征的异常。其特征包括：字词识别不准确、不流利，拼写及编码能力差。③ 脑成像研究发现，阅读障碍者在与阅读加工有关的左侧颞顶区和颞枕区存在异常皮层特征，表现出功能激活的不足和结构灰质体积的改变，以及脑区间结构连接的异常。④

---

① 经济合作与发展组织：《理解脑——新的学习科学的诞生》，91 页，北京，教育科学出版社，2010。

②③ David A. Sousa：《心智、脑与教育　教育神经科学对课堂教学的启示》，100～101 页，上海，华东师范大学出版社，2013。

④ 冯小霞、李乐、丁国盛：《发展性阅读障碍的脑区连接异常》，载《心理科学进展》，2016(12)。

（二）对教育的启示

1. 儿童期需要大量的沉浸式阅读

视觉词形区的形成是神经元再利用的结果，是通过与其他更为原始的基础视觉功能，如物体和面孔识别，争夺神经资源，从而形成势力范围的重新划分。因此，儿童需要进行长期的、大量的沉浸式阅读，不断积累阅读经验，才能发展为高效的"阅读脑"。对于正在学习阅读的小学中低年级的学生而言，应进行大量的自主阅读，从而激发自己自主阅读的兴趣。

2. 学习阅读初期要训练儿童对语音的敏感性

学习阅读首先需要形成语音加工系统，尤其是儿童在刚开始学习阅读时，负责建立形—音关联的语音通路非常重要。运用押韵游戏、背诵童谣或诗歌等强调语言声音结构的活动，锻炼儿童的口语表达，增加口语词汇等，能够促进儿童语音意识的发展。有研究表明，语音意识从小学入学前一直到高中时期都与阅读技能呈正相关。在低年级时语音意识较差的儿童，在高年级时不仅阅读能力有可能比较差，而且一般学业成就也可能会比较差。

3. 通过阅读训练增进直接通路的通达

直接通路是从字形直接到字义的通达，对于快速、流畅的阅读非常重要。词汇知识能帮助儿童进行从字形到字义的解码。增加儿童的词汇储备和词汇知识，有助于儿童阅读时形—义的通达。到了学习阅读的后期，教师的重要任务是帮助儿童从依赖语音通路转到依赖直接通路进行快速而流畅的阅读。常见的训练儿童阅读流畅性的方法包括默读、常见高频字词的快速阅读、简单短小篇章的快速阅读等。[①]

4. 对阅读障碍儿童早发现、早干预

阅读障碍不仅影响儿童的学业成就，还会对其日后的生涯发展和生活质量产生影响。对阅读障碍儿童进行及早发现、诊断，并及早进行有针对性的干预，将有助于儿童掌握读写技能。大量证据表明，对阅读障碍儿童的早期干预和矫治比晚期干预产生的效果更好。

---

① 刘丽：《如何建构高效的阅读脑》，载《人民政协报》，2019-10-30。

第二章
思维及其发展

谈到思维，我们自然会联想到智力、智慧、聪明等概念。那么，我们到底应该如何来认识思维呢？本章力图站在中小学教师运用思维理论、提升学生思维水平的角度，从对思维内涵的理解出发，全景式、有重点地对思维的基本概念、特征、规律、方法和发展等问题做简要的梳理。全部内容分三节：第一节"全面认识思维"，重点从多学科、多视角理解思维的内涵与本质，回答"什么是思维"等问题；第二节"思维规律与方法"，重点围绕形象思维与抽象思维，以及问题解决等内容，回答"什么是好的思维"等问题；第三节"思维发展与教育"，重点剖析思维发展的特点与规律，回答"如何培养思维"等问题。

第一节　全面认识思维

如果将视野延伸到人类发展的全过程，我们会发现，思维这朵"地球上最美的花朵"（恩格斯《自然辩证法》）无时无刻不伴随着人类社会前进的步伐。所以在古今中外的文化宝藏中，才有了孟子的"心之官则思，思则得之，不思则不得也"（《孟子·告子章句上·第十五节》）；也才有了笛卡儿的"我思故我在"。也正是在这个意义上，以色列青年历史学者尤瓦尔·赫拉利在其《人类简史》中认为，虽然人类早在有历史记录之前就已经存在，但人类真正的历史则起始于"认知革命"，在"认知革命"之后，"生物学为智人的行为和能力设下了基本限制，像是定出了一个活动范围，而所有的历史都在这个范围之内发生。然而，这个范围非常大，能让智人有各种惊人的发挥空间。因为他们有创造虚构故事的能力，就能创造出更多更复杂的游戏，代代相传也就不断发展精进。"[1]他所说的"创造""虚构"的核心便是思维、想象，这种人类特有的精神活动正是人类社会发展进步的根源。因为思维具有推动社会发展的作用，所以钱学森同志早在20世纪80年代就倡导建立"思维科学"，并将之纳入现代科学门类。他认为，现代科学可以分为自然科学、社会科学、数学科

---

① ［以色列］尤瓦尔·赫拉利：《人类简史：从动物到上帝》，39页，北京，中信出版社，2014。

学、系统科学、人体科学和思维科学六大部门。① 同时，在 1984 年 8 月召开的全国思维科学讨论会上，著名科普学家高士其同志指出："科学的发展史，也是一部思维的发展史。在人们的社会实践中正是思维提供了客观世界的真实情况和运动规律，从而推动了科学的发展；而科学的发展，又对人类的思维提出了更高的要求。"②

思维在学校教育中同样具有十分重要的意义。对此，有研究者（Nickerson）从实用主义的角度提出了三个方面的理由：第一，要想在学校中取得成功，有效的思维变得越来越重要；第二，当学生离开学校时，独立思考与解决问题的能力将成为求职的必要条件；第三，有思维能力的人能更好地解决社会生活中所遇到的各种复杂问题。③

在此，我们不去回顾与梳理思维发展的历史，而是结合学习与思维的研究成果，将视野聚焦于基础教育教师的专业发展，从一线教师运用并提升教育教学效能为出发点，从多学科视角，对思维的本质与内涵等基本问题做一些梳理。

一、什么是思维？

当我们向一线教师提问："如果你从学生思维品质培养的角度设计教学，你觉得会需要哪些与学生思维相关的知识？"其中一位教师的回答首先涉及的问题就是："我们总说思维，那么到底什么是思维？什么是好的思维？"看来对思维有个比较全面的认识，厘清其内涵与特征，是符合一线教师思维逻辑的。

在人类文明发展历史长河中，思维始终是哲学研究的基本范畴，"在经历了漫长的岁月以后，对思维的研究开始走出哲学家的书房，转而进入科学家的实验室。思维由此开始走出哲学的视野，仅留下形式的外壳给逻辑学研究。思维的内容、过程和结果完全成为心理学、生物学、语言学等诸多从哲学中分化出来的具体学科的

---

① 钱学森：《关于思维科学》，15 页，上海，上海人民出版社，1986。
② 钱学森：《关于思维科学》，1 页，上海，上海人民出版社，1986。
③ ［美］Robert J. Sternbern，Wendy M. Williams：《教育心理学》，277 页，北京，中国轻工业出版社，2003。

领地。"①可见，思维是一个多学科研究的重要领域，哲学、逻辑学、心理学、生物学、语言学等诸多学科都从不同侧面揭示了思维的本质与内涵。因此，如果要将各学科的认识整合在一起，给思维下一个具有普遍适用性的定义，可想而知其难度会有多大。在此，我们从不同学科的角度，对思维的内涵做一个简要的梳理，力求找到一些共同点，为中小学教师把握思维的内涵与本质提供必要的认识基础。

思维可以从广义和狭义两个角度来认识。在日常的语言中，我们使用思维这个概念是广义的。有时是指"回忆"（如我想不起来了），有时是指"注意"（如你想想看），有时是指"认识"（如我认为……），有时是指无指向的沉思状态（如我没有考虑什么事），等等。在日常的语言中，思维实际上包括个体内部进行的，而在外部基本上无法观察到的任何心理过程。② 可见，广义的思维是一种与人的一切意识活动相伴随的心理状态，或者说，是人的意识流状态。狭义的思维，则是不同学科视角下的思维，因为各学科研究的领域不同，逻辑起点不同，其对思维的理解也不同。

（一）从哲学视角看思维

从哲学的角度来看，哲学家关注的是思维与存在的关系问题。正如恩格斯在《路德维希·费尔巴哈和德国古典哲学的终结》中所说的那样："全部哲学，特别是近代哲学的重大的基本问题，即是思维和存在的关系问题。"这就是说，思维和存在的关系就是人和世界关系的两个最本质的方面。世界上的一切事物和现象，归结起来都属于思维和存在、意识和物质、主观和客观这两类现象。哲学家们在这个根本问题，特别是何为第一性、何为第二性，以及二者是否有同一性问题上的分野，形成了唯心主义和唯物主义的立场，出现了"一元论"和"二元论"的纷争。辩证唯物主义作为马克思主义的哲学理论，是唯物主义和辩证法有机结合起来的科学世界观，认为世界在本质上是物质的，物质是第一性的，意识是第二性的，物质决定意识，意识又反作用于物质，意识是高度发展的物质——人脑的机能，是客观物质世界在人脑中的反映。换言之，思维是人脑对客观现实的能动反映。因此，从哲学视

---

① 周振华：《思维的认知哲学研究》，1~2 页，北京，科学出版社，2018。
② 汪安圣：《思维心理学》，2 页，上海，华东师范大学出版社，1992。

角来看，思维问题既是本体论问题，又是认识论问题，占据着哲学核心问题的核心。

在哲学的范畴内，我国有学者提出："在科学技术飞速发展的现代社会，马克思主义哲学需要更多地吸收并利用自然科学发展的先进成果来丰富自己、发展自己。"①并从认知哲学的角度提出了对思维不同视角的认识。

"结合认知科学思维研究的新成果，对思维进行新的定义与维度划分，在表征维度、动力维度和模拟维度三个层级上对应提出了隐喻思维、情感思维和机器思维三种思维类型结构。隐喻思维突出体现在以语言交流为代表的符号互动过程中，是以体验哲学为基础的具身认知在思维中的显现。情感思维则扭转以往把感性和理性、情感和思维相对立的观点，从认知神经科学、认知心理学与文化人类学三个角度论证情感思维的合理性，以及在社会决策中的重要作用。机器思维则从思维的基础记忆出发，以记忆作为人类思维与机器计算的共同基石，整理了从存储隐喻到人工智能的思维模拟发展历程，进而划分出人工智能的三个等级，即人工智能、人工生命、人工智慧。"②

（二）从逻辑学视角看思维

思维有内容、有形式，有研究者认为："思维内容就是指思维所反映的特定对象及其属性，即存在于思维中的客观现实；思维形式就是指思维对特定对象及其属性的反映方式，如概念、判断、推理等。具有不同内容的思维形式所共同具有的一般形式结构是思维的逻辑形式。"③简言之，逻辑学研究的是思维的形式。但也有学者认为，逻辑学并不研究思维形式的所有方面，逻辑研究的对象应该是推理形式（即思维形式的一部分）。④ 当然，无论研究者们持何种观点，我们可以看到，学术界比较共同的认识是，思维的形式是逻辑学研究的范畴。思维形式包括概念、判断、推理，这些形式对于其他任何科学都具有普遍适用性。因为任何科学都是由概念、判断、推理和论证构成的知识体系，都必须遵循逻辑学的基本原理。

---

① 周振华：《思维的认知哲学研究》，5 页，北京，科学出版社，2018。
② 周振华：《思维的认知哲学研究》，15 页，北京，科学出版社，2018。
③ 刘里立：《普通逻辑学的功能、方法及法律应用》，载《山东农业工程学院学报》，2016(9)。
④ 李小五：《什么是逻辑？》，载《哲学研究》，1997(10)。

(三)从心理学视角看思维

思维是心理学研究的重要内容，心理学将思维视为认知活动的最高级形式，但心理学对思维内涵的认识却众说纷纭。在西方心理学界关于思维的众多定义中，伯尔尼(Bourne)等人综合各家学说，对思维做了一个比较综合的描述："思维是一个复杂的、多侧面的过程；思维主要是一个内在的(而且可能是非行为的)过程，它是运用不直接存在的事物或物体的符号表征而进行的，但又是由某个外部事件所激起的；思维的作用是产生和控制外显行为。"①我国心理学界始终坚持马克思主义的观点，比较一致地认为："思维是对客观事物间接的概括的反映，它反映的是事物的本质属性和事物之间的规律性的联系。所谓本质属性，就是一类事物所特有的属性，所谓规律性的联系就是必然联系。"②对于这样一个定义，我们可以清晰地感受到它所具有的浓厚的哲学意蕴。正是在这个意义上，温寒江结合近几十年来脑科学研究的新成果，从心理学的角度对思维的定义做了这样的描述："思维是人脑对客观事物在脑中的表征，即对语言(概念)和表象进行加工的一个认识过程，它既能反映、揭示事物的本质特征和事物间的规律性联系，又能预测、计划事物的未来。"并认为这个定义有三个特点：一是科学性；二是全面性；三是可操作性。③

综合国内外心理学研究者们对思维内涵的理解和界定，虽然各有不同的认识，但有几个关键词却是共同的：一是脑，大家都认为思维是人脑的功能，这也符合辩证唯物主义观点；二是客观事物，都认为思维反映的是客观事物与其属性之间的联系；三是过程，都认为思维是人的一种内在的认识过程，这个过程我们看不到、摸不着，但却能对我们的行为产生一定的影响；四是反映，都认为思维是人脑对客观事物的一种反映，这种反映可能是具象的表象，也可能是抽象的概念，只是这些表象或概念还会受到主体自身已有表象或概念的影响，且反映的是事物的本质属性。

---

① 邵志芳：《思维心理学》，1~2页，上海，华东师范大学出版社，2001。
② 邵志芳：《思维心理学》，2页，上海，华东师范大学出版社，2001。
③ 温寒江、陈爱苾：《脑科学·思维·教育丛书　学习学》(上卷)，27页，北京，教育科学出版社，2016。

（四）从生物学视角看思维

从生物学视角看思维，主要是探索思维与脑的关系。如果把这个探索放在人类文明进步的历程中看，脑是思维的器官，这个结论的最终确定经过了非常漫长的过程：从灵魂附体说，到古希腊医生希波克拉底（公元前 460—前 370 年）的癫痫患者脑解剖；从脑主神明说，到古罗马时代的医学家盖伦（129—199 年）动物解剖基础上的脑室中心论；从法国解剖学家维萨留斯（1514—1564 年）的脑解剖图，到 17—18 世纪大脑皮质表面沟回的发现；从 19 世纪法国神经病学家皮埃尔·弗卢朗（1794—1867 年）的"大脑机能统一论"，到 20 世纪上半叶美国心理学家拉什利（1890—1985 年）的"大脑皮层机能等势说"。人类经过两千多年的不懈探索，终于用充分的证据证明了脑是思维的器官。

这项伟大的探索，随着科学技术的突飞猛进，从近代开始取得了长足的进步。其中，法国神经病理学家布罗卡（1824—1880 年）通过尸检证明大脑某一点（左前叶第三回）受损就会丧失语言能力，这是第一次确切证明某一特定能力与大脑某一特定点之间有联系，奠定了"大脑功能区定位学说"在神经科学研究中的重要地位。随后，苏联神经心理学创始人鲁利亚（1902—1977 年）把脑分成三个互相紧密联系的机能系统，"俄国生理学之父"伊凡·谢切诺夫（1829—1905 年）明确提出了大脑反射的观点，巴甫洛夫（1849—1936 年）提出了高级神经活动学说。

到了 1949 年，加拿大心理学家赫布、彭菲尔德和拉什利合作出版了《行为的组织》一书，奠定了现代认知科学的基础。随后，随着功能性脑成像技术、脑电图、脑磁图及现代脑成像技术等一系列脑研究技术的创新与突破，为更加精准地研究脑与思维的关系创造了良好的条件。与此同时，认知神经科学应运而生，并取得了很多突破性的进展。也正是在这样的背景下，科学家对脑与思维的研究进入了一个新阶段，具有代表性的成果如美国心理学家丹尼尔·西格尔关于心智、大脑和人际关系的研究。他指出："当前的神经科学研究发现，左右脑的结构和功能互相连接，相互作用，同时也让我们洞悉了经验是如何塑造心理过程的。经验能改变神经元的活性，也能改变神经元和神经元之间的连接结构……人们终生受到经验的影响，大脑终生都在不断地修复和改变连接结构……心智不会停止发展，即使我们度过了童年和青少年时期，我们的心智仍不断地形成和发展。"①从这个意义上来讲，人的思维终生都可以改变、成长。

（五）从语言学视角看思维

语言学关注思维与语言的关系。正如有研究者所说的那样，语言学"只是从语言与思维的关系方面来研究思维，如研究语言与思维是如何相互依存、互为条件的，语言和思维有何差异等问题。它也不研究思维过程本身的规律。"②谈到语言，首先我们需要区分两个概念，那就是语言和言语。通常，语言是我们约定俗成的一套符号系统，其功能是表达信息，表达思想；言语则是我们运用语言的活动，属于行为的范畴。

关于思维与言语的关系，俄国著名心理学家维果茨基做了很有影响力的研究。他在《思维与语言》中这样写道："通过对思维和言语的发展学研究，我们所揭示的最重要的事实就是思维和言语的关系经历了很多变化。思维的进展并不是与言语的进展同步的。它们的两条发展曲线是相交的，而且是不断相交的。这两条曲线可能会变成直线，而且齐头并进，甚至有时会合并成一条线，但是它们总是会分开的。"③那么，这两条曲线何时相交？何时并行？何时合并呢？维果茨基的基本结论是："（1）思维和言语在个体发生的过程中具有不同的根源，（2）在儿童的言语发展中，我们能够确证有一个前智力阶段，而在思维发展中，有一个前语言阶段。（3）在某个时刻之前，两者沿着不同的路线发展，彼此之间是独立的。（4）在某个时刻，这两根曲线会合，因此思维变成了言语的东西，而言语则成了理性的东西。"④由此，我们可以有这样一个基本认识，即从发生学的角度来看，意识或思维在先，言语在后。当言语出现后，思维和言语就相伴而行了。这样的认识在皮亚杰的研究中也得到了充分的体现，他认为思维的发生早于言语的发生。⑤

关于思维与语言的关系，学术界比较一致地认为，语言是思维的工具，思维赋

---

① ［美］丹尼尔·西格尔：《心智成长之谜　人际关系与大脑的互动如何塑造了我们》（第2版），5页，北京，中国发展出版社，2017。

② 汪安圣：《思维心理学》，6页，上海，华东师范大学出版社，1992。

③ ［俄］列夫·谢苗诺维奇·维果茨基：《思维与语言》，37页，杭州，浙江教育出版社，1997。

④ ［俄］列夫·谢苗诺维奇·维果茨基：《思维与语言》，49页，杭州，浙江教育出版社，1997。

⑤ 邵志芳：《思维心理学》，10页，上海，华东师范大学出版社，2001。

予了语言意义。长期以来，人们对二者关系的深层认识是，思维和语言密不可分，没有思维就没有语言，没有语言也没有思维。但这个观点在学术界同样存在着较大的争议。温寒江认为："语言和思维并非密不可分，现实中存在非语言的思维……表象是非语言的，形象思维以心理表象作为思维材料，形象思维是非语言的思维。"[①]唐孝威等人也认为，人的思维可以分为语言思维和非语言思维。语言思维包括自然语言思维、特殊语言思维(手语思维和盲文思维)和形式语言思维；而非语言思维包括形象思维和副语言思维。它们各自在不同的人群、不同的场合中发挥着不同的作用，为交际中人与人之间的沟通服务，为人们考虑问题、反思行为、构思遐想等思维活动服务。[②] 总之，思维和语言有相互依存的关系。语言离不开思维，因为没有了思维，语言就没有了基本的意义；思维以语言为外壳，也会以非语言的表象等作为工具。

二、思维的特征

关于思维的特征，因为研究者们对思维的理解不同，他们对其特征的描述也不同。朱智贤、林崇德提出："从思维的特殊矛盾出发，我们认为它主要有概括性、间接性、逻辑性、目的性和问题性、层次性、生产性等主要特征。"[③]美国实用主义哲学家杜威(1859—1952年)在其研究思维的经典著作《我们怎样思维》中没有明确阐述思维的特征，但我们从他对思维意义的论述中，可以了解他对思维特征的认识。他认为，思维有各种不同的意义，概括起来表现在这几个方面：反省思维是思维的最好方式；思维具有"意识流"的特征；反省思维是连续的；思维通常限于不直接感知的事物；反省思维旨在求得结论；思维实际上是信念的同义语；反省思维激励人们去探索。[④] 温寒江等人认为，思维的特征体现为间接性和直感性、概括性和个别性、显性和隐性、过程性和终结性。同时，他还分别描述了抽象思维和形象

---

① 温寒江、陈爱苾：《脑科学·思维·教育丛书　学习学》(上卷)，33~34 页，北京教育科学出版社，2016。

② 唐孝威、何洁等：《思维研究》，142 页，杭州，浙江大学出版社，2014。

③ 朱智贤、林崇德：《朱智贤全集　第五卷　思惟发展心理学》，10 页，北京，北京师范大学出版社，2002。

④ [美]约翰·杜威：《我们怎样思维·经验与教育》，11~15 页，北京，人民教育出版社，2005。

思维这两种思维类型各自的特点，他认为抽象思维的特点可概括为抽象性、逻辑性、语言性；形象思维的特点包括形象性、可感性、整体性、概括性、跳跃性、直觉性、非语言性。①

根据研究者们对思维特点的不同观点，提取出大家有基本共识的内容，我们概括出思维的这些特征：概括性、间接性、逻辑性、连续性、独特性。

(一)概括性

概括性是指思维对事物本质属性或同类事物共同属性进行提取的特征。朱智贤、林崇德认为，概括性是思维最显著的特征，"思维之所以能揭示事物的本质和内在规律性的关系，主要来自抽象和概括的过程……抽象过程，就是在思想上区别某种事物的本质属性或特征和非本质属性或特征，从而舍弃后者并抽取出前者。概括过程，则是在思想上将某种事物已分出来的一般的、共同的属性或特征结合起来；把个别事物的本质属性或特征，推广为同类事物的本质属性或特征。"②比如，亚里士多德将推理作为人类的主要属性，这是对人的本质属性的概括；广大中小学教师将勤奋、刻苦、爱动脑作为好学生的主要属性，这便是教师对好学生共同属性的概括。

思维的概括性可以从四个方面的能力得到体现：一是分析能力，即要能够对事物的特征与属性进行剖析，列出各种特征或体现其属性的要素；二是判断能力，即要能够判断哪些是主要特征，哪些是次要特征，哪些是主要属性，哪些是边缘属性；三是抽象能力，即要能够对事物的主要特征或主要属性进行再加工，抽取出其本质属性；四是概括能力，即要能够对同类事物的属性进行综合概括，提取出这类事物的共同属性。

(二)间接性

间接性是说我们的思维不是对客观事物的直接反映，而是凭借自己的知识经验

① 温寒江、陈爱苾：《脑科学·思维·教育丛书 学习学》(上卷)，24~65 页，北京，教育科学出版社，2016。

② 朱智贤、林崇德：《朱智贤全集 第五卷 思惟发展心理学》，10 页，北京，北京师范大学出版社，2002。

对客观事物属性或特征的间接反映。这种间接反映意味着，思维"所涉及的事物不是感觉到的或直接感知的，它并没有看见、听到、触摸、闻嗅和品尝那些事物"。①比如，人类对火星地质特征的判断，就是根据探测器发来的信息，结合研究者已有的知识经验做出的判断或推理。教师对学生能够考取什么样的大学，是依据对学生的兴趣特长、学习能力、思维水平等众多因素做出的预测。这些事例，以及人们对未知事物、未来发展等的判断或预测等，都是思维间接性的体现，并且这样的预测都离不开个体的知识与经验。正因为如此，朱智贤等人这样写道："思维之所以有间接性，关键在于知识与经验的作用。没有知识经验作为中介，思维的间接性就无法产生。思维间接性是随着主体知识经验的丰富而发展起来的。"②

（三）逻辑性

朱智贤等人认为："思维的逻辑性，就是思维过程中有一定形式、方法，是按着一定规律进行的"。③邵志芳认为："逻辑性是区别动物思维与人类思维的一个重要指标"。④温寒江等人认为："逻辑性是抽象思维的重要特征"。⑤我们认为，思维的逻辑性可以有狭义和广义层面的理解。从狭义层面来讲思维的逻辑性，应该是抽象思维的主要特征，它要求我们的思维必须遵循形式逻辑或辩证逻辑的形式、方法与规律。从广义层面来讲，思维的逻辑性则应该是所有类型的思维都具备的特征，其表现形态既可能是严谨的逻辑规则，也可能是基本的秩序或流程。所以从这个意义上看，这里所讲的逻辑性不完全等同于逻辑学所讲的逻辑，而是思维的结构性。

关于广义的逻辑性，如果按照钱学森对"有意识思维"的分类，"除抽象（逻辑）思维之外，还有形象（直感）思维和灵感（顿悟）思维"。⑥在这三类思维形式中，抽

---

① [美]约翰·杜威：《我们怎样思维·经验与教育》，13 页，北京，人民教育出版社，2005。
② 朱智贤、林崇德：《朱智贤全集　第五卷　思惟发展心理学》，12 页，北京，北京师范大学出版社，2002。
③ 朱智贤、林崇德：《朱智贤全集　第五卷　思惟发展心理学》，13 页，北京，北京师范大学出版社，2002。
④ 邵志芳：《思维心理学》，5 页，上海，华东师范大学出版社，2001。
⑤ 温寒江、陈爱苾：《脑科学·思维·教育丛书　学习学》（上卷），40 页，北京，教育科学出版社，2016。
⑥ 钱学森：《关于思维科学》，16 页，上海，上海人民出版社，1986。

象(逻辑)思维遵循逻辑的基本规则，这自然不用多说了。形象(直感)思维遵循某种秩序和规则。比如，在绘画作品的创作中，画面如何布局，层次如何分布，笔墨的浓淡等，这些都要遵循一定的审美规律，这些规律遵循的是表象加工的规则或秩序。又如，《红楼梦》作为中国经典名著，其艺术价值和艺术成就不需要赘述，但从其故事情节的安排中，我们可以看出，故事如何叙述，人物如何出场，人物如何理解场景、事件或他人，同样遵循着某种规则和逻辑顺序。以刘姥姥初进大观园见到平儿的这段内心活动为例："刘姥姥见平儿遍身绫罗，插金带银，花容玉貌的，便当是凤姐儿了。才要称姑奶奶，忽见周瑞家的称他是平姑娘，又见平儿赶着周瑞家的称周大娘，方知不过是个有些体面的丫头了。"①在这段栩栩如生的描写中，我们同样可以清晰地体会到刘姥姥的思维活动，如何做出判断，如何进行推理，都有其生活逻辑。同样，从对艺术作品欣赏的角度而言，同样有其思维的逻辑，这个逻辑便是欣赏者要对作品创作的时代与环境有所了解，然后才能真正理解作品的精髓，欣赏作品的价值。正如艺术批评家丹纳(1828—1893年)所说的那样："要了解一件艺术品，一个艺术家，一群艺术家，必须正确的设想他们所属的时代的精神和风貌概况。这是艺术品最后的解释，也是决定一切的基本原因。"②

灵感(顿悟)思维同样有其内在的逻辑性，只是这个逻辑性，我们常常无法在意识中清晰地呈现出来，因为它是一种潜意识的活动。有研究者认为，灵感是一种潜意识推论，"潜意识推论，是未被意识的一种特殊推论。可能是人脑内在将知觉信息与过去经验信息加以辨识、匹配、映射的同构活动中，又有受该信息刺激而重新建构的一套理性功能结构相契合所进行的整合推论。"③可见，灵感思维虽然是一种非逻辑思维，但它同样有着内在的逻辑规则，因此，它同样具有逻辑性。

(四)连续性

思维的连续性至少体现在两个层面上。一是人在清醒状态下，思维始终处于活跃之中，随时随刻都在思考着、联想着、想象着，即处于杜威所谓"意识流"状态。对此，杜威说，在我们完全清醒的时候，或者，有时当我们睡着的时候，有些事情

① 曹雪芹：《红楼梦》，61 页，北京，华文出版社，2019。
② ［法］丹纳：《艺术哲学》，15 页，北京，商务印书馆，2018。
③ 钱学森：《关于思维科学》，352 页，上海，上海人民出版社，1986。

仍萦回脑际。当我们睡着的时候，我们把这种现象称为"梦境"。我们也会有白日
做梦、幻想、呈现海市蜃楼甚至更为杂乱无章的意识流等的现象。这种遍布于我们
头脑中的不能控制的观念的过程，有时也被我们称作"思想"。它是无意识的和不
受控制的。二是我们在思考任何问题的时候都是有逻辑、有顺序的，有时在寻求相
互关系，有时在寻求因果关系，因而，这种时候思维显得更加严谨，不像"意识
流"那样随意和零散。因为反省思维的各个连续的部分相因而生，相辅相成；它们
之间来往有序而非混杂共存。从某一事物到另一事物的每一步骤，用术语来表示，
便是思想的一个"词"。每个词都为下一个词留下可资利用的成分，事件的连续流
动构成为思想的一系列链条。①

（五）独特性

思维的独特性表明，思维是一种个体活动，因为每个人大脑的灵活性、知识基
础、经验积累和价值取向等不同，以及要思考的问题、目的和情景不同，其思维的
过程、方式和品质也千差万别。这是因为思维都是在动机的作用下指向特殊目标
的，并且都是由以往的学习和经验所决定的。②

思维的独特性常常会通过个体的思维模式得到具体体现。美国心理学家德韦克
认为，人通常有两种思维模式，一种是固定型思维模式，另一种是成长型思维模
式。当一个人进入一种思维模式，就如同进入一个新世界。在其中一个个人能力固
定的世界里，成功需要你证明自己的聪明和天赋，证明你自己的价值；而在另一个
能力可以改变的世界里，则需要你提高自己，去学习新知识，发展自己的才能。③
因此，思维模式更像是一种强有力的信念。对此，杜威做了这样的论述：思维是信
念的同义语，信念是超于某物之外而对该事物的价值做出的测定；它对事物、原则
或定律的性质做出一些断定。④ 反省思维一旦开始，它便具有自觉的和有意的努
力，在证据和合理性的坚实基础上形成信念。⑤

---

① ［美］约翰·杜威：《我们怎样思维·经验与教育》，11~12 页，北京，人民教育出版社，2005。
② ［英］罗伯特·汤姆生：《思维心理学》，10 页，福州，福建科学技术出版社，1985。
③ ［美］卡罗尔·德韦克：《终身成长》，19 页，南昌，江西人民出版社，2017。
④ ［美］约翰·杜威：《我们怎样思维·经验与教育》，13 页，北京，人民教育出版社，2005。
⑤ ［美］约翰·杜威：《我们怎样思维·经验教育》，16 页，北京，人民教育出版社，2005。

思维的独特性还体现在人与人之间的脑神经差异。思维是脑的功能，特别与大脑额叶、顶叶、颞叶的皮质区密切相关。研究表明，人和人之间的不同与在大脑皮质的沟、回及神经元的密度有较密切的关系。比如，对列宁和爱因斯坦大脑标本的研究发现，列宁的前额部位占整个表面的 25.5%，前额叶的脑沟、脑回也非常丰富。而爱因斯坦前额叶皮质的神经元密度较高，表示爱因斯坦大脑皮质神经元有较佳的传讯效率。因此可以推测，他们超群的思维能力和卓越天才与其大脑前额叶解剖结构方面的这些与众不同的特点密切相关。①

三、思维的结构

结构，顾名思义，应该是事物构成因素或各个部分之间的搭配和排列关系。物质世界有结构，精神世界同样也有结构。如此看来，思维作为一种重要的精神活动，同样应该有其独特的结构。长期以来，谈到思维的结构，人们都会将思维和智力关联起来，甚至很多研究者在谈论思维结构的时候也只讲智力或智能的结构。我们认为这种倾向的产生有两个方面的原因。

原因之一是思维和智力或智能之间有着密不可分的关系。我国心理学界普遍认为，我们的智力通常由五个基本因素构成，分别是观察力、记忆力、想象力、思维力和注意力，其中思维力占据着十分特殊的重要地位。有研究者认为，思维力是智力活动的核心，从个人结构的整体来看，思维力确实是主要的，其他诸因素都为它服务，为它提供加工的信息原料，为它提供活动的动力资源。② 可见，二者关系不仅密切，而且十分特殊，基本是难解难分。但是我们需要明确的是，二者关系密切又特殊，不等于二者合而为一，是等同的关系。

原因之二是学术界更注重智力结构的探索，形成了各种有影响力的智力结构理论，且所有理论都将思维作为其中最重要的因素。比较经典的理论有：斯皮尔曼的"双因素论"，认为智力由一般因素和特殊因素构成；瑟斯顿的"多因素论"，认为智力由语言理解能力、数学能力、记忆能力、知觉速度、空间能力、语言流畅性和

---

① 唐孝威、何洁等：《思维研究》，58 页，杭州，浙江大学出版社，2014。
② 汪安圣：《思维心理学》，317 页，上海，华东师范大学出版社，1992。

归纳推理能力七个相互独立的基本心理能力构成；吉尔福特的"三维结构理论"，认为智力活动由操作、内容和产品三个维度构成，涉及近 150 种基本能力；加德纳的"多元智能理论"，认为人有音乐智能、身体—动觉智能、逻辑—数学智能、语言智能、空间智能、人际智能、自我认知智能、博物学家智能、精神信仰智能等多种智能，该理论也是近几十年来比较流行的智力理论。

在上述的每个理论中，我们都可以清晰地看到思维所占据的重要地位。虽然思维在智力结构理论中具有特别重要的地位，但我们不能简单地将这些理论视为思维的结构理论。那么，思维的结构理论应该是什么样的呢？这里，我们需要梳理有关重要的观点和理论。

（一）皮亚杰的思维结构观

瑞士著名心理学家皮亚杰集中讨论思维结构的经典著作是《结构主义》。他认为，一切都是结构，一切也都可以有结构。"结构是一个由种种转换规律组成的体系。这个转换体系作为体系（相对于其各成分的性质而言）含有一些规律。正是由于有一整套转换规律的作用，转换体系才能保持自己的守恒或使自己本身得到充实。而且，这种种转换并不是在这个体系的领域之外完成的，也不求助于外界的因素。总而言之，一个结构包括了三个特性：整体性、转换性和自身调整性。"①简言之，结构自成体系，其转换与调节在本体系内就可以完成，无须借助外力。在这个意义上讲，结构有三个显著特点。

1. 整体性

整体性是说结构具有内在的规律性，构成结构的各成分都遵循这个内在的规律。简言之，结构不是简单的各成分之和。因为"一个结构是由若干成分所组成的；但是这些成分是服从于能说明体系之成为体系特点的一些规律的。这些所谓组成规律，并不能还原为一些简单相加的联合关系，这些规律把不同于各种成分所有的种种性质的整体性质赋予作为全体的全体。"②

① ［瑞士］皮亚杰：《结构主义》，2~3 页，北京，商务印书馆，2011。
② ［瑞士］皮亚杰：《结构主义》，4 页，北京，商务印书馆，2011。

2. 转换性

转换性是说结构不是静态的，而是动态的。因为结构是一个若干转换的体系，这种转换有着自身的规律，而这些规律从性质上来说就是起造结构作用的。这就是说，儿童通过转换实现了其思维结构的变化发展。因此，在儿童成长过程中，不同年龄阶段的儿童，体现其思维结构的图式呈现出不同的特点。关于结构的动态特征，有研究者做了这样的描述："所有生存系统——无论是生物系统、心理系统还是社会系统——都必须通过组织来发挥其功能。缺乏组织的生命体将会死亡，组织混乱的社会将会崩溃，组织紊乱的大脑会使人在面对日常问题时感到无助。生存系统的这种组织特征，我们将其称之为结构，它是一种动态的模式，是维持具有生存和生命意义的、有组织的活动的相关成分。"①

3. 自身调整性

自身调整性表明，结构能够自己调整，并且通过这样的自身调整性实现结构的守恒性和某种封闭性。这就是说，结构的转换不会超越结构自身的边界，并且始终遵循着该结构自身所具有的规律性。但结构的守恒性和封闭性并不意味着结构是一成不变的，而是以其自身调整性不断发生着结构内在规律的基本稳定与新结构的不断构造过程。用皮亚杰的话来讲："至少从新结构的构造过程的观点来看，应该把两个等级的调节作用区分开来。有一些调节作用，仍然留在已经构成或差不多构造完成了的结构的内部，成为在平衡状态下完成导致结构自身调整的自身调节作用。另一些调节作用，却参与构造新的结构，把早先的一个或多个结构合并构成新结构，并把这些结构以在更大结构里的子结构的形式，整合在新结构里面。"②可见，在这个自身的调节作用中，平衡具有重要的意义，并且皮亚杰还认为，思维结构自身调整作用还有三个主要程序，分别是节奏、调节作用和运算。

（二）杜威的思维结构观

"思维开始于困惑的、困难的或混乱的情境；思维的结尾是清晰的、一致的、确定的情境。第一种情境可称为反省前的情境。它提出需要解决的问题，提出反省

---

① ［美］戴蒙、勒纳：《儿童心理学手册》(第六版) (第一卷上册) ，370 页，上海，华东师范大学出版社，2015。

② ［瑞士］皮亚杰：《结构主义》，12 页，北京，商务印书馆，2011。

思维要回答的问题。后一种情境中，怀疑消除了；这是反省后的情境，它的结果是控制直接经验，获得满足和愉快。"①杜威认为，思维在这两种情境中转换，通常会经历六个阶段或体现出六种功能。其实这六个阶段是从问题解决体现出的思维过程，我们认为这六个阶段形成了杜威所谓反省思维的结构。

1. 暗示

当我们在向着明确目标持续行动的时候，常常会因遇到的困惑或障碍而使行动停滞。由于目标尚未实现，因此虽然我们的行动受阻了，但思维并没有被阻断。这时的思维依然在蠢蠢欲动，各种突破困境的线索或念头也不断涌现。这些线索或念头便是杜威所说的暗示。如果我们只出现一种暗示，那么我们的行动就会按这一种暗示重启。但如果我们出现了许多暗示，那么我们就会举棋不定，就会进行更深一步的探索。"某些直接行动的抑制，必然会形成犹豫和拖延的状态，这对思维来说也是必要的。思维好像是行为转向到自身方面，检查它们自己的目的、情境、资源和助力、困难和障碍，等等。"②这便是思维过程的第一个环节或阶段，因困惑而使行动受阻，因行动受阻而出现替代性的方式，即思维暗示。需要说明的是，这个阶段产生的困惑有时也叫问题，只是这时的问题还不是一个清晰明确的问题，仅表现为当前状态与目标之间的障碍，至于这个障碍是什么，尚不清楚。

2. 理智化

暗示并不意味着思维的开始，因为这时思维还处在一种潜在状态，其中所产生的只是一些线索或念头。至于个体到底面临着什么样的问题，自己还不太清楚，只有"困难在什么地方找到了，困难的性质便被确定了；它就不再是令人烦恼不安的事，而是某种理智化的真正的问题"。③这便是思维的第二个阶段，即明确问题。明确一个问题，也就意味着个体已经明确了问题的三个基本成分：一是给定成分，即问题的初始状态及相关的一些限制条件；二是目标成分，即问题的目标状态；三是障碍成分，即初始状态与目标状态之间的中介状态及各个步骤。这时，围绕问题的清晰思维便产生了。

---

① ［美］约翰·杜威：《我们怎样思维·经验与教育》，93~94 页，北京，人民教育出版社，2005。
② ［美］约翰·杜威：《我们怎样思维·经验与教育》，94 页，人民教育出版社，2005。
③ ［美］约翰·杜威：《我们怎样思维·经验与教育》，95 页，北京，人民教育出版社，2005。

3. 假设

如果说暗示是模糊不清的、随意的思维状态的话，那么假设已经具有了清晰的、理智的成分。因为这时"暗示就变成确定的推测，或者用专门的术语来说，这种暗示就称为假设"。[①] 但是，假设不是胡思乱想，也不是随意的猜测，而是在对困难情境具体分析的基础上做出的推测，并且这样的推测是不违背事物基本规律的。应该说假设是体现思考者思维品质和专业水准的一个重要方面。

4. 推理

这里的推理指的是狭义的推理，杜威认为狭义的推理是主体依据观察到的事实和自己的知识经验，对问题做出进一步的推论，也是一种更深层的暗示。这种"特定的、丰富的暗示产生于经验之中，产生于丰富知识的心智之中。"[②]这样的认识，我们可以从学术界对专家型教师和新手教师的研究中得到有力的证明。奈尔森向体育教师中的专家与新手呈现幻灯片，要求他们加以解释。其中一个幻灯片：在体操课上，一个没穿运动服的学生站在一边观看。实验者呈现这张幻灯片的意图是向被试者提出一个普通的课堂管理问题。新教师对这张幻灯片有些误解，认为这个学生或者是一个正好从外边走进来的旁观者，或者是迟到的学生，或者是怕做体操而躲在一边观看的学生。专家教师则以更全面的方式看待这张幻灯片，并赋予它更多的意义。专家教师指出，这个学生可能是因为有病或其他原因而没穿运动服。虽然如此，她也应当以其他方式参与课堂活动，如她可以在其他同学附近观摩。但她又离她的同学远远的，这说明她还没有参与课堂活动。她离教室的门很近，如果想逃课的话，总是有机会的。但教师不允许她离开教室，这说明任课教师对她要求是很严格的。总之，专家教师是从学生的课堂参与性角度来解释幻灯片的。[③] 他还认为，数学是这种推理活动的典型例证，任何科学观察和试验的假设，如果能够用数学形式表达出来，那么它就具有普遍适用性，可用于快速解决相关问题。

5. 用行动检验假设

通过具体行动对假设和推理进行验证。验证的结果或是证明，或是证伪。如果得到证明，则表明试验结果或实践结果与假设或推理是一致的，也表明我们的思维

---

① ［美］约翰·杜威：《我们怎样思维·经验与教育》，96页，北京，人民教育出版社，2005。
② ［美］约翰·杜威：《我们怎样思维·经验与教育》，97页，北京，人民教育出版社，2005。
③ 王小明：《国外对专家教师与新教师问题解决的比较研究》，载《外国中小学教育》，1998(2)。

和行动是一致的；如果得到证伪，则表明解决这个问题还需要更加强有力的证据，也表明我们解决问题失败了。杜威认为，解决问题的失败在一定意义上也是有益的，因为"真正善于思维的人，从失败中学到的东西，和从成功中学到的东西，是完全相等的"。① 这也正好印证了那句"失败是成功之母"。

6. 对未来的探查或预测

对未来的探查或预测，是杜威补充的一个阶段，他认为我们的任何一种暗示或观念都可能指向未来，会对未来做出某些预测。其实，这也符合我们问题解决的基本思维，即任何一个问题的解决，都会积累经验，为未来类似问题的解决提供借鉴。同时，也会提高问题解决的效率。

杜威认为，上述各阶段虽然按照一定的顺序进行了论述，但并不表明我们解决问题的思维过程就必须这样按部就班地进行。事实上，这些阶段并没有那样严格的顺序，假设可能会在任何一个阶段产生，相应的推理和验证也会相伴出现。

（三）林崇德的思维结构观

我国心理学工作者也对思维结构进行了研究，其中有代表性的是著名心理学家林崇德教授的观点。他提出，我们理解思维结构，必须吸收系统论的合理因素，批判性地吸收结构主义的哲学观点，坚持唯物辩证法。"思维结构是思维活动特征的总和或整体"。② 我们研究思维结构必须坚持四个基本原则，即实践活动是人类思维的基础、思维过程和思维结果(产品)是统一的、人的心理是共性和个性的统一、心理和一切事物一样是发展变化或运动的。他认为，研究思维结构需要考察人类主体与客体的关系、思维结构整体与部分的关系、思维结构各成分之间的关系。基于此，他提出了由六个成分构成的思维结构模型。③

1. 思维的自我监控

思维的自我监控是整个思维结构的统帅和主宰，其水平的高低会影响思维结果的优劣。林崇德认为，思维的自我监控有六大功能：一是确定思维的目的；二是管理和控制非认知因素；三是搜索和选择恰当的思维材料；四是搜索和选择恰当的思

---

①　[美]约翰·杜威：《我们怎样思维·经验与教育》，99页，北京，人民教育出版社，2005。

②　林崇德：《试论思维的心理结构研究》，载《北京师范大学学报(社会科学版)》，1986(1)。

③　林崇德：《林崇德心理学文选》(上卷)，472~476页，北京，人民教育出版社，2012。

维策略；五是实施并监督思维的过程；六是评价思维的结果。

2. 思维的目的

思维的目的体现思维活动的方向和预期的结果。"个体思维中目的之有无的差异、目的之正邪的差异、目的之大小的差异、目的之坚定与否的差异，都会影响到思维结果的差异。"①

3. 思维的材料

林崇德认为，思维材料分为感性材料和理性材料两大类。前者包括感觉、知觉、表象等，其中表象又分为动作性表象、形象性表象和符号性表象；后者主要指概念，它是思维的主要形式，既是判断和推理的基本单位，又是判断和推理的集中体现。

4. 思维的过程

思维的过程也是信息加工的过程，包括思维材料的搜集、辨别、选择、表征、想象、转换、比较、分类、综合、整合、归纳、演绎和类比等一系列过程。林崇德认为，工作记忆是思维过程不可分割的组成部分，离开了工作记忆，这些过程就难以完成。

5. 思维的非认知因素

思维的非认知因素包括动机、兴趣、情绪、情感、意志、气质和性格等。这些因素不直接参与认知过程，但对认知过程却起着直接作用。一般来讲，凡是符合个体思维目的的思维材料或结果，容易使人产生愉快、喜爱、兴趣等积极的非认知体验；而凡是不符合个体思维目的的思维材料或结果，则容易使人产生烦闷、厌恶、乏味等消极的非认知体验。

6. 思维的品质

思维品质是思维结果的评价依据，主要包括深刻性、灵活性、独创性、批判性和敏捷性五个方面。

(四)简要评述

以上我们简要梳理了比较有影响力的几种思维结构观，皮亚杰更多揭示了思维

---

① 　林崇德：《林崇德心理学文选》(上卷)，472 页，北京，人民教育出版社，2012。

发展的内在机制，强调了思维发展的内在规律性、动态性，以及在自我调整过程中平衡和守恒的重要意义。杜威从问题入手，揭示了个体在解决问题过程中的内在心理过程，认为反省思维前是处于澄清问题阶段，反省思维后是问题得到解决阶段。林崇德则探讨了思维结构的全部要素，为我们描绘了思维结构的全貌。虽然这些观点并没有涵盖思维结构的全部研究，也没有统一学术界关于思维结构的基本认识，但这些观点对我们深入认识思维结构具有重要的启示，既可以帮助我们理解思维的结构，又可以深化我们对思维结构的认识。

第二节　思维规律与方法

奥地利著名哲学家波普尔认为，普遍的规律是对某个不变秩序的断定，即对某一类的所有过程的断定。英国著名博物学家、生物学家赫胥黎强调，规律是因果链条的不变秩序。① 可见，规律就是客观事物的内在联系。那么，什么是思维规律呢？

一、关于思维规律与方法的基本认识

关于思维规律，长期以来人们总是将其与抽象思维的概念、判断、推理等规律相关联，但如果要给思维规律一个准确的定义，则是一个难题，因为大家对这个问题的理解是各持己见，没有统一认识的。我国学术界对思维规律的研究主要以哲学界为主，且主要集中在 20 世纪八九十年代，该时间段也是讨论这个问题的一个高潮阶段，与思维科学的倡导有关。自此以后，关于思维科学和思维规律的讨论持续不断。这里我们引用几个比较有代表性的观点。

"所谓思维规律，就是思维过程中思维自身运动发展及发生作用表现出的特

---

① 庞卓恒、吴英：《什么是规律：当代科学哲学的一个难题》，载《天津师范大学学报（社会科学版）》，2000(2)。

征，它是思维的东西。就其内容来讲，无非两者：一是思维对感性的关系；一是感性对客观存在的固有关系。从直接性上看，思维面对的是感性形象，所以人的思维规律就是思维对感性的固有关系，但感性反映的是在我们之外的客观实在，所以，从间接性上说，人的思维规律便变成思维以感性为中介面对这种客观存在的固有关系。"①

思维规律的三个基本层次，即唯物辩证法揭示的思维规律、思维科学揭示的思维规律和脑科学等生理科学揭示的思维规律……唯物辩证法作为最高层次的思维规律，所要解决的基本矛盾是思维和存在的关系。思维科学是研究思维形式及其运动过程的一般规律的科学。脑科学和神经生理学等就是揭示思维的生理机制所揭示的思维规律的科学。由于人脑是思维的器官，思维是人脑的机能，所以从这个层次上揭示思维的规律，当然是一条根本的道路。②

"思维规律是主体观念地把握客体的基本形式，是人类认识世界的方法和手段……人类的思维规律不仅具有多种具体形态，而且从总体来看，可分为两种不同的类型：第一种是对象型思维规律，第二种是规则型思维规律。所谓对象型思维规律，实际上就是被意识到了的客观规律；所谓规则型思维规律，则是主体在把握客体对象的过程中运用的范式和方法。"③

可见，在哲学家们的眼里，思维规律既涉及本体论问题，需要阐明思维与存在的关系；又涉及认识论问题，需要阐明思维发生、发展的规律和思维过程的规律；还涉及方法论问题，要阐明思维的具体方式、方法。那么，什么是思维的方法呢？对此，我们比较认同朱奎保的观点。他认为，思维在方法论层面可分为思维方式、思维方法、思维形式三个方面，其中思维方式处于最高层次，是一个具有高度概括性的哲学范畴，是内化于人脑中的世界观和方法论的理性认识的样式，具有很强的普遍性和稳定性，往往会打上时代的烙印。思维方法则是思维活动中所必须遵守的规则，它是思维方式中的基本内容，如唯物辩证的思维方式包括分析和综合、归纳和演绎、抽象和具体等思维方法。因此，思维方法相对于思维方式来说，它处于较低的层次。至于思维形式则更为具体，是相对于思维内容而言的。例如，语言、文

---

① 王毅、李为：《论作为思维规律的哲学》，载《求索》，2007(1)。
② 朱奎保：《论思维规律的层次性》，载《苏州大学学报(哲学社会科学版)》，1992(2)。
③ 马捷莎：《思维规律的两种类型辨析》，载《中山大学学报(社会科学版)》，1998(2)。

字等是思维的外在形式，感觉、知觉、表象和概念、判断、推理等是思维的内在形式。①

教育领域关于思维规律与方法的探索主要立足于心理学和教育学的视角，其中温寒江比较明确地提出了思维规律与方法的系统观点。他认为，思维规律是客观事物在人脑中的反映，只要人们正确地认识了客观规律，那就是思维规律。从类别来讲，思维规律可分为一般思维规律和特殊思维规律。前者包括语言规律、逻辑规律和辩证法；后者则是指特定学科或特定领域的思维规律。思维方法是人在认识过程中，人脑对事物的表征（语言、符号、表象）进行的有目的的操作方式和程序，它具有可操作性和工具性的特点。就分类而言，按照思维载体的不同，可分为抽象思维方法和形象思维方法两大门类；按照适用性的不同，可分为一般思维方法和特殊思维方法，其中前者是普遍适用的、带共性的思维方法，包括客观事物的运动变化性，事物的可分性和可组性，事物的相似性和普遍联系性；后者则是不同学科、专业与其自身研究对象的特殊性质相结合而形成的具体思维方法，是一般思维方法在特定学科、专业的具体体现。②

我们无意去梳理学术争鸣和探讨哲学意义上的思维规律与方法，而是立足于中小学教师的教育教学需求，重点探讨形象思维、抽象思维和问题解决中的思维规律与方法。我们对形象思维和抽象思维的分别阐述，并不意味着这两种思维是可以相互分离或割裂的，并且恰恰相反，我们认为这两种思维在一定条件下是可以相互转换的，同时也是协调发展、共同发挥作用的。我们认同并主张温寒江关于两种思维全面协调发展的观点（参见第一章第三节"形象思维与抽象思维协调发展"）。

二、形象思维的规律与方法

谈到形象思维，我们首先会想到马克思那段形象生动、耳熟能详的论述："最蹩脚的建筑师从一开始就比最灵巧的蜜蜂高明的地方，是他在用蜂蜡建筑蜂房以

---

① 朱奎保：《论思维规律的层次性》，载《苏州大学学报（哲学社会科学版）》，1992(2)。
② 温寒江、陈爱苾：《脑科学·思维·教育丛书　学习学》（上卷），76～90页，北京，教育科学出版社，2016。

前，已经在自己的头脑中把它建成了。劳动过程结束时得到的结果，在这个过程开始时就已经在劳动者的表象中存在着，即已经观念地存在着。"①建筑物以表象的形式在劳动者的观念中存在，其实这就是对形象思维最具体的描述。但在现实中，人们对形象思维还存在着许多不同的认识。

(一)形象思维是思维吗?

形象思维到底是不是思维呢? 我们先来看看学术界的认识。总体来看，学术界关于形象思维的认识主要有以下三种观点。

第一种观点是杨玉辉认为，思维就是运用概念进行判断、推理的过程，因此，思维就是逻辑思维。而我们通常所说的形象思维只是对具体事物当前状况的认识，不能实现从特殊到一般的转变，最终也无法达到对事物本质和规律的把握。从这个意义上讲，如果一定要将形象思维称为思维，那也只是概念思维的初级阶段。

第二种观点是安海姆认为，思维的基本材料是表象，而不是概念或语言。"语言只不过是思维主要材料(表象)的辅助者，只有清晰的表象才能使思维更好地再现有关的物体与物体之间的关系"。他还认为，"对事物的整体结构特征的抽象把握，乃是知觉和一切初级认知活动的基础"，而在知觉中最重要的又是视知觉。②因此，视知觉是人类思维的一种最基本形式，可称为视觉思维。

第三种观点认为，思维可以分为抽象逻辑思维和形象思维两种类型。前者主要是运用概念进行判断、推理的过程，是一个从抽象到抽象的过程；后者则是对表象或形象的思维加工，是一个从形象提取抽象结果的抽象过程。因此，"形象的信号是形象思维的担负者，语言是抽象思维的担负者。"③

以上三种代表性的观点对形象思维的认识完全不同。第一种观点认为形象思维不是思维，即便是思维，充其量也只是思维的雏形，说到思维就是指逻辑思维或抽象思维；第二种观点将表象视为一切思维的基础，并将形象思维(视觉思维)视为最基本的思维形式，在一定意义上讲，又有点凌驾于抽象思维之上的感觉，同样也

---

① 《马克思恩格斯全集》(第23卷)，202页，北京，人民出版社，1995。
② 唐孝威、何洁等:《思维研究》，102页，杭州，浙江大学出版社，2014。
③ 哈尔滨师范学院中文系形象思维资料编辑组:《形象思维资料汇编》，47页，北京，人民文学出版社，1980。

不是一种恰当的认识；第三种观点认为，形象思维与抽象思维都有各自的规律和特点，是思维的两种不同类型，当然在这个观点上，也有研究者如钱学森提出三种思维类型，即抽象思维、形象思维、创造思维（他早期提出的是灵感思维），当然，这些观点在对形象思维的认识上是一致的。我们认为，无论哪种观点，我们对其做评判时都应该有一个基本的标准，那就是判断形象思维是否是思维，应该至少有这样两个视角。

1. 是否符合思维的基本定义

从心理学的视角来看，思维是人脑对客观事物间接的、概括的反映，是对事物的本质属性和事物之间规律性联系的反映。形象思维是否符合这个定义，我们需要从表象的特点入手来做分析。关于表象，早在 20 世纪 40 年代，蔡仪在其《艺术与科学》一文中就做过这样的描述："个别的表象是更完整地更真切地反映着个别的客观现实，所以表象在本质上可以说是比较个别的、具象的，或者说是具体的。不过客观现实本身原来便没有绝对个别的，某一客观现实，一方面是和其他客观现实无限地关联着，另一方面是它本身不断地变化着，因此当作认识过程的表象，自然不能不有更普遍化而趋于概念的倾向，否则不能真正认识客观现实。将表象普遍化了的概念，正是抽象地反映着一般的客观现实，所以它在本质上可以说是一般的、抽象的……所以概念一方面是表象的普遍化，另一方面并不是与表象完全脱离。"[1]可见，至少在 80 年前，我国学者就已经对表象有了揭示其本质的认识，表象并非我们日常所认为的那样，是简单地对个别事物的具象反映，而是事物概括化了的形象在人脑中的反映，本身就具有间接性，并且在本质上，它已经具有了概念的特征，体现出了事物的本质特征，也反映出了事物之间的联系。对于表象的这种认识，我们可以从科学界找到许多典型的例证，如富兰克林把电设想成像水一样的"电流体"，为人类开发利用电能奠定了重要基础；鲁班受锯齿草的启示，通过表象加工发明了锯子，等等。或许正是对形象思维的原料——表象的这样一种深刻认识，研究者们认为，"科研、设计、生产、竞技和艺术创作中的形象思维活动并不完全相同。但'在用形象来思维'这一点上它们却是有共性的"[2] 这便是说，形象

---

① 哈尔滨师范学院中文系形象思维资料编辑组：《形象思维资料汇编》，398 页，北京，人民文学出版社，1980。

② 钱学森：《关于思维科学》，111 页，上海，上海人民出版社，1986。

思维不是人们认为的那样，是人的感性认识、是思维的初级阶段，而是有别于抽象思维的一种重要的思维类型。因为它具备学术界对思维定义的全部核心特征，"就特征而言，形象思维的确表现为以可感知的形象为基本形式的反映过程。但是，我们不能因此就将属于思维范畴的形象思维看作是感性的表象活动。从本质上说，任何思维都具有抽象性和概括性。在认识过程中，思维是对现实非直接的，经过复杂中介的反映过程。思维虽以感性认识为源泉，但它已超越了感性认识的界限，使人获得感性认识所不能直接感知的事物的本质和规律。事实上，形象思维也同样具有思维的本质特征"。①

2. 形象思维是否具有思维的基本特点

我们综合学术界的研究成果，概括出了思维的 5 个特点，即概括性、间接性、逻辑性、连续性、独特性。从上述分析中，我们已明确形象思维具有概括性和间接性。从逻辑性和连续性而言，无论是文学家的文学创作或艺术家的艺术创造，还是科学家运用表象进行的发明创造，其实都具有这两个特点。比如，物理学上英国物理学家法拉第提出磁力线的概念，就很好地体现了这样的思维特点。"他仔细观察了放置在各种形状的磁铁附近的铁屑所形成的图案，并与磁铁周围的许多小磁针的指向相比较。他想象，即使没有铁屑，磁场中也应该存在这种可以表示磁针指向的线，由此他提出了磁力线的概念，并在电磁感应现象中用'切割磁力线产生电流'对电磁感应定律作出了解释。"②文学创作中也不乏其例，如王国维在《人间词话》中对一个人成就事业的三大境界的描述，就充分体现了其形象思维的逻辑性和连续性。他这样写道："古今之成大事业、大学问者，必经过三种之境界：'昨夜西风凋碧树，独上高楼，望尽天涯路'，此第一境也。'衣带渐宽终不悔，为伊消得人憔悴'，此第二境也。'众里寻他千百度，蓦然回首（当作'回头蓦见'），那人却（当作'正'）在灯火阑珊处'，此第三境也。"③

关于独特性，形象思维不仅具有不同于抽象思维的独特性，每个人的形象思维，也因其表象的丰富性和清晰性的不同而不同。比如，清代画家郎世宁笔下的骏马和现代画家徐悲鸿笔下的骏马，其风格和意境都是完全不同的，其不同的核心便

---

① 赵继伦：《论形象思维的认识论意义》，载《东北师范大学学报（哲学社会科学版）》，1992(2)。
② 王溢然：《形象·抽象·直觉》，18 页，郑州，大象出版社，1999。
③ 王国维：《人间词话》，13 页，南宁，广西人民出版社，2017。

是各自心中马的表象不同，创作中对马的表象的加工和要表达的思想也不同。这便是形象思维独特性的表现。

综上所述，形象思维具有思维内涵的核心特征，也具有思维的全部特点，因此，形象思维不仅是思维，其层次也不比抽象思维低，并且在人类文明的发展中扮演着十分重要的角色。用温寒江的观点讲，形象思维从人类发生史的角度来看，人类用表象进行思维要早于用语言进行思维，换言之，形象思维的产生应该早于抽象思维。当然先不论孰先孰后，形象思维与抽象思维一样，不仅都是思维，而且都是人的理性认识。对此，李泽厚认为："思维，不管是形象思维或逻辑思维，都是认识的一种深化，是人的认识的理性阶段。人通过认识的理性阶段才达到对事物的本质的把握。形象思维的过程，在实质上与逻辑思维相同，也是从现象到本质、从感性到理性的一种认识过程。"①

（二）形象思维的特点

有研究者认为，形象思维来自感性认识，因为其加工的材料——表象来源于感性认识，但它又不同于感性认识，且高于感性认识。② 正因此，形象思维具有不同于抽象思维的特点：一是形象性，这是由表象的特征所决定的；二是概括性，即表象不是原始的感性材料，而是经过加工并进行了一定程度抽象的心象；三是创造性，这是说我们头脑中的许多形象是对已有感性材料经过加工后重新创造出来的形象；四是运动性，即形象思维的过程是动态的、不断变化的，具有鲜明的理性特征。还有研究者认为，形象思维具有这样七个特点：其一是形象性，意指形象思维用形象材料进行思维，并在头脑中不断涌现出新的形象，思维过程一刻也离不开形象，因而体现为形象性；其二是可感性，即这时的思维是感觉与记忆的综合，其中既有记忆的成分，又有感觉的成分，只是这时的感觉已不是感性认识中的感觉，而是感觉与记忆不断整合所得到的对事物本质的认识以及所具有的体验、感觉；其三是整体性，即形象思维是将一个完整的表象作为一个单位来思考的；其四是概括性，形象思维对某一具体的人或事物特征及本质属性的概括是

① 李泽厚：《试论形象思维》，载《文学评论》，1959(2)。
② 钱学森：《关于思维科学》，116~118 页，上海，上海人民出版社，1986。

浅层次的，而创造出的文学形象或科技模型却是深层次的，具有高度的概括性和普遍性；其五是跳跃性，形象思维与联想有关，不一定遵循严谨的逻辑，而是跳跃性的；其六是直觉性，即对事物的识别、判断是瞬间做出的，有时一个新的形象的产生也是瞬间的灵感而来；其七是非语言性，形象思维加工的材料以表象为主，而不是语言。①

综合各家的观点，我们认为，形象思维的特点是其区别于直觉思维、抽象思维的核心特征，我们在把握其特点的时候，应该有所侧重，凡属思维的共性特点和与其他类型思维共同的特点均不作为形象思维特有的特点。这样，我们可将形象思维的特点概括为以下几个方面。

1. 形象性

形象性特点体现在三个层面：一是形象思维的材料是表象，而表象的显著特征就是形象性；二是形象思维经过加工后产生的结果是新的表象，因而依然具有形象性的特点；三是形象思维通过类比、比喻等手法可以让抽象思维的内容更加形象生动，便于理解。例如，日本物理学家汤川秀树为了说明他的介子理论，就运用了比喻的手法，将其理论形象地比喻为"恶狗抢骨头"。他把核子之间的"交换力"形象化地想象为两条恶狗在抢一根骨头，彼此咬住一头不放，都想独占。这根骨头不断地从一只狗的嘴里传到另一只狗的嘴里，抢来抢去，结果两只狗扭在一起分不开了。核子之间吸力的产生也是由于各自为了占有一种新的美味的粒子而进行着类似的争夺。②

2. 整体性

整体性的这个特点不仅表明形象思维的材料——表象具有整体性的特点，同时还意味着运用表象进行思维的过程也是一种整体性的加工过程，且思维的结果同样是具有整体性的新形象的产生。比如，画家创作一幅绘画作品，他一定是首先在头脑中构思出作品的整体形象，然后再一步一步画出完整的作品；书法家写字也是首先要在头脑中想象出字的形象，然后才一气呵成写出一幅浑然天成的作品。形象思维的整体性还体现在其加工材料——表象来源的感觉形式，即形象思维可能会因人

---

① 温寒江、陈爱宓：《脑科学·思维·教育丛书 学习学》(上卷)，58~65 页，北京，教育科学出版社，2016。

② 王溢然：《形象·抽象·直觉》，19 页，郑州，大象出版社，1999。

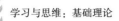

的各种不同感觉所产生的表象而引起，其形态会表现为视觉思维、听觉思维、动觉思维等。因此，形象思维从其加工材料——表象的来源看，既表现为多样性，又表现为全感官性。这同样是其整体性的表现。

3. 跳跃性

形象思维不同于逻辑思维，后者是线性思维，前者则是具有立体性、多面性、跳跃性的思维。形象思维的这个特点与联想有关。联想是建立在事物相关性基础上的思维活动，通常由人脑中的记忆片段或表象或概念等引起，因一个片段、一个表象，或一个概念而想到另一个事物、表象、概念或片段，甚至可能会构想出一个新的表象、概念或事物。形象思维以表象为基本加工材料，它可能会因为表象引起，也可能会因为概念而引起，还可能会因为情景或情节而引起，这个过程中都可能与联想或想象有关。因为联想和想象不是一种线性思维，有时可能会表现出一定的逻辑性，但更多的时候则表现为跳跃式甚至跨越式的方式。这便使形象思维体现出跳跃式的特点。

4. 转换性

长期以来，人们始终认为形象思维只加工表象，而非语言，抽象思维主要加工语言。其实这样的认识并不准确，因为在实际的思维过程中，有时形象思维可能不需要语言，如作曲家在作曲的时候，脑海中只有旋律；画家作画时，在灵感状态下一气呵成，也不需要语言。但建筑师在设计一座建筑的时候，一定会伴有运用语言的思维，这样会使设计更加精准。抽象思维也一样，有时也需要借助形象思维的力量，将抽象的事物或思维转化为某种形象的表达，会更便于理解。于是，这就涉及形象思维和抽象思维的互相转化问题。美国心理学家布鲁纳认为，任何高深尖端的科学知识，都可以通过通俗易懂的方法讲授给低年级学生。这就要求中小学、幼儿园教师一定要能够通过比喻、类比等方法，深入浅出、形象生动地转化并讲授抽象的知识，这样才能使学生更好地理解并接受。因此，我们必须要区分清楚形象思维的过程和产品，过程常常需要语言的支持，产品则可能体现为无语言的形象。

5. 创造性

创造性是形象思维非常重要的特点，或者说，创造性是形象思维的生命力所在。因为形象思维对表象的加工不是像复印机那样简单地复制，而是每一次加工都会创造出新形象，或者至少会给原有表象赋予新的意义。这是因为形象思维是与想象联系在一起的，我们在运用表象进行创作的时候主要是创造性想象在发挥作用，而在欣赏一幅作品的时候会运用再造想象。因此，想象给形象思维赋予了创造的力量。这也与我们对形象思维和抽象思维的日常印象相吻合。我们在日常生活中，说起以形象思维见长的艺术家，都会说他们在创作一幅作品，而说起以抽象思维为主要思维形式的科学工作者，常常会说他们在推理、在试验。可见，形象思维在人们的日常观念中，始终是与创造联系在一起的。

(三)形象思维的方法

如前所述，朱奎保针对思维方法问题，提出了三个层面的观点，即思维方式、思维方法和思维形式，且是一个从宏观到微观的分类。那么，如何认识形象思维的方法呢？按照这个观点，我们可以从如下三个层面做些梳理。

1. 从思维方式来看

形象思维遵循唯物主义的世界观和方法论。一个人头脑中存在的表象，来源于其对客观世界的反映及其所经历的社会生活实践。因此，一个人表象的丰富程度和其反映事物本质特征的能力，反映了他对世界的认识水平和参与社会生活实践的深入程度。深入剖析，表象的这种个体差异是与其心理表征直接相关的。心理表征是与大脑正在思考的某个物体、某个观点、某些信息或任何其他事物相对应的心理结构，这些心理结构有具体的，也有抽象的。研究者们对专家和新手的心理表征做过大量的研究，美国佛罗里达州立大学心理学教授安德斯·艾利克森等人对象棋大师和象棋新手的心理表征做过这样的描述：象棋新手和象棋大师相比，尽管看到的是同一个棋盘，但他们对棋盘的理解却全然不同。当问他们在观察棋局时看到了什么的时候，大师的描述要模糊得多，通常都会说出一些"攻击路线""运子"等术语，这就是说，象棋大师不是对某个具体的棋子进行编码，而是对棋局进行了编码。因此，他们认为，大师的心理表征不仅可以使其看到"森林"，着眼于全局，同时也会使其看到"树木"，将注意力集中在具体的招数上。这种差异的出现，与大师大量的练习和实践有关。[①]

---

① [美]安德斯·艾利克森、罗伯特·普尔：《刻意练习 如何从新手到大师》，83~85 页，北京，机械工业出版社，2016。

2. 从思维方法来看

温寒江提出，形象思维的一般方法包括以下五种：一是移动与转动，即个体会按照一定的任务，在意识中对表象进行移动和转动，如篮球训练中的意象训练、著名的谢帕德心理旋转实验等；二是分解与组合，即在头脑中对表象结构的分解与组合，如作家在塑造典型人物形象时，就是一个把生活中的人物特征分解出来，然后再组合成一个新的人物形象的过程；三是类比与概括，这是个体将头脑中的表象进行类比，找出其共性与差异，或者找出其相似性和差异性，并概括提取出其共同特质的过程；四是联想，因为客观事物存在普遍的联系，因此，个体会在头脑中借助事物之间的关联性进行表象与表象、表象与事物之间联系的思维加工；五是想象，即个体在头脑中把原有表象加工改造成新表象的思维方法。[①] 另外，有研究者结合基础教育课程教学提出形象思维的五种方法，并称之为"形象思维的五朵金花"，分别是观察、实验、图形、比喻和想象。[②]

3. 从思维形式来看

除感觉、知觉、表象等与形象思维直接相关的方面外，杨春鼎认为还应该包括意象，因为"意象是形象思维的主要思维形式。意象与表象有密切的联系，表象是形象思维的基础，是形成意象的前提。但是，意象又不同于表象，二者有显著的区别。意象是形象思维识别、创造与描述环节的基本思维形式，是由表象概括而形成的理性形象，是事物的表象与概念二者的辩证统一。意象是以语词为其物质形式的。语词既有抽象概括性，又有具体形象性。如果语词不能表达形象化的观念——意象，那么，文学艺术的形象创造也就不可能了。"他认为，意象由"意"和"象"的六个方面构成。一是本质意与附加意。前者是意象自身客观存在的本质属性，后者是人类赋予的外加属性。二是单一意与复合意。前者是意象只有单一的含意，后者是意象有一个以上的多种含意。三是表层意与深层意。前者为意象表面层次的含意，后者为意象内在深层次的含意。四是单一象与组合象。前者指意象形态是由单一的形象单元构成的，后者指意象形态是由多个不同的形象单元构成的。五是含义象与联义象。前者指具有一定含意的种种意象，是相对于非含义象而言的，后者指

---

① 温寒江、陈爱苾：《脑科学·思维·教育丛书　学习学》（上卷），90~100 页，北京，教育科学出版社，2016。

② 王溢然：《形象·抽象·直觉》，113~121 页，郑州，大象出版社，1999。

与一定的含意发生联系的表象或意象。六是静态象与动态象。前者是形态保持相对稳定的意象，后者是形态不断变化的意象。①

综上所述，我们可以得出基本的结论，即形象思维不仅是思维，而且是人类理性认识的重要形态，其作用和意义不亚于抽象思维，二者虽有着本质的区别，但同时又相辅相成，为我们认识世界、改造世界提供了重要的理性工具。需要说明的是，本部分我们探讨了形象思维的规律与方法，但并没有对形象思维的规律做阐述，这是因为形象思维的规律与方法并不能进行严格的分离，二者是互相融合的。以下我们要探讨的抽象思维规律与方法、问题解决的思维规律与方法都取此意。

三、抽象思维的规律与方法

如前所述，从人类发展史来看，形象思维的产生远远早于抽象思维的产生。但从思维研究的历史来看，抽象思维的研究远远早于形象思维的研究。抽象思维不仅是哲学的理性工具，同时也是科学的理性工具。因为"抽象是理论性的，它与实际事物没有密切的关联。"②"它是对理智问题自身的兴趣，是为思维而思维的一种嗜好。"③ 在此，我们不对抽象思维做全面系统梳理，只从三个层面做一些简要的探讨。

(一)抽象思维的基本方式

抽象思维始终伴随着哲学一起发展。哲学本身是一种思维方式。马克思主义哲学是科学的思维方式。实践思维方式是马克思主义哲学看待一切问题的理论基点和思维逻辑，它为我们提供了认识世界的新的理解方式、新的思维模式和新的视角。因而抽象思维以实践思维方式为指针。

马克思的实践思维方式的核心观念主要有三个：从实践出发的问题意识；从"现实的人"出发的具体意识；从现实的人的现实生活世界出发的整体意识。④ 其中

---

① 杨春鼎：《论形象思维的形式与相似规律》，载《浙江树人大学学报》，2005(3)。
②③ ［美］约翰·杜威：《我们怎样思维　经验与教育》，183、186 页，北京，人民教育出版社，2005。
④ 赵轩：《实践论思维方式中的爱国主义教育理论研究》，博士学位论文，东北师范大学，2019。

最关键的是"从实践出发"和"现实的人"。作为思维方式，实践的观念就是强调从实践出发，从实践中的问题出发，从以往的知识体系意识转向解决现实问题的问题意识。"现实的人"是指活动于现实生活实践关系中的人，这样的人不是生活在虚拟世界里或真空中的人，这种人所生活的世界是具体的世界。具体的现实世界在某种程度上体现着个体的差异性。个人的差异除了自身的自然、精神和社会属性之外，他生活世界的具体性也体现了与他人生活世界的不同。应该说，这两个核心关注点在哲学上实现了两个回归：一是抽象的人向现实的人的回归；二是非现实化的世界向人的现实世界的回归。

本书是提供给基础教育领域教师的教育教学指导用书，因此从马克思的实践思维方式角度来看抽象思维的方式，我们至少应该关注实践思维的这三个方面的特点。

1. 实践性

首先，抽象思维的材料——语言、知识、经验等来源于实践，人的社会实践越丰富、越深入，思维的材料就越丰富、越深刻；其次，皮亚杰认为，一个人从感觉动作思维到前运算思维，再到具体运算思维，进而发展到形式运算思维，这样的发展历程与儿童的生活实践和社会实践紧密相关，因此，实践造就了抽象思维；最后，个体良好思维品质的养成，同样源于其丰富的社会实践。正像恩格斯在《自然辩证法》中所说的那样："劳动创造了人本身。"同理，也正是实践塑造了我们良好的思维品质。

2. 问题性

实践思维方式以问题为导向，问题也是其出发点。在问题解决的过程中，我们必须要运用概念进行判断，做出推理，这些都是抽象思维的主要形式。因此，我们需要具备良好的问题意识，有了问题意识，我们就能够在实践中发现问题，并在问题解决中促进思维的发展。

3. 主体性

马克思的实践思维方式告诉我们，实践的主体是人，思维的主体也是人，并且这里所指的人，不是抽象意义上的人，而是现实世界中活生生的人。因而，在我们的日常生活和社会实践中，始终要眼中有人，心中也有人，不仅要看到人的个体差异，同时也要尊重其个性差异；不仅要激活人的创造潜力，同时也要激发人的发展动力。

(二)抽象思维的方法

综合学术界关于抽象思维方法的观点，可概括为分析与综合、比较与分类、归纳与演绎等。

1. 分析与综合

分析与综合是我们运用抽象思维认识并研究事物或现象的基本方法，也是辩证法的重要要素之一。分析就是将事物的各个部分、要素、成分、特征等解析出来，以了解事物的结构与事物之间的联系。同时，还要分析事物发展过程中的主要矛盾与次要矛盾，以及矛盾的主要方面和次要方面，以促进事物的发展，推动问题的解决。综合是将事物的部分、要素、成分、特征等联系在一起，以还原事物的全貌，把握事物的整体状况。

分析与综合是一对对立统一的矛盾体。分析是综合的基础，没有对事物进行深入具体的解析，就没有综合；综合是分析的完成，没有综合，事物就处于零散状态。同时，分析与综合还会相互转化，在一定条件下，对事物进行深入的分析，必然会带来必要的综合；反之，综合达到一定的程度，必然会进入深层次的分析。这便是所谓"分久必合，合久必分"的意蕴。正因为如此，恩格斯说："思维既把相互联系的要素联合为一个统一体，同样也把意识的对象分解为它们的要素。没有分析就没有综合。"①

2. 比较与分类

比较与分类也是运用抽象思维认识世界的非常重要的方法。比较是通过对事物之间的要素、特征等进行比对，找出其异同，提取出其本质特征。运用比较方法时，首先需要确定事物之间的相似性，找到相似性，才能使事物之间具有可比性，也才能找到事物之间的差异；其次需要确定比较的精确性，精确性通常可以从内容和程度这两个维度来确定，内容决定了比什么，程度决定了比到什么水平。另外，比较也是科学研究的一种重要方法，通常都是在实验设计中通过控制变量，来设置不同的实验组和控制组，以寻找不同条件下的实验结论。

———————————

① 《马克思恩格斯选集》(第三卷 上)，81页，北京，人民出版社，1972。

分类的基础是比较，只有深入、精确的比较，才能做出科学的分类。在我们的日常生活中，分类非常常见，通常依据事物的属性和本质对物品或事物做出分类。例如，目前我国正在全力推动的垃圾分类，依据垃圾是否有害或是否可利用，将垃圾分为厨余垃圾、可回收垃圾、有毒垃圾、其他垃圾等；另外，常见的还有如图书分类、专业分类，等等。分类给我们的世界带来了秩序和规则，也让我们的思维更有条理。

3. 归纳与演绎

马克思、恩格斯在其著作中常常将分析与综合、归纳与演绎这两个辩证方法同时并用。通常，分析综合主要从事物的现象与本质的关系来揭示事物的本质；归纳演绎则重在从事物的一般与个别的关系揭示事物的本质，"它们从不同的侧面，发挥各自不同的作用。马克思对它们同时并用，充分地发挥了它们应当发挥的作用，达到了更深刻地揭示资本主义的本质的目的。这是马克思对辩证方法实际运用的重大贡献。"①

归纳是从具体到一般的方法，主要是在大量的具体事物中发现某些共同特质，通过分析、综合、判断、推理等过程，概括出一般性的结论。归纳法有完全归纳法和不完全归纳法之分，前者是一种全样本归纳，即将某类事物的所有成员进行分析、比较，归纳概括出结论；后者则是对局部样本进行分析、比较、判断、推理，得出某种结论，并将结论推及每一个样本。我们一般运用归纳法进行推理，通常都涉及三个基本步骤：一是确定操作性定义，即对核心概念做出一个可操作的、准确的解释；二是抽样，即选择好要观察的样本，通常样本量越充足，越有益于消除偏差；三是比较，即对观察数据进行比较，以寻找其规律性。

演绎是一般到具体的方法，通常有公理法和假说法。公理法通常是以既定的公理作为逻辑起点，推导出一系列结论；假说法则重在针对有待验证的假说进行推理，以得出结论。运用演绎法进行推理，需要把握两个关键点：一是检查事物之间是否有逻辑矛盾，以确保能够得出正确的结论；二是做出符合逻辑规则的判断。

---

① 黄九如：《论〈资本论〉对分析综合方法的运用》，载《厦门大学学报（哲学社会科学版）》，1985（2）。

（三）抽象思维的形式

概念、判断和推理是抽象思维的基本形式。判断与推理是逻辑学研究的重点内容，它们有自己的规则和程序，在我们的现实中，判断与推理通常都与决策密切相关。有研究者认为，一般的决策程序可分为 6 个基本步骤：觉察问题和机遇、确定决策目标、分析备选行动方案及可能带来的结果、选择行动方案、实施决策、提出反馈。[①] 应该说，在这 6 个步骤中，只有前 4 个环节是决策的过程，后 2 个环节则是执行决策的过程。可以看出，在决策的 4 个环节中，每个环节都离不开判断与推理。这里，我们不再对判断与推理的逻辑学研究做更多讨论，只对概念的相关问题做一些分析。

1. 什么是概念

概念是知识的细胞，概念的基础是我们对外界事物的反应。在日常生活中，当我们遇到一件陌生的物品时，通常都会用我们已经熟悉的概念进行处理，对物品做出初步的判断。那么，什么是概念呢？英国心理学家汤姆生对如何定义一个概念提出了这样的标准：一是概念本身不是知觉的材料，而是过去我们对特别刺激做出特殊反应的产物；二是运用概念，是把过去的知识简单地应用到目前的情境中；三是概念把无联系的材料联系了起来；四是人类使用的文字和其他符号是联系各个分离经验材料的工具；五是概念至少有两种功能，即内涵作用和外延作用；六是并非所有的概念都是合理的，或者完全有意义的；七是概念不需要有意识地去形成。因此，概念是复杂的高级反应系统，其功能体现在两个方面：其一，把预先得到的知识与受试者目前经历的情境联系起来；其二，通过相互影响和相互组织，最终形成了一个能够完全独立地影响感觉、刺激行为过程的复杂系统。[②]

虽然汤姆生对概念的标准和功能做了一些描述，但如何精准地界定概念却依然不够清晰。其实概念是一个很复杂的问题，我们很难给它下一个大家都认同的定义，但研究者们都提出了自己的一些定义。比如，邵志芳从逻辑学和心理学的角度对概念做了界定，认为逻辑学眼中的概念是指反映事物本质属性的一种思维形式；

---

① 汪安圣：《思维心理学》，210 页，上海，华东师范大学出版社，1992。
② ［英］罗伯特·汤姆生：《思维心理学》，53~57 页，福州，福建科学技术出版社，1985。

而心理学眼中的概念则是指一种规则，依据这种规则，人们可以对事物进行分类或推知事物的特征。① 汪安圣认为，概念是人的知识体系的组织要素或构成块，概念能使人对复杂世界做出简化的、概括的或分类的反应，并指出概念可分为人工概念和自然概念。② 另外，研究者们还对概念的其他特征做了说明，如皮连生认为，从概念的构成来讲，一个概念要由四个成分构成，它们是概念名称、概念定义、概念例子和概念属性；从功能上来讲，主要有分类、理解、预测、交流、概念联合、产生新例子等功能。③

学术界关于概念的认识还有很多，在众多概念的定义中，我们可以捕捉到能准确理解概念的这样几个关键特征：本质属性，即概念反映的是事物的本质属性；联系，即概念建立起了特定符号与事物之间的联系；规则，即概念为我们提供了理解和把握世界的规则；秩序，即概念使我们的世界更加有序，使我们的思想表达更加清晰、有逻辑。

2. 概念的形成

谈到概念的形成，通常都会有两个层面的意义：一是指人类的概念形成，即要揭示在人类社会发展的历史上概念是如何形成的，我们不去探讨这个层面的问题；二是个体概念的形成，即在个体成长过程中、与他人和社会互动中概念的形成，这是我们要厘清的问题。

维果茨基指出："概念形成过程(该过程最终导致概念的形成)始于最初的儿童期，但是，作为概念形成过程的心理基础的智力功能(它们以特殊结合的方式成为概念形成过程的心理基础)只有到青春期才得以成熟、形成并发展起来。""导致概念形成的过程沿着两条主要路线发展。第一条是复合的形成：儿童在共同的'家族姓氏'下将各种物体联合成组；该过程经历了若干阶段。第二条发展路线是形成'潜在概念'，它以挑选某种共同属性为基础。在这两条路线中，词语的使用是发展过程的一个不可缺少的组成部分，而且词语在这些发展过程导致的真正概念中保

---

① 邵志芳：《思维心理学》，34 页，上海，华东师范大学出版社，2001。
② 汪安圣：《思维心理学》，76 页，上海，华东师范大学出版社，1992。
③ 皮连生：《智育心理学》，173~174 页，北京，人民出版社，2008。

持指导作用。"①维果茨基针对这些观点，做了大量的实验验证，从个体发生学的角度，为我们进一步理解概念形成提供了很好的研究基础。

我国心理学研究者也从不同方面对概念形成做了探讨。邵志芳认为，概念形成是个体掌握事物分类规则的认知过程。由于规则的复杂程度差异较大，通常是简单规则比较容易掌握，复杂规则的掌握则不那么简单。正因为如此，就产生了概念形成方式上的不同认识。她认为，根据个体概念形成过程中认知方式的不同，可将概念形成分为四种情况。

一是基于规则的概念形成。科学概念通常都是基于规则的概念形成的，这是一种最严密、最富有逻辑性的概念表征形式。这种方式的不足之处是灵活性不够。研究者们大都采用人工概念的方式进行研究。此外，研究者们还探索出了许多有益的策略来进行研究，如美国著名教育心理学家布鲁纳等人的研究发现，概念形成是一种有目的、有意识、有计划，并有高度组织性的行为。研究者们常常采用的策略有聚焦和扫描。前者通常是选择一个正例作为焦点，然后将它与根据某种假设选择出来的各个样例逐一进行比较，以舍弃无关特征，聚焦关键特征；后者则是先形成简单的假设，然后根据假设对刺激进行分类，直至发现错误，再修改和另立假设。

二是基于线索的概念形成。这种方式不能得到一个完整、准确的规则或规则体系，而是只能获得刺激的某些线索、表面特征或与类别之间片面、零碎的简单关联。它不像第一种方式那样严格，但却是一种比较灵活的方式，其典型表现是内隐学习。内隐学习与外显学习相对应，是指个体在与环境的接触中，不知不觉地获得了一些经验并因之而改变其事后的某些行为的学习。对此，许多心理学工作者做了大量的实验研究，其中雷伯等人在其研究的基础上，总结出了内隐学习的一些重要特征，包括内隐知识能自动产生、内隐学习具有概括性和无意识性等。

三是基于样例的概念形成。这种方式的逻辑性较差，但灵活性较强。样例学习理论认为，概念表征了对于各种样例的描述，概念形成的过程就是积累样例来表达概念的过程。简言之，概念在人的头脑中是以样例的形式存在的。一般来讲，用样例表征概念时，个别样例的增减不会对概念表征产生多大的影响；而用规则表征概

---

① [俄]列夫·谢苗诺维奇·维果茨基：《思维与语言》，65、90页，杭州，浙江教育出版社，1997。

念时，任何一条规则的增减都有可能会产生另一个概念。样例学习是幼儿概念形成的主要方式。

四是基于图式的概念形成。这种方式的灵活性更强，其概念形成主要涉及事物的功能、作用等信息。图式是一种用于表征知识的、有一定组织性的框架，其成分包括人物、情节、背景，以及关于世界的一般知识和关于特定事件的具体知识。①

图式在皮亚杰的理论中占据着十分重要的地位，指的是有组织的感知运动动作序列，具体指这样一个结构：一是它具有组织；二是它具有感觉或者输入成分，即由外部环境刺激构成的成分；三是它具有运动成分，即有一部分是由某些类似于肌肉运动的输出成分的；四是紧随感觉部分之后某个作用于环境的动作；五是这一结构的成分以序列顺序起作用，即发生的感觉与动作的组织是有序的。②

3. 概念的学习

如果说我们把个体自己发现事物的关键特征并形成概念的活动称为概念形成的话，那么学习者在已有概念的基础上，通过学习掌握新概念的活动则可称为概念学习或概念掌握。

皮连生对具体概念的学习和定义性概念的学习做了讨论。他认为，具体概念是通过观察概念的例子获得的，在教学条件下，学生学习的一般过程包括以下几个方面：学生观察教师提供的概念的若干正例；教师引导学生观察和辨别呈现的若干正例的特征，包括本质特征和非本质特征；教师通过提问指导学生进行抽象和概括，使他们得出所有正例的共同本质特征；进一步提供正反例，让学生检验概括出的本质特征是否正确；引导学生在变式例子中熟练运用习得的概念，使之转变为一种熟练的智慧技能。关于定义性概念的学习，他认为与具体概念的学习过程相同，只是"具体概念学习完成时，教师不给概念下正式定义，而在定义性概念学习结束时，教师或教材应呈现概念的正式定义。"③

汪安圣认为，概念掌握包括概念形成和概念同化。关于概念形成我们已做了专门讨论，因为它具有发生学意义，因此应该是一种特殊形式的概念掌握；从学习形

① 邵志芳：《思维心理学》，52～84 页，上海，华东师范大学出版社，2001。

② [美]理查德·M. 勒纳：《人类发展的概念与理论》，449～450 页，北京，北京大学出版社，2011。

③ 皮连生：《智育心理学》，179、183 页，北京，人民出版社，2008。

式而言，则应该是发现学习。同化是美国教育心理学家奥苏伯尔意义学习理论的重要概念，主要指学生原有知识的实质内容及其组织特征是影响新知识学习的最重要变量。换言之，个体已有概念对新概念的学习意义重大，概念同化就是把新学习的概念与个体认知结构中已有的观念建立适当的联系来获得意义的过程。

四、问题解决的思维规律与方法

问题解决是一个多学科研究的重要主题。心理学关于问题解决的研究有着很长的历史，取得了丰硕的成果，也形成了许多有重大影响的理论。我们在这里仅从如下三个方面做一些讨论。

(一)问题与问题解决的内涵

爱因斯坦说："提出一个问题往往比解决一个问题更重要。"那么，什么是问题呢？其实回答这个问题本身就是一个很困难的问题。从字面上来解释，通常有这样三种表述：一是要求回答或解决的题目，这个表述等同于英文"question"的含义；二是需要研究讨论并加以解决的矛盾、疑难，这个表述等同于英文的"problem"的含义；三是事故或麻烦，类似于英文"trouble"的含义。学术界关于问题的解释也是众说纷纭，有的研究者说："问题是给定的信息与目标之间有某种障碍需要加以克服的情景。"[1]有的说，如果当前状态和目标之间存在障碍，同时还不清楚如何排除这个障碍时，问题就产生了。[2] 还有的说，问题就是一种情境，在这个情境中某个人希望达到一定的目标，但是初次尝试失败，往往有多种方案可供选择。[3] 综合各家观点，本章作者还是同意汤丰林的观点："问题既指一个一般意义上的疑问，也指一个对个体而言的陌生事件，且无论是疑问还是陌生事件都发生于特定的问题情境，对个体来说，均需具有新颖性和与已有知识的关联性。所谓新颖性，是指个体所面临的问题超出了自己的知识范围，或对个体而言是一种全新的知识组合。但这

---

① 汪安圣：《思维心理学》，99 页，上海，华东师范大学出版社，1992。

② ［美］E. Bruce Goldstein, James R. Brockmole：《感觉与知觉》(第十版)，431 页，北京，中国轻工业出版社，2018。

③ 邵志芳：《思维心理学》，123 页，上海，华东师范大学出版社，2001。

种新颖又不是完全陌生的，而是与个体的已有知识有某种程度的联系。"①

　　关于问题解决的理解，研究者们比较共性的认识是，认为问题解决就是通过一系列思维与行动的操作，使得问题从初始状态转化到目标状态。因此，梅耶认为："问题解决具有4个主要特征：①问题解决是认知的，即它出现在问题解决者的认知系统内部并且只能通过它们的行为间接推断出来。②问题解决是一个过程，即它涉及在问题解决者的认知系统内表征和操作知识。③问题解决是定向的，即问题解决者的认知加工被其目标所指引。④问题解决是个人的，即问题解决者个人的知识和技能会决定问题的困难或容易，用这些知识和技能能够克服解决办法的障碍。"②

(二)问题体验

　　客观存在的问题或他人提出的问题，对个体来讲不一定是自己的问题，要使它转化为自己的问题，则要经历一个特定的心理过程。因此，我们认为，问题是由于有了个体的内在体验才产生了意义，也才能转化为自己的问题。而个体只有有了自己的真问题，问题解决的过程才能正式开始。我们把个体在对问题进行认知的过程中所产生的主观感受称为问题体验，并建构了一个由认知情感、认知期待、认知激活、认知冲突、认知需求五个因素构成的问题体验结构体系。问题体验也是客观问题转化为个体主观问题的心理机制。五个因素也是问题体验的五个维度。这五个因素构成了图2-1所示的一个立体的问题体验结构模型。

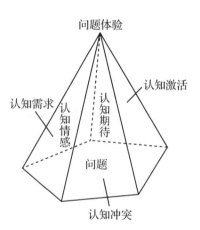

图 2-1　问题情境结构的理论模型
（资料来源：汤丰林，《问题体验论》，62 页，北京，首都师范大学出版社，2010。）

　　1. 认知情感

　　认知情感是个体在面对问题的时候，对问题所产生的好恶、好奇、兴趣等反应，它会促进或抑制个体对问题的认知进程。它主要体现的是情感的动力性特征，

---

① 　汤丰林：《问题体验论》，4~5 页，北京，首都师范大学出版社，2010。
② 　唐孝威、何洁等：《思维研究》，87 页，杭州，浙江大学出版社，2014。

当个体面对一个问题的时候，如果他产生了积极的情绪状态或情感体验，或者说对问题具有浓厚的兴趣或强烈的好奇心，那么他就会产生对问题认知和探究的主动性，并且在这种状态下，个体对问题的体验也会更加积极、深刻。反之，如果个体对问题的情绪体验是消极的，或者是没有任何兴趣的，这时作为一个教学任务，虽然他也可以去思考解决，但他的认知和探究行为始终是被动的。

2. 认知期待

认知期待是指个体对问题的解决方式或结论所产生的直觉性的预期，或者说是个体针对当前问题而产生的结果期待。问题体验中的认知期待意味着当个体面对问题时，他产生的对问题的一系列直觉性的判断。这些判断有时与问题本身所期望的目标一致，有时则不一致，但无论最终的结果是什么样子的，这种预先的判断都会给个体的问题解决一种导向。这种导向有时可能会促进学习者的学习，有时则有可能阻碍其学习进程。认知期待可能会促使学习者深入思考并解决问题，也可能会使他的认知活动仅仅停留在期待的水平上而不愿再做深层的思考与探究。当然，个体到底会做出什么样的选择，取决于其认知激活的水平。

3. 认知激活

问题体验中的认知激活，一方面是指个体在面对问题时所产生的生理和心理上的准备状态，另一方面主要是指与客观问题相关联的已有知识是否处于积极状态及已有知识激活的量。在教学过程中，前者取决于教师的课堂调控能力，后者取决于学生的知识积累情况。我们认为，已有知识的激活在问题体验中具有更加重要的意义，它影响着认知冲突的水平。

4. 认知冲突

认知冲突是指在智能发展过程中原有概念(或认知结构)与现实情境不符时，在心理上产生的抵触或矛盾现象。问题体验中的认知冲突应该表达这样两层含义：一是个体已有知识与问题之间所产生的认知失衡状态，二是个体的认知期待与问题的实际目标之间产生的不一致状态。无论是哪类冲突，均体现了紧张性和持续性。应该说，适度的认知冲突能够促进学生的学习。

5. 认知需求

认知需求是个体在已有知识的基础上，试图通过对问题的深层探究，来解决认知冲突的内部冲动或力量。它直接导致了学习动机的产生，是学习从问题形成进入问题探究阶段的关键因素。

6. 问题体验各因素之间的关系

当个体面对问题的时候，他首先产生的反应是对问题本身的好恶或有无兴趣，这便是认知情感的问题。认知情感是问题体验的开始，它对问题体验的每一个环节都会产生重要的影响，并且对整个学习过程也会产生促进或延缓的作用。在认知情感的作用下，学生会对问题的结果或解决方式形成一种预期，这种预期将会对学生深入思考和解决问题形成一个目标，并由此促使学生激活已有知识，来寻求对这个预期的验证。学生在认知激活的过程中，会发现已有知识和新知识之间不能够很好地匹配，或者预期和问题的实际目标还有一定程度的不吻合，于是便产生了认知冲突。从理论上讲，如果认知冲突过于强烈，或者冲突过小，都会影响学生对问题的深入探究。应该说，只有适度的冲突才会使个体产生进一步探究问题的动机。但是，五个因素之间的关系绝不是单向的或线性的，每个因素都可能会成为问题体验的起点，它们相互之间还存在着不同程度的影响。①

(三)问题解决的思维过程

1. 问题解决的过程

关于问题解决的思维过程，研究者们也有各自不同的观点。如前所述，杜威关于问题解决的思维过程包括：暗示、理智化、假设、推理、用行动检验假设、与未来和过去的关联，这也是他所说的反省思维的基本阶段。另外，在我们谈论问题解决时，有一个常见的问题解决过程或研究设计过程是发现问题、明确问题、提出假设、验证假设。这个过程也是在杜威观点的基础上优化而来的。

还有研究者提出，问题解决的认知过程，包括表征、计划/监控、执行和自我调节。表征出现在一个问题解决、把一个外部呈现的问题转化为内部心理表征的时候，其实这也就是我们所说的问题体验阶段；计划是为解决某个问题而设计的方法；监控涉及评估解决方法的适当性和有效性；执行是计划的落实与推动；自我调节是激起、更改或维持指向目标达成的认知活动。②

---

① 汤丰林：《问题体验论》，62~66 页，北京，首都师范大学出版社，2010。
② 唐孝威、何洁等：《思维研究》，87 页，杭州，浙江大学出版社，2014。

格式塔学派的代表人物韦特墨认为："解决问题取决于抓住问题情境中的结构关系和功能关系。必须找出问题情境中的'内在联系'，以及每个特殊情境由于自身要求所具有的特殊定向，找到这些并根据所发现的事物改变问题情境是解决问题的关键。解决问题不是把已建立的习惯或行为模式自动地应用到老一套的情境中，也不是应用可下定义的原理。它是一种能动的过程，是从每个特殊的情境中产生和形成的。这样一个过程并不正好是几个步骤的总和，也不是几步操作的结合，而是在问题的缺口中引出了一条思路的过程。"①

斯腾伯格也提出了关于问题解决过程的观点，他认为问题解决的过程包括这样一系列步骤：一是确认问题的存在；二是定义该问题；三是表征和组织关于问题的信息；四是设计或选择一个问题解决的策略；五是分配问题解决的资源；六是监控问题的解决；七是对问题的解决方案进行评估。另外，与此相关的还有布拉斯弗德等人的 IDEAL 模型，即 I 是确定问题和机遇，D 是确立目标、表征问题，E 是探索可能的策略，A 是预测结果并执行，L 是回顾并从中学习。②

2. 问题解决的方法

关于问题解决，还会涉及一个非常重要的问题，就是问题的分类。问题分类的标准与方式有很多，一般研究比较多的是结构良好问题和结构不良问题，前者是起始状态、目标状态和有关操作都确定的问题，或者有明确答案的问题；后者是三个方面都不够明确的问题，或者没有明确答案的问题。认知心理学研究比较多的是结构良好问题的解决策略，如围绕"河内塔"问题③，西蒙提出了目标递归策略、知觉策略、模式策略、机械记忆策略。④ 但事实上，在我们的现实中遇到更多的是结构不良问题，是复杂问题。

① ［英］罗伯特·汤姆生：《思维心理学》，42~43 页，福州，福建科学技术出版社，1985。
② ［美］Robert J. Sternbern，Wendy M. Williams：《教育心理学》，286~288 页，北京，中国轻工业出版社，2003。
③ 相传在古印度圣庙中，有一种被称为河内塔（Hanoi）的游戏。该游戏是在一块铜板装置上，有三根杆（编号 A、B、C），在 A 杆自下而上、由大到小按顺序放置 64 个金盘。游戏的目标是把 A 杆上的金盘全部移到 C 杆上，并仍保持原有顺序叠好。操作规则要求是每次只能移动一个盘子，并且在移动过程中三根杆上都始终保持大盘在下、小盘在上，操作过程中盘子可以置于 A、B、C 任一杆上。河内塔问题常被心理学家们用来研究问题解决的过程。
④ ［美］赫伯特·西蒙：《认知　人行为背后的思维与智能》，88~95 页，北京，中国人民大学出版社，2020。

解决复杂问题会受到多种因素的影响，如问题解决者的经验、动机、知识积累等。针对复杂问题，研究者们提出了一些判定标准。芬克认为，复杂问题具有这样一些特征：一是不透明性，即可观察到的变量很少，且能获得的只是一些表面信息，本质内容需要自己寻找；二是多目标性，即复杂问题常常有多个目标，且有时还会相互矛盾，需要问题解决者权衡并做出决定；三是情境的复杂性，即有多个变量，且相互关系复杂，不易操纵；四是变量间的联系，即变量间的联系十分密切，牵一发而动全身，预测很困难；五是动态性，即复杂问题随着时间的推移而越难解决；六是延迟性，在复杂问题情境中，常常是一个操作很难见效，需要解决者有高度的耐心和记忆力。①

第三节　思维发展与教育

一个人从刚刚出生的生物意义上的人，在成长的道路上逐步通过社会化的过程，成为一个社会的人，这是一个漫长的历程。人的思维就是在这个历程中逐步发展起来的。

一、思维发展观

（一）发展的内涵

关于发展，美国发展心理学家勒纳认为，应该从个体发生学和种系发生学两个视角来认识。他认为，柏拉图关于灵魂三个层次的认识，也暗含了人类发展的观点，且应该属于个体发生学的认识。柏拉图在《理想国》中提出，灵魂的最底层为欲望，包含了激情、情感、情欲和生理需要，相当于弗洛伊德人格结构中的"本我"；第二个层次是激情（也有译为"精神"），包含了勇气、隐忍和进取精神；第三

---

① 邵志芳：《思维心理学》，143 页，上海，华东师范大学出版社，2001。

个层次是理性，这是人类所独有的。① 对这三者之间的关系，斯通普夫等人做了这样的描述："理性作用于精神和欲望，而这两者也推动和影响着理性。但是理性与精神和欲望的关系被理性之所是决定：理性是一种追求目的并对目的进行权衡的能力……追求人类生活的真正目标，这乃是灵魂的理性部分的功能，要做到这一点，它就要根据事物真实的本性来估量其价值。激情或者欲望或许会将我们引向一个幻相的世界，诱骗我们相信某种愉悦将带给我们幸福。这样，识破幻相的世界并发现真实的世界，从而将激情引导到那些能够产生真正愉悦和真正幸福的爱的对象上去，就成了理性独有的任务。"②

亚里士多德关于灵魂的认识，则应该属于种系发生学的视角。他也认为灵魂有三个层次，但他将这三个层次分别命名为植物层次的灵魂、动物层次的灵魂和人的灵魂。植物层次的灵魂与繁殖和养育的生命机能相联系。植物层次的灵魂是动物和人的灵魂中的一部分，但植物仅有这一层次的灵魂。动物则拥有第二层次的灵魂，这一层次与诸如运动、感觉和知觉等机能相联系，动物不具备灵魂的第三层次。只有人类具有第三层次的灵魂，当然，人类也具有灵魂的前两个层次。③ 在亚里士多德的灵魂观上，斯通普夫的观点与此有所不同，从他的解释来看，似乎并没有体现出种系发生学的特点。他说："亚里士多德区分了三种灵魂。他称之为营养灵魂、感觉灵魂和理性灵魂。它们代表了身体活动的各种能力。第一种仅仅具有生存活动的能力，第二种既有生存能力又有感知能力，第三种则兼具生存、感知和思想能力。"④可见，在斯通普夫看来，这三种灵魂也可以从个体发生学的视角进行理解。从两位哲人的观点中，我们可以体会到人的灵魂的发展，无论是从什么样的视角来看，都是一个从低级到高级的发展过程。

勒纳对发展问题做了广泛的讨论，从哲学到科学，再到心理学的各种发展观。他还特别讨论了发展所无法回避的问题，包括天性—教养问题、连续性—非连续性

---

① ［美］理查德·M. 勒纳：《人类发展的概念与理论》，25 页，北京，北京大学出版社，2011。

② ［美］撒穆尔·伊诺克·斯通普夫、詹姆斯·菲泽：《西方哲学史 从苏格拉底到萨特及其后》（修订第 8 版），51~52 页，北京，世界图书出版公司北京公司，2009。

③ ［美］理查德·M. 勒纳：《人类发展的概念与理论》，25 页，北京，北京大学出版社，2011。

④ ［美］撒穆尔·伊诺克·斯通普夫、詹姆斯·菲泽：《西方哲学史 从苏格拉底到萨特及其后》，77 页，北京，世界图书出版公司北京公司，2009。

问题等，为我们深刻理解发展问题提供了全景式的思考空间。他的基本结论是从最普遍的意义上讲，发展意味着变化。但是，很显然，变化和发展并不是等同的概念……虽然有发展的地方一定有变化，但并不是所有的变化都是发展性的……被称为发展性的变化必须具有系统性、结构性的特点……但是系统性和结构性并不足以定义发展……若是有组织的或系统性的变化是发展性的，它必须具备延续性这一特征。延续性变化的观点表明，在较迟时间点上观察到的变化至少部分地受到先前发生的变化的影响，且后发生的变化的可能范围还会受到先发事件的限制。简言之，从根本上讲，发展这一概念意味着结构在一段时间之内发生的系统的和延续性的变化。[①] 这就是说，发展不是简单的变化，而是一种进步的变化。这类变化至少发生在生命的早期，一般被认定为有助于个体更好的成长，而且使行为变得更具适应性、组织性和更加复杂。[②] 当然，在这个发展过程中，许多变化与成熟有关，而成熟往往与遗传有关。根据辩证唯物主义的观点，在一个人的发展过程中，遗传提供了物质前提，环境和教育是决定因素，且教育起着主导作用。

(二)思维发展的条件与动力

我国著名儿童心理学家朱智贤和林崇德认为，思维发展的条件归纳起来涉及遗传是儿童青少年思维发生与发展的自然前提；脑的发育是儿童青少年思维发展的生理条件；社会物质生活条件是儿童青少年思维发展的决定性条件；教育是儿童青少年思维发展中的主导性因素；实践是儿童青少年思维发展的直接基础和源泉。[③] 他们认为，对这些条件的深入研究与分析，可以形成辩证唯物主义思维发展观的三个基本结论。

1. 遗传与生理成熟是思维发生、发展的生物前提

从遗传因素的角度来说，其一，它影响着思维能力与思维品质的发展。具体表现为，遗传的作用对运算能力和思维的智力品质的影响都是显著的，且遗传因素越近，相关系数越大；人与人之间的遗传素质和生理因素都有明显的差异，但对大多数人来说，这种差异不太大，因此，它是思维发展的重要条件，但不是决定条件；遗传因素

---

① [美]理查德·M. 勒纳：《人类发展的概念与理论》，19 页，北京，北京大学出版社，2011。
② [美]阿妮塔·伍德沃克：《教育心理学》(第八版)，25 页，南京，江苏教育出版社，2005。
③ 朱智贤、林崇德：《朱智贤全集　第五卷　思惟发展心理学》，90 页，北京，北京师范大学出版社，2002。

对思维的影响随着年龄的增长而减弱。其二，它影响着语言能力的发展。研究表明，在相同环境中成长的儿童，在语言出现的早晚、语声高低粗细、说话多少，以及掌握各种语言形式(口头和书面)、语言机能和掌握词汇量的多少等方面，同卵双生子差异不大，而异卵双生子差异显著。其三，影响思维的类型。根据巴甫洛夫的高级神经活动类型，抽象型、形象型、中间型思维类型，在一定程度上来自遗传。

从生理成熟的角度来说，儿童思维的发生、发展，必须要以生理发育、变化、成熟为物质基础，特别是脑重量的变化、脑电波的发育、神经系统的结构和机能、两种信号系统的协同水平等，都是思维发展年龄特征的生理基础。

2. 环境和教育在思维发展中起决定作用

对儿童而言，环境是指他们的生活条件和社会条件，具体包括胎儿环境、生活环境和教育，这些条件是思维发展的决定性因素，其中教育起着主导作用。

3. 实践活动是思维发展的源泉

实践活动推动思维的发展，主要体现在这五个方面：实践活动的需要不断给人们提出新的思维课题；实践活动为人们提供了丰富的感性材料，积累了大量的经验资料；实践活动为人们的思维提供了一系列的工具、器材和手段；实践活动是检验思维结果正确性和真理性的唯一标准；实践活动锻炼与提高人们的思维能力。

关于思维发展的动力，朱智贤和林崇德指出，在儿童主体和客观事物相互作用的过程中，亦即在儿童不断积极活动的过程中，社会和教育向儿童提出的要求所引起的新的需要和儿童已有的心理水平或心理状态之间的矛盾，是儿童心理发展的内因或内部矛盾。这个内因或内部矛盾也就是儿童心理不断向前发展的动力。[①]

二、思维发展的年龄特征

(一)皮亚杰的思维发展阶段理论

皮亚杰关于儿童思维发展的研究具有里程碑意义，至今仍被认为是这个领域里最具影响力的理论。他认为，婴儿带着他先天的图式，在一天天的成长中，通过同

---

① 朱智贤、林崇德：《朱智贤全集 第五卷 思惟发展心理学》，105 页，北京，北京师范大学出版社，2002。

化、顺应、平衡的作用，使其从感觉运动阶段发展到形式运算阶段。同化是将外部的成分整合进有机体正在发展或已经发展的结构中；顺应即改变自己以适应外部客体；平衡意味着机体对环境的适应涉及有机体对环境的作用和环境对有机体的作用之间的一种和谐与平衡。需要说明的是，先天的图式虽然是出生时就存在的，是天赋图式，但它依然会受后天经验的影响。皮亚杰将人的思维发展分为四个阶段。

1. 感觉运动阶段

感觉运动阶段也称为动作思维阶段，一般是指从出生到 2 岁左右。儿童通过感觉和动作的协调来组织经验，以达到和周边环境之间的平衡。这个阶段只是思维的萌芽时期，还不是严格意义上的思维。因为这时"感觉—运动性的群仅仅构成简单行为图式，即在相邻空间里，它只可能是引起物质性移动的各种平衡系统；它还根本没有进入到思维工具的行列。诚然，感觉—运动性智力是思维的源泉，并终其一生都以感知与实践性定势为中介，持续地作用于思维。对于最高端的思维，感知的角色尤其不能被忽视"。①

2. 前运算阶段

前运算阶段是具体运算阶段的准备阶段，在 2~6、7 岁。皮亚杰认为，真正的表征或符号系统(词汇)出现在这个阶段。这时儿童的各种感知运动开始内化为表象，用表征符号来代替外界事物，重现外部活动，于是就出现了表象思维。但这个阶段的儿童还不能区分符号和符号所指代的事物，并不认为物体和指代这一物体的词汇是两个不同的事情。这个阶段儿童思维活动的特点表现为相对的具体性、不可逆性和自我中心性。

3. 具体运算阶段

具体运算阶段大约在 6、7 岁到 11、12 岁。这时儿童出现了运算结构，具体运算作为已经内化了的动作，可在头脑中对具体事物进行思考，而不完全依靠实际的动作。简言之，运算通过内化动作而扩展了动作的范围。同时，这个阶段概念已逐步上升到了主导地位，思维的广阔性和灵活性也得到了提高。这一阶段儿童思维的主要特点表现为掌握了守恒、具有可逆性、产生了群集运算、思维以具体性为主，但抽象性在不断提高。

---

① ［瑞士］让·皮亚杰：《智力心理学》，145~146 页，北京，商务印书馆，2019。

4. 形式运算阶段

形式运算阶段即命题运算思维阶段，大约在11、12岁开始后持续终生。这时儿童思维渐趋成熟，他们能够在头脑中将形式和内容分开，思维变得以假设为主，可以离开具体事物进行逻辑推理，同时还可将各种命题进行自由组合，进行命题间的运算。这个阶段以抽象逻辑思维为主，但思维中的具体形象成分依然起着重要的作用。

(二)我国心理学家关于思维发展年龄特征的研究

朱智贤、林崇德以辩证唯物主义思想为指导，对儿童的思维发展进行了深入研究，形成了一套较为完整的理论体系。[①]

1. 思维发展的参数

他们参照国内关于儿童生理生长发育的指标及规律的相关研究，以儿童的思维发展为例，提出了心理发展的参数。

(1)心理发展是由量变到质变的过程。儿童思维从直观行动思维，到具体形象思维及抽象逻辑思维，要经过一系列比较明显、比较稳定的质变过程。

(2)发展时间。儿童思维发展从思维萌芽到逻辑思维的产生、辩证思维的出现及思维的成熟，都有一定的时间性。

(3)发展速度。思维发展呈波浪式，是不等速的，有稳定发展的速度，也有加速度。

(4)发展的协调一致性。整个心理发展是协调统一的，但又是不平衡的。思维发展有其特殊性，但又依赖于它和整个心理结构的关系和联系。

(5)身心发展的关系。生理成熟可以作为思维发展的一个参考指标。

(6)发展的差异性。思维发展具有个体差异。

2. 思维发展的年龄特征

儿童思维发展的年龄特征，既表现为稳定的阶段性，又表现为质的飞跃期或关键年龄。

---

① 朱智贤、林崇德：《朱智贤全集 第五卷 思惟发展心理学》，111~122页，北京，北京师范大学出版社，2002。

（1）稳定的阶段性的表现。从出生到 3 岁，主要是直观行动思维；幼儿期或学前期，主要是具体形象思维；学龄初期或小学期，主要是形象抽象思维，即从具体形象思维向抽象逻辑思维的过渡期；少年期，主要是以经验型为主的抽象逻辑思维；青年初期，主要是以理论型为主的抽象逻辑思维。这些年龄特征是就某一阶段的一般特征、典型特征和本质特征而言的。实质上，在一个阶段之初，可能还保留着大量前一阶段的年龄特征；在这一阶段之末，则可能产生较多下一阶段的年龄特征。

（2）质的飞跃期的表现。从出生到 8、9 个月，是人思维发展的第一个飞跃期，直观行动思维在这个时期后得到发展；2~3 岁，主要是 2.5~3 岁，是思维发展的第二个飞跃期，是直观行动思维向具体形象思维发展的一个转折点；5.5~6 岁，是思维发展的第三个飞跃期，形象抽象思维由此开始；小学四年级，是思维发展的第四个飞跃期，四年级前以具体形象成分为主要形式，四年级后以抽象逻辑成分为主要形式；八年级，是思维发展的第五个飞跃期，是从经验型向理论型发展的开始，也是逐步了解对立统一辩证思维规律的开始。关键年龄有助于开展关键期教育，以促进儿童思维的更好发展。

（3）成熟期的表现。研究初步表明，16~17 岁（高一第二学期到高二第一学期）是思维活动的初步成熟期。高二以后，学生的智力日趋稳定和成熟。思维成熟后主要有两个特点：一是成熟后思维的可塑性比成熟前要小得多；二是思维一旦成熟，其年龄差异的显著性逐步减少，而个体差异的显著性越来越大。

3. 年龄特征的稳定性与可变性

在一定的社会和教育条件下，思维发展的年龄特征具有稳定性和普遍性，如年龄阶段的顺序、每一阶段的变化过程和速度等，大体上都是稳定的、共同的。但另一方面，由于社会和教育条件在儿童身上起作用的情况不尽相同，因而在思维发展的进程和速度上，彼此之间可以有一定的差距，这就是所谓可变性。因此，思维发展的年龄特征既有稳定性，又有可变性，两者是相互依赖、相互制约、相互渗透的。同时，两者又是相对的，并且两者的关系体现着共性与个性的关系。

三、思维品质及其培养

人们普遍认为，思维是智力的核心因素，思维的品质决定着思维的能力，同时思维品质作为人的个性心理特征，也影响着个体的思维特点和差异。关于思维品质的培养，从国际视野来看，最早探讨这一问题的是苏联心理学家，他们提出了多种关于思维品质的观点，如斯米尔诺夫的《心理学》一书提出思维的品质有智慧的广度与深度、智慧的独立性和灵活性、思维的顺序性和敏捷性，等等。其他一些心理学家也都提出了自己的观点，如美国心理学家吉尔福特的创造性思维品质，对我们研究思维品质问题也产生了非常深远的影响，他认为思维的创造性品质包括对问题的灵敏度、流畅性、独创性、灵活性、细致性和再定义能力。我国心理学家在国外心理学研究的基础上，也非常重视思维品质的研究，大家比较一致地认为，思维品质包括深刻性、灵活性、创造性、批判性和敏捷性五个方面。这五个方面相互联系，密不可分，其中深刻性是一切思维品质的基础，灵活性和创造性是在深刻性的基础上引申出来的品质，且相互影响，互为条件；批判性也以深刻性为基础；敏捷性则以其他四个品质为基础，同时又是思维品质的集中体现。朱智贤和林崇德对思维的这五个品质做了大量研究，提出了自己的观点，形成了自己的实验结论，下面我们对他们的研究做些简要的介绍。

（一）思维的深刻性

思维的深刻性即思维的抽象逻辑性，集中表现在善于深入地思考问题，抓住事物的规律和本质，预见事物的发展进程。儿童思维的深刻性体现在以下四个方面：一是思维形式的个性差异，即在形成概念、构成判断、进行推理和论证上的深度是有差异的；二是思维方法的个性差异，体现在如何具体、全面、深入地认识事物的本质和内在规律性关系的方法方面；三是思维规律的个性差异，体现在普通思维的规律、辩证思维的规律，以及思考不同学科知识时运用的具体法则等方面，思维的深刻性有差异；四是思维的广度和难度的个性差异，即在思维的周密、精细程度上有差异。

（二）思维的灵活性

思维的灵活性指思维活动的智力灵活程度，其特点包括五个方面：一是思维起点灵活；二是思维过程灵活；三是概括——迁移能力强；四是善于综合分析；五是思维的结果往往是多种合理而灵活的结论。思维的灵活性与吉尔福特的发散思维内涵一致，后者具有多端性、灵活性、精细性和新颖性的特点，是创造性思维的重要组成部分，并且思维的灵活性越大，发散思维就越发达。

（三）思维的创造性

思维的创造性即创造性思维能力，是指独立思考创造出有社会或个人价值的、具有新颖性成分的智力品质。应该说，个体思维的概括性越高、知识系统性越强、减缩性越大、迁移性越灵活、注意力越集中，其独创性就越突出。思维的创造性具有这样一些特点：其一，是人类思维的高级阶段，是智力的高级表现，是在新异情况或困难面前，采取对策独特地、新颖地解决问题的过程中表现出来的智力品质；其二，表现为独特性、发散性和新颖性，且新颖性是思维独创性的最高指标；其三，这一特点不应该仅仅理解为少数创造发明者所具有的思维形态，它是一种连续的而不是全有全无的思维品质。

（四）思维的批判性

思维的批判性即思维活动中善于严格估计思维材料和精细检查思维过程的智力品质。该品质与国外心理学界的批判性思维内涵一致，后者指的是严密的、全面的、有自我反省的思维。思维的批判性具有分析性、策略性、全面性、独立性和正确性五个特点，是思维过程中自我意识作用的结果。

（五）思维的敏捷性

思维的敏捷性指思维过程的速度或迅速程度。有了该品质，个体在处理问题或解决问题的过程中，就能够适应迫切的情况来积极地思维、周密地考虑、正确地判断，并迅速得出结论。思维的敏捷性与上述四种品质的不同之处在于，它本身不像那些品质一样有一个思维过程，但它又以这些品质为必要的前提，是它们的集中表现。应该说，没有高度发达的深刻性、灵活性、创造性和批判性，就不可能在处理问题或解决问题的过程中有适应迫切情况的积极思维，就不会正确而迅速地得出结论。换言之，这四个品质的高度发展必须要以速度为指标。

(六)思维品质的培养

关于思维品质的培养，朱智贤和林崇德在学校结合数学等特定学科，就思维的敏捷性、灵活性、深刻性和独创性四个品质的发展与培养做了大量的研究，得出了重要结论，为学校教学中如何培养这些品质提供了重要的理论与实践指导。他们认为，培养思维品质是发展思维能力的突破点，是提高教育教学质量的最好途径。他们通过实验形成的四种思维品质的培养措施有以下四个方面。

第一，思维的敏捷性主要是培养学生正确、迅速的运算能力。具体有两条措施。一是在正确的基础上始终有速度的要求，如小学低年级，将正确而迅速的计算要求作为学习常规的重要内容，在形成常规的基础上，每天坚持5分钟左右的速算练习；中、高年级强调在数学运算中能把正确、迅速与合理、灵活结合起来。二是教给儿童一定的速算要领和方法。

第二，思维的灵活性主要是培养儿童"一题多解""一题多变"的运算能力。采用的教学与练习方法有三种：一是抓儿童知识之间的渗透和迁移；二是引导儿童发散式地思考；三是每堂课都有精选例题，以及按类型、深度选编的适量习题，供儿童练习。

第三，思维的深刻性主要是培养儿童的概括能力，数学概括能力是一切能力的基础。

第四，思维的独创性的培养主要集中在创造思维的独立性、发散性和新颖性方面。具体措施有三种：一是加强培养儿童独立思考的自觉性，把独立思考的要求作为低年级的学习常规加以训练；二是提倡新颖性，要求儿童在解题中运用的方法越多越好，越独特越好；三是突出地抓儿童自编应用题，以此突破难点，使儿童进一步理解数量间的相依关系。

四、思维习惯的养成

(一)思维习惯和思维风格的内涵

思维习惯是一个日常概念，但人们比较喜欢将它作为一个学术概念使用。我们用思维习惯这个关键词在"中国知网"检索，总共有 1944 个文献条目，但当我们去阅读每一篇文章的时候，发现其中基本没有非常严谨规范的概念界定，几乎所有对这个概念的使用，都停留在日常习惯的意义上，且大部分都是中小学教师所写的文章。例如，《思维习惯巧培养》《浅谈小学数学教学中培养学生良好思维习惯》，等等。当然，也有少数从学术研究的角度发表的论文，还有个别研究生论文。阅读这些文献，我们发现关于思维习惯的探讨，都源于美国学者科斯塔和卡利克的一本著作《思维习惯》。针对这种现状，特别是针对中小学教师喜欢使用思维习惯这个概念的现状，我们觉得很有必要从学术研究的角度对思维习惯做一些学理上的梳理。同时，对在使用过程中容易混淆的两个概念——思维习惯和思维风格做一些内涵上的澄清，为中小学教师提供学术上的支持。

关于思维习惯，科斯塔和卡利克认为，是指以富有成效性行动为导向的、充满智慧的行为模式。当我们面对着矛盾的情境无法选择的时候，或者面对不确定性的时候，最有效的反应便是求助于以前的某种智慧的行动模式……每一种思维习惯都是许多技能、态度、线索，过去的经验和倾向的集合体。它意味着我们对各种行为模式进行比较；因此，它包含着在某个特定场合该使用哪种行为模式的决策。它包含着对某种情境下的环境线索——提示适合应用某种行为模式的信息——的敏感性。[①] 可见，在他们看来，思维习惯是一种带有个体倾向性的行为模式。简言之，在特定条件下，我们的思维就会以个人特有的方式思考问题，并引导相应的行为模式。进而，他们提出思维习惯有这样一些基本特性：一是评估，即选择一种智慧的行为模式，而不是其他的缺乏创造性的模式；二是倾向，即具有使用智慧的行为方式的内在倾向；三是敏感性，能够觉察出使用某种行为模式的时机和适合性；四是

---

① [美]Arthur L. Costa，Bena Kallick：《思维习惯》，10 页，北京，中国轻工业出版社，2006。

能力，即掌握基本的技能和能力来贯彻这些行为；五是投入，即不断对这些智慧的行为模式的效果进行反思和改进；六是方针，即把提高并将这些智慧的行为融入行动、决策和问题情境的解决中视为一种行为方针。

那么，什么是思维风格呢？学术界关于思维风格的研究较多，一般都认为是美国心理学家斯腾伯格最早提出的。他创立了自己的思维风格理论，认为思维风格就是人们所偏好的思考方式，即个体在这个情境中运用这种思维风格，在另一个情境中运用另一种思维风格，只是他们一般都是以自己所偏好的方式进行，并且思维风格会随着时间和生活需求的变化而变化。①

我国心理学界也有研究者对思维风格做了深入研究，并认为："思维风格是人们对所遇问题包含信息的意义组织和决策过程的认知偏好，由一个整体—分析维度构成，具有两极连续性和典型行为性。前者主要指偏好于从整体的概貌来组织信息的意义，并使问题得以迅速解决的思维风格，具有直觉的特点；后者主要指偏好于从局部的细节来组织信息的意义，一步一步使问题得以解决的思维风格，具有逻辑的特点。从范围上看，思维风格是认知风格的高级成分，但不能等同于认知风格，也不能把它扩大到人格范畴。"②

可见，国内外的研究者都认为思维风格是一种带有个人偏好性的思维方式。与思维习惯相比，两者的指向是一致的，都带有个人思考问题的倾向性或偏好性，都是具有个人特点的思维方式。从这个意义上讲，两者是可以等同使用的。如果一定要区分这两个概念，我们认为，思维风格更重思维层面的意义，是一种深深地打上了个人烙印的思维方式，而思维习惯则会直接导向行为，与带有个人智慧偏好的行为有关。

（二）科斯塔和卡利克的思维习惯模型

科斯塔和卡利克认为，思维习惯主要包括了人类在聪明行事时所具备的 16 种特性。它们是聪明人在面对答案并非显而易见的问题时所表现出来的行为特征。这些特性的前几种是针对个人在处理问题时所表现出来的行为习惯，后几种则涉及整

---

① 祝春兰：《思维风格的运用：素质教育的另一种途径》，载《上海教育科研》，2001(3)。
② 赵俊华、张大均：《中学生思维风格结构及其测量》，载《心理科学》，2007(1)。

个群体，主要是针对群体成员之间的合作和共同工作的问题所提出来的。他们认为，当一个人在面对困难，采取明智的行动进行处理时，这些行为特征并不是单独出现的，而是在具体情境下被联合调用的。下面是他们的 16 种思维习惯的具体含义。

1. 坚持不懈

坚持不懈指人能够坚持完成任务，不轻易放弃。在面对困难时，能选择尝试新的策略来解决。在处理问题时，能够从多个侧面来解决问题，直至完成任务。

2. 管理冲动

管理冲动指遇到事情时能够深思熟虑，从容不迫，三思而后行。在进行行动之前会想出多种备选方案，并考虑几种可能的方案结果，为了减少失误，应花时间来思考。

3. 理解和共情地倾听

理解和共情地倾听指能够设法理解他人，关注别人的思想和想法。放一放自己的想法，以便自己可以更好地理解别人的观点和情绪。

4. 灵活地思考

灵活地思考指能够设法用另一种方式观察情境。从一个新的视角来解决问题，并能在多种感知角度之间随意转换。

5. 对思考的思考(元认知)

对思考的思考是一种我们知道自身知道什么和不知道什么的能力，了解自己的认识。认识自己的想法、策略、情感和行动以及它们是如何影响其他人的。

6. 力求准确

力求准确指在完成任务时尽量多检查一遍，提高对准确性、精确性和精巧性的要求。

7. 提问和质疑

提问和质疑指培养学生质疑的态度，选择可以得到所需信息的策略，发现有待解决的问题。往往有效的问题解决者知道如何提问，并借此填补他们所知道的和不知道的之间的空白。

8. 将过去经验用于新情境

将过去经验用于新情境指学生能够从一个经验中抽取出一定的含义，并应用到一个新的情境中去。在解决每一个新的问题时，能调用起以往的知识和经验的存储，来有效处理问题。

9. 清晰而准确的思维和交流

清晰而准确的思维和交流指学生能够清晰地表达自己的观点。在交流过程中力求通过书面和口头形式进行准确的交流，并能够合理地利用解释、量化、比较和证据来支持自己的陈述，尽量避免过度概括、过简和扭曲的表述。

10. 利用所有感官来收集信息

利用所有感官来收集信息指有效利用自己的自然的信息通道，利用所有的感觉通道——味觉、嗅觉、触觉、动觉、听觉和视觉来收集信息。

11. 创造、想象和革新

创造、想象和革新指尝试一种不同的方式，产生新的想法，追求流畅和新奇性。

12. 好奇和惊叹

好奇和惊叹指学生在面对问题时不仅具有"我能"的态度，更应怀有"我喜欢"的情感，对周围事物充满好奇，能够看到复杂事物中的关键所在。

13. 合理的冒险

合理的冒险指学生知道如何去做生理和心理的冒险。在面对一个充满不确定性的时代时，能够挑战传统的思维方式；在处理问题时能够想出新想法的学生更有可能取得成功。鼓励学生生活在他能力所能达到的边缘。

14. 发现幽默

发现幽默指能够寻找生活中怪诞的、不一致的和预想不到的事情。幽默可以产生创造力，可以激发诸如预见、发现新关系、视觉想象、类比推理等高水平的思维技能。

15. 互助思考

互助思考指在互惠的情境中，真正地与他人合作，并向他们学习。

16. 不断学习

不断学习指从经验中学习，谦逊地承认自己不知道，避免自满。

科斯塔和卡利克提出的这16种思维习惯来自他们关于人类效能的研究、对杰出执行者的叙述和对成功者的分析。它们是指引我们朝向更加可信的、适合的和道德的行为的力量。它们是完善的标准和做出合理的选择的工具。它们是通向和谐的人生道路的首选交通工具。它们是使人成为有效个体的"合格特质"。①

(三)斯滕伯格的思维风格理论

斯滕伯格的思维风格理论，也称心理自我管理理论。他认为，人们在日常生活中，需要对自己进行管理，进行管理的方式有很多。思维风格是人们所偏好的思考方式，思维风格不同的人对不同任务的喜好程度不同。他的思维风格有 13 种，分功能、形式、水平、范围和倾向五个方面。

1. 功能

心理自我管理有三个功能：立法、执行、审判。具有立法型思维风格的个体喜欢创造并提出自己的规划，用自己的方式做事；具有执行型思维风格的个体喜欢做一些给定结构、程序和规则的事；具有审判型思维风格的个体喜欢评价已有事物和别人的成果。

2. 形式

心理自我管理有四种形式：专制型、等级型、平等竞争型、无政府型。具有专制型思维风格的个体喜欢在同一时间集中精力做一件事；具有等级型思维风格的个体喜欢把精力分布在不同的几件事上；具有平等竞争型思维风格的个体喜欢在一个时间段处理多件事情，但他们不能根据这些事的轻重缓急做出明确的安排；具有无政府型风格的人倾向于被各种各样的需求和目标所驱动，无论是他们自己还是他人，通常都很难把这些需求和目标理出头绪。

3. 水平

心理自我管理有两个水平：局部型和全局型。具有局部型思维风格的个体喜欢做一些具体的、有细节的事；具有全局型思维风格的个体喜欢做一些整体性强的、较抽象的事。

4. 范围

心理自我管理有两种范围：内倾型和外倾型。具有内倾型思维风格的个体喜欢单独工作；具有外倾型思维风格的个体喜欢与别人合作。

---

① ［美］Arthur L. Costa，Bena Kallick：《思维习惯》，34 页，北京，中国轻工业出版社，2006。

5. 倾向

心理自我管理有两种倾向：激进型和保守型。具有激进型思维风格的个体喜欢面对那些具有新鲜感的、模棱两可的任务；具有保守型思维风格的个体喜欢那些已具规则和程序的任务。[①]

(四)德韦克的两种思维模式

长期以来，我们在儿童成长发展的"敏感期""关键期"这样一些概念的影响下，始终致力于抓住关键时期对儿童的成长发展进行教育干预，以期在这个阶段最大限度地挖掘他们的潜能，使其得到更好的发展。正因此，在我们的一般观念中，如果错过了这些关键时期，就错过了最佳教育期，未来要再弥补错失的发展，将会非常困难。正所谓我们可以改变一个 3 岁的孩子，却改变不了一个 30 岁的成人，这种观点在我们很多人的思维中已经根深蒂固。然而，一项崭新的研究给我们带来了希望的曙光，这就是美国心理学家卡罗尔·德韦克关于两种思维模式的研究。

她认为，思维模式其实就是一种信念。它们是强有力的信念，但它们只是你意志的一部分，而你是可以改变自己的意志的。思维模式是个性中一个很重要的部分，但你是可以改变它的。在知道存在两种思维模式后，你就可以开始考虑用一种新的方式应对问题。人们告诉我，一旦陷入固定型思维模式的痛苦中，他们会在各种消极时刻埋怨自己：错过了一个学习机会，被贴上失败标签，或者因为事情仍需努力而感到泄气。然后他们切换到成长型思维模式：确保自己会抓住挑战之机，从失败中学习，并继续努力。[②] 可见，在德韦克看来，成长型思维模式是这样一套信念体系，个体认为通过自己的坚持、努力及专心致志地学习，其智力将得到成长与发展。拥有这种思维模式的人即使遇到阻碍，也会坚持到底。而固定型思维模式是另一套信念体系，个体认为自己有着先天注定的智力、技能或才华。拥有这种思维模式的人，可能轻易放弃或不能专注于自己的学习或工作过程。

德韦克认为，最新的脑科学研究否定了出生后智力便固定不变的观念，其实大脑是能够发展的，神经活动是有较强可塑性的，且这样的可塑性使大脑在人的一生

[①] 祝春兰：《思维风格的运用：素质教育的另一种途径》，载《上海教育科研》，2001(3)。
[②] [美]卡罗尔·德韦克：《终身成长》，19、54 页，南昌，江西人民出版社，2017。

中都具有变化、适应及改变的能力。在这种思想的指导下，美国约翰·霍普金斯大学里琪提出并实践了一整套成长型思维模式的教学策略。她认为："在构建成长型思维模式这条路上，第一站是构建这样一个校园文化，即珍视智力的成长，并且在教职工中内化智力可以培养这一信念。"①在此基础上，她建立了自己的一套完整的学校实施计划。

第一步：反思并预评估，即让教师反思自己对智力的基本认识。

第二步：养成大脑具可塑性的观念，即针对第一步收集到的数据，设计相应的教育方式，让教师理解成长型思维和智力可塑性理论。

第三步：学会如何表扬学生。一般来讲，表扬学生"是什么"时，如"聪明"，他们会将成就归因于某个与生俱来的固定特征；而表扬孩子付出的行动或完成的任务，他们会将成就归因于自己的努力。

第四步：教师接受关于大脑的教育。要让教师了解并接受大脑神经活动的基本规律，即当我们学习新事物时，神经元会产生新的关联。这些关联会随着实践和努力变得更加强大。关联越多，大脑神经越稠密；大脑密度越高，越聪明。一定要让教师明白，这些关联每用一次都会变得更强大。

第五步：教授学生有关大脑的知识。要让学生了解大脑与他们的五官、体力活动和日常行为都有广泛的联系。

第六步：与家长一起探讨。通过家长工作坊或相应的方式，让家长了解智力的可塑性和成长型思维的价值。

第七步：督查、评估或审视构建成果。通过评估，督促学校、教师、学生、家长等每天都朝着这个目标努力。

德韦克的两种思维模式的理论告诉我们，我们的思维一生可以改变！

---

① ［美］玛丽·凯·里琪：《可见的学习与思维教学》，22页，北京，中国青年出版社，2017。

第三章
创造性思维及其培养

习近平同志在党的十九大报告中强调，创新是引领发展的第一动力，是建设现代化经济体系的战略支撑，并对加快建设创新型国家做出战略部署。建设创新型国家需要大批创新型人才，创新型人才的重要标志是具有创造性思维。如何培养人的创新能力特别是青少年的创造性思维和创新能力，是社会赋予心理学家以及教育工作者的历史使命。自 1896 年高尔顿开始尝试研究创造性思维后，创造性思维一直为人们所关注。

本章节力图对创造性思维的典型研究成果与中小学教育教学相结合，探讨如何培养个体的创造性思维，最终培养出国家需要的创造性人才。第一节"创造性思维"，介绍创造性思维的内涵、特征、产生的条件以及思维的过程与表现形式；第二节"创造性思维与教学"，主要探讨创造性教学的核心理念、教学原则、教学体系的建构以及实现的条件；第三节"批判性思维"，介绍批判性思维的发展历程、内涵、构成要素、标准以及培养；第四节"创造性人才的培养"，主要从创造性人才的成长阶段与影响因素、人格特征与思维特征、培养途径等方面进行探讨。

第一节　创造性思维

以创新为第一动力引领发展、建设创新型国家需要大批创新型人才，创新型人才的重要标志是具有创造性思维，创造性思维是个体创造性的核心。自 1896 年高尔顿通过研究天才人物开始尝试研究创造性思维后，创造性思维一直为人们所关注。本节内容是在温寒江先生对创造性思维基本观点的基础上，结合当前脑科学和学习科学的最新研究成果，对创造性思维的一些主要知识内容进行概述。

一、创造性思维的概念及其特点

创造性思维的概念是揭示创造性思维本质的逻辑表述，是研究创造性思维的基础和前提，也是研究创造性思维的突破口。

什么是创造性思维？国内外有多种说法，温寒江先生及其团队通过研究，从思维基本分类的角度提出："创造性不是一种单一的思维，而主要是两种思维(抽象思维和形象思维)新颖的、灵活的、有机的结合"。① 从微观机制看，创造性思维是人的主观意识和潜意识的协同作用，以意识活动为基础的思维活动对应的主要是抽象思维，会受到已有的知识经验、认识规范、逻辑规则以及心理定势等因素的影响；以潜意识为基础的思维活动主要是形象思维，对应的是直觉、想象、灵感等，具有随机性、瞬时性、情感性，不受已有的知识经验、认识规范、逻辑规则以及心理定势等因素的影响，具有极大的自由创造性和不确定性。② 所以，创造性思维从思维的基本类型来说，属于两种思维(抽象思维和形象思维)的有机结合。

温寒江先生及其团队提出的创造性思维的概念具有以下特点。③

(一)全面性

创造性思维是创造过程中的思维活动，是抽象思维和形象思维这两种思维新颖的、灵活的、有机的结合。"新颖性"是对思维的结果、成果、成品来说的，"灵活性"是对思维活动的特点(多维度、多方向及发散性、变通性、跳跃性)来说的，"两种思维有机结合"是对思维的类型、方法来说的，它涵盖了思维的种种方式、方法，因此，定义是比较全面的。

(二)可操作性

创造性思维的可操作性，可以分为两个层次。

第一，思维层次。思维的一个基本属性是可操作的，因此，创造性思维是可操作的，无论思维的敏捷性(如直觉)，思维的灵活性(如想象)，思维的深刻性(如概括、分析)，综合性等，都是可以操作的。

第二，活动层次。创造性思维训练可以同能力的培养、解决问题的练习结合起来，能力表现在高质量的学习活动中，是多元的、发展的；课内外学科教学中，各种能力的培养为创造性思维发展开拓了广阔的空间。教学中各种解决问题的练习

① 温寒江、连瑞庆：《发展形象思想与培养创新能力的理论研究》，载《教育研究》，2001(8)。
② 王亚东、赵亮、于海勇：《创造思维与创新方法》，3 页，北京，清华大学出版社，2018。
③ 温寒江、连瑞庆、江丕权：《思维的全面发展与中小学生创新能力培养》，162~163 页，北京，教育科学出版社，2015。

（应用题），就是一种培养能力发展创造性思维的教学模式，即采用问题情境—提出问题—分析问题—解决问题的教学模式，是一种探究式或发现式的教学模式，是可操作的、深入的，是培养创造性思维的重要方式。正是由于创造性思维的可操作性，创造性思维的发展可以和兴趣的激发、能力的培养、问题的解决的练习结合起来。因此，中小学生创新能力是可以培养的。

总的来说，创造性思维是以感知、记忆、思考、联想、理解等能力为基础，以综合性、探索性和求新性为特征的高级心理活动。它不仅能揭示客观事物的本质及其内在联系，还能在此基础上产生新颖、独特、具有重大社会价值的思维成果。它是人创造力的核心成分，是人类思维的高级形式，是人类思维能力的最高体现，是人类意识发展水平的标志。

二、创造性思维的特征

（一）突破性

创造性思维方法，包括一般思维方法和特殊思维方法。我们说创造性思维是抽象思维、形象思维及其两者的结合，是包括思维方法的，即抽象思维方法，如分析、综合、比较、概括、归纳、演绎等；形象思维方法，如分解与组合、类比与概括、联想、想象等，以及这两大类思维方法的结合，如观察与分析相结合、想象与分析相结合、发散与收敛相结合、直觉与论证相结合、假设与分析相结合、设计与制作相结合等。这里只是两类思维方法的结合，如果是多种方法的结合，其形式就更多了。所以，创造性思维的一般方法是多种多样的。然而，不管是改革创新还是发明创造，仅有好的设想是不够的，关键是在方法上要有所突破和创新。

从本质上来看，创造性思维是打破传统、打破常规，开辟新颖、独特的科学思路，其结果表现为创新，突破性是创造性思维最明显的一个特征。创造性思维要求人在思考问题时，要抛弃头脑中以往思考类似问题所形成的思维程序和模式，排除以往思维程序和模式对寻求新设想的束缚，并且要突破原有的思维框架与定式。

（二）新颖性

创造性思维以新颖、独特为目标。美国心理学家布鲁纳认为，发现不限于寻求人类尚未知晓的事物，确切地说，它包括用自己头脑亲自获得知识的一切方法。①
新颖性表现在思路的选择和思考的技巧上都有独特之处，表现出首创性和开拓性。
人们通过创造性思维活动，产生新成果、新产品、新作品、新理论、新方案、新工
艺、新方法，这些成果是属于首创的，具有实用或者理论的价值与意义。思路上的
新颖性表现在不盲从、不满足现有的方式或方法，需要更多地经过自己的独立思
考，形成自己的观点和见解，学会用新的视角看待问题，从而产生新的思维成果。
思维是可持续发展的，从培养人才的学校层面来说，新颖性是指学生在解答问题、
进行实验或者科技制作时，不是根据教师和书本上说的，而是自己独立思考得到的
一种新方法、新方案、新结果。因此，新颖性是创造性思维的第二大特征。

（三）灵活性②

灵活性是思维新颖性的基础，没有灵活性就没有思维的创新。灵活性的特点表
现在思维的多角度、多方向以及变通性、发散性和跳跃性等方面。

1. 多角度、多方向

（1）能从不同角度、不同方向、不同途径寻找多种可能性；

（2）能迅速进行思维转换；

（3）利用语言、文字、图画等多种方式表达自己的意见；

（4）试图使毫不相干的事物相互关联。

2. 变通性

（1）打破固定的思维模式；

（2）善于提出不同的意见或者不同的解决问题的办法；

（3）富有迂回变化的思路；

（4）扩大问题的时空因素。

3. 发散性

（1）引导发散，使之具有多种选择性或可能性；

---

① 人民教育出版社《外国教育丛书》编辑组：《中小学教学改革的理论和实践》，27 页，北京，人
民教育出版社，1979。

② 温寒江、陈爱苾：《脑科学·思维·教育丛书 学习学》（上卷），67~70 页，北京，教育科学
出版社，2016。

（2）产生许多创意并找到解决问题的办法；

（3）多方面寻求各种食物的意义、功能。

4. 跳跃性

（1）善于发现问题的未知部分，能凭直觉意识到问题的结果；

（2）能够超越感觉及现实的界限；

（3）能从一个事物跳到其他事物，在不同事物中把相同因素联系起来。

(四)程序上的非逻辑性

在创造性思维活动中，常常要用到直觉思维，当然，这种非逻辑的思维需要以丰富的知识和经验为基础。需要指出的是，创造性思维的过程，往往既包括逻辑思维，又包括非逻辑思维，是两者结合的过程。在创造性思维活动中，新观念的提出、问题的突破，往往表现为从逻辑的中断到思想的飞跃，这通常都伴随着直觉、顿悟等，从而使创造性思维具有超长的预感力和洞察力。

(五)对象潜在性

创造性思维活动虽然是从现实的活动和客体出发的，但是它的指向不是现存的客体，而是一个潜在的、尚未被认识和实践的对象。创造性思维的对象或者是刚刚进入人类的实践范围，或者是人们虽然有了一定的认识，但是认识尚不完全，还可以从深度和广度上进一步认识的课题，这两类不论哪一种，都带有潜在性。①

三、创造性思维产生的条件

(一)建立新异联系

脑科学研究表明，海马是大脑中负责形成新异联系的关键性结构，海马会根据先前经验来决定哪些事件有被记住的价值，它能将过去、现在和未来串联起来。②

---

① 王亚东、赵亮、于海勇：《创造性思维与创新方法》，11 页，北京，清华大学出版社，2018。
② [澳]迈克尔·C. 纳格尔：《生命之始：脑、早期发展与学习》，32 页，北京，教育科学出版社，2016。

新异的学习经验会激活边缘系统，增强人的学习动机，这也就是创造性思维的问题表征转变。新异联系形成的关键是研究者突然获得关键性的启发信息，这个关键性的启发信息质量如何是产生顿悟及顿悟水平的关键。① 顿悟的原型启发包含两个加工阶段：第一阶段是原型激活，即想到对眼前问题有启发作用的某个已知事物(原型)；第二阶段是原型中的关键启发信息利用，即想到原型中所隐含的某个关键信息(如原理、规则、方法等)对眼前问题解决有启发作用。②

(二)突破思维定势

思维定势是产生创造性思维的障碍，只有克服这个障碍，才有可能产生创造性思维。现实生活中，绝大多数人都局限于思维习惯，难以打破思维定势找到解决问题的新途径。要打破思维定势，就要突破原有的思维框架，以更高的视野或更全广的思维来看待问题，找出非常规的解决方案。

(三)构建思维图像

思维图像不是具体的图形，而是一种形式化的抽象，但它具有某种图像性质。思维图像具有整体识别的功能，人能够借助思维图像进行整体上的知觉判断。空间理解能力是识别和建构思维图像的关键。空间理解能力与人的视觉判断相联系，它是抽象和形象的高度结合，是创造力的独特形式。

(四)拥有创造性人格

创造性人格对创造性思维的产生具有重要作用，是创造性思维的动力系统，在创造活动中为个体创造力的发挥提供心理状态和背景，引发、促进、调节和监控创造力并对创造活动发挥作用。创造性人格的人有强烈的好奇心；有广泛的兴趣也有专一的兴趣；喜欢独立思考并且善于提出问题；有责任心；有创作的激情。这些人格特征是个体在创造过程中突破思维定势，产生顿悟的关键。

---

① 张敬威、于伟：《非逻辑思维与学生创造性思维的培养》，载《教育研究》，2018(10)。
② 罗俊龙等：《创造发明中顿悟的原型启发脑机制》，载《心理科学进展》，2012(4)。

四、创造性思维的过程

创造活动可以从创造过程和创造成果两个方面来分析，创造成果含于创造过程之中，是创造过程的产物。创造过程的模式有多种，本部分重点介绍一种经典的模式——华莱士的"四阶段模式"。华莱士认为，无论哪一种创造活动，无论其规模大小，创造过程一般都要经过四个阶段：准备阶段、酝酿阶段、明朗阶段、验证阶段。[①]

（一）准备阶段：准备和提出问题

一切创造都是从提出问题开始的，爱因斯坦认为，形成问题通常比解决问题还重要。因为明确问题需要有创造性的想象力。我们通常提的要有创造意识尤指问题意识，就是指这一阶段。这一阶段主要分为三步。

第一步：对知识和经验进行积累、整理。从长远来说，过去的学习是知识性基础，要在善于归纳和总结经验的基础上明确问题；从当前来看，可根据具体目标，在一定的领域内善于对知识、经验进行观察分析和整理，并了解前任在该领域的成果和教训，直接为提出问题创造条件。

第二步：收集必要的资料与事实，并准备技术条件。

第三步：了解自己提出的问题的意义与价值。

（二）酝酿阶段：沉思和多方假设

对所收集的资料、信息进行思考、探索是解决问题的关键，这常常需要相当长的时间，是大脑高强度劳动时期。而且，还需要不断从正面、反面进行各种假设，让其在头脑中反复地组合、交叉、撞击和渗透，不断否定、选择，形成新的假设和创意。在酝酿过程中，有时候我们也可以把问题暂时放置一边，以便产生新思维或在潜意识层面徘徊。经验表明，在酝酿阶段如能使大脑在长期兴奋后有意识地得到

[①]　温寒江、连瑞庆、江丕权：《思维的全面发展与中小学生创新能力培养》，145 页，北京，教育科学出版社，2015。

放松，有利于孕育、诱发灵感。在这一阶段，良好的意志品质起着重要的作用。

（三）明朗阶段：顿悟和突破

在明朗阶段，我们能发现具体的解决方法或途径。顿悟指经过长时间的酝酿之后，新的想法在极短暂的时间里豁然开朗。灵感、直觉思维往往起决定作用。顿悟和突破是在经历长期艰巨、高强度思维活动的基础上产生的。这一阶段人的心理状态是高度兴奋、豁然开朗的。

（四）验证阶段：评价、完善和充分论证

在突然获得突破后，这种思想的火花必须及时记下，并需要尽快地充实拓展。论证是不可缺乏的，其一是理论上的验证，其二是实践，包括运用、检验，常常需要反复多次才能完成。这阶段的心理状态较为平静，但需要慎重、周密和耐心，不急功近利，以免不必要的失误。

需要特别注意的是，尽管华莱士对创造性思维过程做了如此明确的四个阶段划分，但是四个阶段之间并非绝对的分离，四个阶段之间的顺序也不是一成不变的，有可能重叠地进行。当然，目前四阶段模式有很多发展，但是核心观点基本以此为基础。

五、创造性思维的主要表现形式

创造性思维的关键是怎样具体地去进行创造性思维。创造性思维的重要诀窍在于多角度、多侧面、多方向地看待和处理事物、问题和过程。具体表现在以下两个方面。

（一）形象型创造性思维

1. 形象思维

形象思维主要是用直观形象和表象解决问题的思维。它的特点是具有形象性、完整性和跳跃性。形象思维的基本单位是表象，它是用表象来进行分析、综合、抽象和概括的过程。当人们利用已有的表象解决问题或借助于表象进行联想、想象，

通过抽象概括构成一副新形象时，这个思维过程就是形象思维活动。

2. 联想思维

联想思维是指在人脑的记忆表象系统中，由于某种诱因使不同表象发生联系的一种思维活动。联想思维的特征主要表现在相似性、相反性、因果性和事理性四个方面。

3. 直觉思维

直觉思维是以感知为主，综合多种心理因素、心理功能的统一多样的创造性思维。美国心理学家布鲁诺在《教育过程》一书中提出从中小学开始，就要重视发展学生的直觉思维能力，将培养学生的直觉思维能力作为培养人才的重要手段。

4. 灵感思维

灵感思维是指人在思维活动中，综合运用多种思维方式和种种精神因素（包括理性因素和非理性因素）并在某种诱发因素的激活下进行的一种特殊的、创造性的思维方式。研究灵感思维要涉及灵感、直觉和顿悟三者之间的关系，这是因为，一方面，灵感与直觉、顿悟在思维过程中有着更紧密的联系；另一方面，直觉、顿悟与灵感在思维过程中更为接近，关系错综复杂。

5. 空间思维或整体思维

空间思维也叫整体思维，是在时空思维中对认识对象进行多角度、多方位、多层次、多学科、多手段的考察、研究，力图真实地反映认识对象的整体以及和它周围事物构成的立体画面的思维形式。这种思维不只是反映对象的个别属性，也不只是反映对象的某一个一般属性，而是这些个别属性、一般属性的有机整体。由于空间思维要反映思维客体的各个方面，因而它的认识成果是具体的、鲜明的和生动的，它的认识过程更富有客观性、全面性、系统性和整体性。

6. 转换思维

转换思维是思维主题在思维活动中对有关思维要素进行某种转化或变换，以便达到对思维对象客观全面的认识和评价的一种思维方式。由于思维要素的多样性，转换思维的具体样式也是多样的。但就思维活动的结构性要素来说，主要有思维的客体要素、主体要素以及主客体关系要素。

（二）逻辑型创造性思维

1. 发散思维

发散思维指从一个目标出发，沿着不同途径去思考，探求多种答案的思维。发散思维是大脑在思维时呈现的一种扩散状态的思维模式，它表现为思维视野广阔，思维呈现出多维发散状。发散思维是创造性思维最主要的特点，是测定创造力的主要标志之一。

2. 收敛思维

收敛思维指某一问题仅有一种答案，为了获得正确答案要求每一思考步骤都指向这一答案，从不同方面集中指向同一目标去思考。其着眼点是由现有信息产生直接的、独有的、为已有信息和习俗所接受的最好结果。

收敛思维以某种研究对象为中心，将众多的思路和信息汇集到这个中心点，通过比较、筛选、组合、论证，从而得出在现有条件下解决问题的最佳方案。

3. 逆向思维

逆向思维是对司空见惯的似乎已成定论的事物或观点反过来思考的一种思维方式。实践证明，逆向思维是一种重要的思考能力，个人的逆向思维能力，对于人才全面的创造能力及问题解决能力具有重大的意义。

4. 系统思维

系统思维是一种逻辑抽象能力，就是把认识对象作为系统，从系统和要素、要素和要素、系统和环境的相互联系、相互作用中综合考察认识对象的一种思维方法。系统思维是以系统论为基本思维模式的思维形态，它不同于创造思维或形象思维等本能思维形态。

5. 线性思维与非线性思维

线性思维是把认识停留在对事物质的抽象而不是本质的抽象，并以这样的抽象为认识出发点，片面、直线、直观的思维方式。非线性思维则是相互连接的，非平面、立体化、无中心、无边缘的网状结构，一切不属于线性思维的思维类型都是非线性思维。

第二节 创造性思维与教学

19 世纪，斯宾塞主张学生要学习最有价值的知识，倡导科学教育思想，构建了以学科知识为核心的课程体系。赫尔巴特强调教师中心、教材中心、课堂中心，建立了科学教育的教学规范。这些都对我国教育产生了深刻而持久的影响。传统教育的重点是使学生理解和记忆科学理论的概念和内在逻辑，在一定程度上训练了学生归纳、演绎、分析和综合等逻辑思维能力，但是对学生创造性思维的培养还存在严重不足。如何培养学生的创造性思维能力，是在新时代培养拔尖创新人才要求下教育教学必须要重新思考的重大问题。

一、创造性思维培养下教学的核心理念

(一)改变传统教育思想

目前大部分学校都在坚持素质教育，坚持创新性教学，但是在实践中大部分学校仍然以知识传授、教师讲授为主，传统教育思想依旧根深蒂固。这样的做法其实就是将创造性教学作为了教学的点缀。实施创造性教学，必须改变传统教育思想，坚持教学创新是每一位教师的责任。

(二)面向全体学生

创造是人的本能，是人的天赋潜能，教育的使命就是释放人的创造潜能，培养人的创造心理素质。因此创造教育是面向所有学生的教育。

(三)注重创造心理的素质养成

在实施创造教育的过程中，因为教师过分强调"创造性思维的培养"，所以不少教师往往只重视创造性思维的训练，而忽视学生创造心理结构的完整性。理想的

创造性教学要求关注学生的创造性心理与全面发展，要凸显创造心理综合素质的培养。这样不但能使学生的创造性行为、创造性思维方面得到培养，更为重要的是使他们的创造意向和创造性人格方面都能得到全面培养，可以从小塑造他们的创造精神。只有有了创造精神，才有可能产生强烈的创造动机，树立创造目标，释放创造激情，充分发挥创造潜能。

(四)关注教学过程

教学过程是达到教学目标所必须经历的必要程序。在现实教育教学过程中，很多教师是通过单一的教学过程把知识和结论直截了当地灌输给学生，很少重视学习的过程，这样就缩小了学生的思考空间，也就是我们所说的重结果轻过程。创造性教学强调教师引导学生通过一系列的质疑、分析、比较、判断、概括以及相应的选择过程，由发散到收敛，由求同到求异，这是一种过程与结果并重的教学。研究与实践证明，多样性的教学过程比单一性的教学过程更有利于学生创造性思维的培养。

二、创造性思维下的教学原则

(一)继承与创新相结合

创新要运用脑科学、学习科学、心理学的最新研究成果，对传统教育进行深入全面的改革。构建新体系是不是不要班级授课制？不是。我们要把课堂教学和课外活动结合起来。构建新体系是不是不用传授知识的方法？不是。运用启发式的讲授法、谈话法、演示法等仍然是主要的教学方法，同时要建立培养创新精神和实践能力有效的教学方法体系，并把二者结合起来。构建新体系是不是不要抽象思维？不是。发展形象思维的目的是把两种思维结合起来。总之，创新不是抛弃传统教育，而是对传统教育的扬弃。我们要继承传统教育中那些能使学生获得扎实知识和技能，促进人全面发展的有益经验，同时也要借鉴国内外有关培养创造力的经验。

(二)理论与实践相结合，重视实践能力的培养

个人的知识有两种：一种是通过书本、教师传授、网上得来的，称为书本知

识；一种是从实践中得来并且经过实践检验了的知识，称为经验知识。经验知识是人们在实践中对某一事物进行有目的的、深入的观察并经过类比、联想、想象和分析、综合、判断、推理的思维加工抓住了事物的本质和规律的知识。这种知识是很宝贵的，因为它是密切联系实际的活生生的知识，是解决问题过程中积累起来类化了的知识。过去由于只重视抽象思维，从而导致重视理论知识、轻视经验知识现象的产生，这是片面的。我国现行教育还存在着学生实验能力、动手能力差，学校重书本知识轻实践知识和实践技能，学生不重视所学知识同实际的联系等现象。因此，培养创造性思维必须花大力气把实践能力培养贯彻到有关学科教学中去。

（三）面向全体学生

创新教育不是只限于少数学生，而是面向全体学生。每个人都存在创造潜能，我们教师的责任就是开发每个学生的创造潜能。面向全体学生的原则主要体现在以下三个方面。

第一，创造力（核心是创造性思维）不是神秘得不可捉摸的，创造性思维是两种思维（抽象思维和形象思维）的新颖、灵活、有机的结合。每个人的形象思维、抽象思维及其两种思维结合的灵活性，是可以通过教学得到培养的，也就是说，每个学生的创造性思维都是可以培养的。

第二，心理学研究表明，每个人都有从事某种活动的能力。青少年在某一方面的特长、才能，往往从兴趣开始，并且稳定的兴趣又能使人形成能力。实践表明，兴趣、爱好—个性特长—创新能力，是学校在全面发展基础上培养学生创新能力的一条可行之路。我们要通过各科教学，发现、培养学生的兴趣、特长，通过采取小组的、个人的活动方式，运用探究的、实践的方法，去发展他们的特长，培养其创新能力。

第三，创新教育要从小抓起。学习活动离不开思维，幼儿园和小学阶段是培养学生观察力和发展其形象思维的关键期。幼儿在绘画和游戏等活动中，已显露出他们创造性思维的萌芽，要不失时机地挖掘他们的创造潜能。

（四）与学科教学有效结合

创新教育与学科教学相结合的原则，是由中小学教育特点决定的。创造活动是

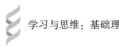

一种复杂的心理过程，它既要有思维的灵活性，又要有丰富的知识积累。中小学生知识有限、经验少，教师必须通过各科教学多方面、多渠道地使学生不断积累新知识，发展他们思维的灵活性，培养其创新精神。这种知识的积累、思维的发展和创新意识的培养，不是开设一种专门课程就可以替代的。中小学生的爱好广泛而多样，要发现和培养每一个学生的创造才能，必须通过各科的教学和丰富多样的课外活动，发现他们的兴趣、爱好，把他们吸引到活动中来。

三、创造性思维下教学体系的建构

(一)教学目标：知识导向转向创造导向

过去，我们将知识理解为对经验、事实和规律的认识，从而确立了知识的确定性、唯一性的基本观念。但随着学习科学以及脑科学的发展，我们发现，知识不仅仅是认识的结果，更是认识的过程，它是对事实、概念的系统描述，是获得知识的方法。根据这种新的知识观，让学生掌握确定的事实、系统的概念就不应该再是我们当前教育教学的主要目标，知识的教学仅仅是我们认识事物的本质、训练思考能力、掌握学习策略的一种手段。创造性思维培养下的教学目标，要求我们把传统的以知识为导向的教学，转变为以培养学生创造素质为导向的教学，强调的是教会学生发现知识的过程，帮助学生培养的是独立解决问题的能力和主动探究的精神。

创新能力的培养是一项教育的系统工程。我们认为在使学生获得扎实知识、促进学生德、智、体、美、劳全面发展的同时，要着重抓好以下三个方面：第一，培养学生独立获取知识和创造性运用知识的能力；第二，培养学生创新精神和勇于实践的动手能力；第三，发展学生的个性特长。

(二)教学内容：从重知识体系转向重知识发现过程

顾明远先生说："支撑知识经济的知识，绝非书本上的死知识，而必须是创新的知识，也就是前任没有说过或写过的知识。"①目前，我们学校各个学科使用的教

① 顾明远：《基础教育与创新精神》，载《中国教育学刊》，1999(2)。

科书更多的是按照知识体系来编排的，这种编排方式可以让学生迅速掌握现有科学研究的系统知识，但对学生掌握知识的形成与发展过程作用不太明显。因此，我们需要进一步提升并强化学生掌握知识的形成与发展的能力。这就要求教师在教学内容上，要从重知识体系转向重知识发现过程，让学生了解科学发展的走向。因此，在日常教学中，教师需要在教学改革方面多做探索。第一，注重探究性教学。要切实贯彻落实以儿童为中心、以儿童为主体的教育观念，通过让他们主动自觉地探索活动，研究客观事物的内在基本属性，发现事物内部之间的联系，从中找出规律，掌握解决问题的方法。第二，鼓励合作学习。通过异质分组，促进学生之间的相互交流与讨论，来解决认知冲突，进行归纳推理，促进学生对新知识的理解和认识。第三，加大研究性学习力度。可以在教师的指导下，让学生参与研究活动，从而获取知识、得出结论，形成产品，在提出问题、分析问题和解决问题的过程中学习科学研究方法，获得成功体验与相应的知识。第四，开展课外活动，把集体教学和个别教育结合起来，能弥补班级教学的缺陷，从而能更好地把共性和个性结合起来，把学习的间接经验和直接经验结合起来。长期以来，课外活动在我国中小学里，一直得到了很好的开展，取得了很好的成绩，积累了宝贵的经验。近百年的课外活动的历史经验表明，课外活动是有生命力的。目前，中小学课程标准、学科设置、教材编写由国家统一制定，教学的形式是班级教学，是共性的东西。课外活动内容广泛、形式多种多样，以小组、个人为主，活动的方法以探究、实践为主。并且地方和学校根据不同需要，因地制宜设立活动课程，在地方教材和在实践、总结的基础上形成了校本教材。总之，开展课外活动需要在实践中积累经验，逐步地对课程、教材进行深层次的改革，这在一定程度上也是对教学体制的重大改革。第五，培养学生进行反思性学习。反思性学习是学生对自身学习活动的过程以及活动过程中所涉及的有关事物、材料、信息、思维与结果等的反向思考，思考不仅是为了回顾，更重要的是通过反思性学习，学生可以学会学习，使学习过程成为探究的过程，从而切实提高学生的批判性思维能力和创造性思维能力。

（三）教学方式：灌输式转向启发式

启发式教学法，以贯彻"三为主"（以学生为主体、教师为主导、教材为教与学的主要依据）"两结合"（面向全体与因材施教相结合、课内为主与课外为辅相结合）

"一核心"（以培养和发展学生综合素养为核心）为原则，以启发式教学理论为导向、多种教学方法和形式优化组合、灵活运用的教学体系，构建以准备、诱发、释疑、转化、应用为基本要素的转动结构的教学模式。在课堂教学中，教师通过精心设计的问题进行诱发引导，并结合课堂练习精讲启发，及时总结学生讨论交流结果，针对学生普遍存在的疑难问题进行讲解，突破教学难点，将计算机知识迁移转化为学生能力，从而让学生掌握解决实际问题的技能技巧，进而实现备教材、备教法、备学生的三结合。多年以来我们的课堂教学多用"灌输式"方法，教师在上面讲，学生在下面听。目前基础教育正由应试教育向素质教育转变，教师更要转变教学观念，树立素质教育思想，把课堂教学作为落实素质教育工作的主渠道，自觉探讨提高课堂教学质量和效率的教学模式。启发式教学就是以学生为主体，从学生现有知识水平和心理特征出发，依据学习过程的规律，尊重他们的学习动力和学习兴趣，恰如其分地肯定和指导他们的学习方向，并在学生遇到困难时做启发性指导，启发学生不是代替学生思考或做结论，教师的工作不是直接"教"给学生知识、观念等，而是一个帮助者，帮助学生来构造知识，形成观念。在对学生进行启发的过程中，"问"的艺术是启发的关键，是研究和表现启发式教学的艺术性的重要方面。"问"的目的是启发学生自己进行思考，调动学生"参与"的积极性。通过"问"，让学生愿意提出自己的想法，与教师商讨。

（四）教学对象：从同质性转向异质性

在实际生活中，学生都存在着个体差异，如果简单地对他们要求"一刀切"是不合适的，因此就需要从同质性转向异质性，即真正落实因材施教。因材施教是以人为本的教育思想的具体落实。在学校教育中，以人为本就是以学生为本，尊重每个学生的个性发展，重视其自身的优势，将以人为本这个教育理念真正落到实处。以人为本的教育思想的教育目的在于促进人的发展，就是要坚持以育人为本，充分挖掘每个学生的潜质，尽量满足人的教育需求。

要创造性教学，就需要教师根据教学对象的异质性特点，采用一些特别的教学方法，如个别指示教学法（IPI），它的特点是根据学习者的能力、需要和学习情况准备教材及教学媒体，经常详细诊断学生的学习情况，根据其学习结果设计个别指导的内容和程序，保证每一个学生获得最佳的学习效果。教师还可以根据学生的认知风格或学习者偏好的方式选择相应的匹配策略，或针对认知风格中的短处或劣势采取有意识的适配策略选择教学方式。匹配策略对知识的获得直接有利，它能使学生学得更快、更多，但无法弥补学习方式上的欠缺。有意识的匹配策略在一开始往往会在一定程度上影响知识的获得，表现为学习速度慢、学得少，学生难以理解学习内容，但他的特殊功效是能弥补学习方式上的欠缺，使学生心理机能的各方面均得到发展。将信息转化为学生更易于操作理解的形式，擅长用多种方式让学生理解，或是使知识简单明了化，这样更有利于学生的接受。

（五）教育模式：由传统模式转向两种思维相结合

形象思维是普遍存在的，研究表明，形象思维贯穿于中小学的各科教学中。各科教学既离不开抽象思维，也离不开形象思维，不同的是有的学科以形象思维为主，有的学科以抽象思维为主。因此，建立发展形象思维和两种思维相结合的教学新模式，既是对传统教学模式的优化和完善，又是培养创造性思维的基础。创造性思维的培养，不能只靠某一门课、某一种方法，必须根植于思维的肥沃土壤中。这个肥沃的土壤就是两种思维相结合的各科教学。

（六）教学课堂：由传统课堂转向思维型课堂

课堂教育是学校教育的重要渠道，因此，创新课堂教学模式是培养学生创新素质的重要途径。我国心理学家林崇德等在总结已有教学理论和自身实验研究的基础上，基于聚焦思维结构的智力理论，提出了思维型课堂教学理论。[1] 思维型课堂教学强调如下五个方面。第一，动机激发。在整个教学活动中，要激发学生的学习动机，特别是内在学习动机，以保证学生积极主动的学习和思维。第二，认知冲突。在课堂教学中，教师要根据教学目标，联系生活经验和已有知识，设计一些能够使学生产生认知冲突的"两难情境"，启发学生积极思维。第三，社会建构。社会建构强调师生互动和生生互动。在教学过程中，学生在探索实验、观察、讨论的时候，都需要教师的指导、点拨和鼓励。教师通过提问、指导的方式来了解学生的看

---

① 林崇德、胡卫平：《思维型课堂教学的理论与实践》，载《北京师范大学学报（社会科学版）》，2010（1）。

法，发现学生存在的问题，根据学生的反馈情况调整教学的进程、方式等。学生之间也需要相互关注，适时地进行讨论、辩论等活动，以促进自己的有效学习。第四，自我监控。教师要引导学生对学习内容、学习方法、经验教训等进行总结和反思，以培养学生的自我监控能力。第五，应用迁移。强调所学知识和方法的应用，并迁移到日常生活、生产实践、本学科及其他学科中去，提高学生分析问题和解决问题的能力。[①]

（七）教学评价：由标准化转向非标准化[②]

美国心理学家吉尔福特指出："教师还没有充分意识到，他们引导学生从事的那种心智训练在很大程度上取决于我们用来评定成绩的那种考试。大规模地使用多重选择测验或正误测验（true-false test）是应该受到责备的。这些测验最适合于认知和记忆的运演，但完全顾及不到发散性加工和辐合性加工，后者要求完成各种类型的试题。"[③]遗憾的是，标准化测验无论在我国的中高考还是平时考试中都呈现出越用越多的态势。之所以存在上述问题，主要是因为我们教育的评价标准目前还主要是以学生的成绩特别是考试成绩为主要的指标，尽管近些年，我们大力推进素质教育改革，但是不得不承认，目前考试成绩还是最重要的评价指标。但是实际上个人的认知风格、优势、劣势等都不相同，因此，标准化的单一评价手段不足以准确地反映学生的创造性思维发展状况，更不足以全面衡量学生的学习效果和认知水平。从目前来看，要全面推进教学评价从标准化向非标准化转变确实存在着较大的困难，但随着我国教学改革的不断推进，这一评价也正在一些有条件的地区和学校推广。

三、创造性思维下教学体系的实现条件

要实现培养创造性思维教学体系的建构，必须要研究清楚其推进条件，这样才

①　林崇德、林琳：《创造性人才的成长与培养》，载《创新人才教育》，2014（1）。
②　王灿明：《儿童创造教育新论》，181 页，上海，上海教育出版社，2015。
③　[美]J. P. 吉尔福特：《创造性才能——它们的性质、用途与培养》，152 页，北京，人民教育出版社，1991。

能采取有针对性的措施，有效促进教学模式的推行。

（一）转变教育观念

在创造性教育中，要树立正确的教育观念，尤其是人才观念。要重视培养学生的现代意识，如珍惜时间、讲究效益、信守信誉、善于合作、勇于竞争；要重视培养学生的创新精神和创造才能，特别是独立获取知识并解决问题的能力，要重视发展学生的个性特长。只有有了这样的教育观念，我们才能够改革教学的内容。

（二）建设一支富有创造精神的教师队伍

斯滕伯格说："对教师来说，发展儿童创造力的最有效方法是做出创造性的榜样。儿童不是在告诉他们要提高创造能力的时候，而是在表现给他们看如何提高创造力的时候，发展了他们的创造力。"①要发展学生的创造力，首先要求教师必须具有创造力。然而，当前我们学校中还存在着不少"教条型""经验型""官僚型"的教师，这会在一定程度上影响学生创造性思维的发展。因此，我们需要打造一支思想活跃、联想丰富、善于设疑点拨，充满创造热情和生命活力的教师队伍。创造性教师主要包括教师的创造性教育观、知识结构、个性特征、教学艺术和管理艺术，特别是教育教学方法。创造性教师队伍的建设是培养和造就创造性人才的关键。

（三）推行开放式的人性化管理

创造性教学的形成离不开良好的环境，尤其是学校管理改革所精心营造出来的精神氛围。现代教育管理学研究表明，学校环境氛围与教师创造力的形成和发挥有着密切的关系。严厉紧张而消极的环境氛围，往往对创造力的发展起着压抑的作用，反之，则会成为创造成功的关键因素。在学校实践中，过细的量化管理限制了教师的教学自由，压抑了教师的教学个性，加重了教师的负担。所以，我们应该改革教学管理，使广大教师具有更多的自主教学实践、空间和权利，最大限度地发挥教师的创造性，最终促进学生创造性思维的培养。

---

① [美]罗伯特·J.斯滕伯格：《智慧　智力　创造力》，143 页，北京，北京工业大学出版社，2007。

第三节　批判性思维

创造性思维和批判性思维是思维不可分的两面，创造性思维过程起始于问题，而问题源于批判性思维。创造性指挥制作、产出的过程，批判性则指挥评估和判断的过程。创造性一词的本意就暗含了批判性的成分，当人们进行高质量思维活动时，大脑会同时进行产出和评估，即同时生产并评价其产品。在智识行为中，不论是最普通的大脑活动，还是最具想象力的艺术或思想的产出，创造性和批判性始终相互交织。① 创造性需要强有力的批判性思维去不断地激发和拓展，批判性思维是创造性思维的前提和基础，创造性思维是批判性思维的目的和归宿。② 因此，要研究创造性思维及其培养，就必须要研究批判性思维。

一、批判性思维的发展历程

批判性思维最早可以追溯到古希腊时期，哲学家苏格拉底就用"诘问式"教学推动学生不断去质疑已有的观念和解释，后来柏拉图和亚里士多德发展了苏格拉底的教学理念，提出了优秀的思考者在看待事物的过程中必须要运用某种品质，这种品质实际上就是批判性思维的雏形。

批判性思维的现代研究开始于 20 世纪 30 年代，美国教育学家杜威在《我们怎样思维·经验与教育》一书中开宗明义地提出了反思性思维。他认为，这种思维是对某个问题进行反复地、严肃地、持续不断地反思。他在之后的研究中初步明确了反思性思维的性质和结构，并把概念、分析、综合、判断、理解、推理、假设和检验等作为反思性思维的基本要素，形成了批判性思维研究的一种系统理论框架。

在随后的研究中，美国学者开始不断修订这一概念。1941 年，美国教育心理

① ［美］Richard Paul，Linda Elder：《批判性思维与创造性思维》(第 3 版)，3 页，北京，外语教学与研究出版社，2019。

② 赵晓芬：《批判性思维：创新人才的首要思维范式》，载《马克思主义与现实》，2008(3)。

学家格拉泽在《批判性思维发展实验研究》一书中从儿童心理学角度出发研究批判性思维，从此，批判性思维这一术语被正式提出并确定下来。20 世纪 50 年代，美国教学协会兴起了批判性思维运动，批判性思维的相关研究逐渐增多，最有代表性的有布莱克(1946 年)的《批判性思维：逻辑与科学方法引论》、美国教育委员会(1954 年)的《社会科学中的批判性思维》、费希尔(1956 年)的《批判性思维与人文学科》等。1962 年，恩尼斯在《哈佛教育评论》发表了《批判性思维的概念》，他批判了杜威的反思性思维，强调在批判性思维中归纳性推论所起的核心作用，并且指出了坚持批判性思维的逻辑基准的必要性，并把批判性思维定义为"正确地评价命题"，即批判性思维是理性、逻辑性的思维，是有意识地琢磨自己推论过程的思维。恩尼斯是最先倡导在美国进行一场全面的批判性思维运动的学者，这也标志着批判性思维的发展进入了一个新的阶段。

20 世纪 70 年代后，随着信息加工理论的不断发展，批判性思维继续受到研究者的关注并得到进一步发展。恩尼斯等人不断修正对批判性思维的认识，1987 年，恩尼斯修正了自己对批判性思维的认识，将批判性思维界定为在经过缜密的、合理的反思性思维之后再决定应该相信什么的反省思维，强调了"合理性""反省性""目的性""相信什么、决定做什么"四个特征。1991 年，他又再次完善了批判性思维的要素，即焦点、理由、推理、状况、明确性、整体把握。当然，这一时期，美国各大高校也结合自身的发展特色提出了一系列关于批判性思维发展的措施，如哈佛大学提出文理教育的重要目标就是批判性思维；哥伦比亚大学的核心课程的教育目标就是培养学生的批判性思维能力和科学探索能力。

20 世纪以来，随着美国批判性思维运动的发展，批判性思维教育得到了各个国家的高度重视。1993 年，美国政府将批判性思维能力的培养列为高等教育的核心目标，并提出，到 2000 年具有高级思维能力、有效交流和解决问题能力的大学生的比例有显著性增加。1998 年，世界首届高等教育会议发表了《面向二十一世纪高等教育世界宣言：设想与行动》，第九条明确提出，高等教育机构应当教育学生成为知识丰富，目的明确的公民，能够批判的思考、分析社会问题，寻找解决社会问题的方法并运用它们解决这些问题，从而承担起社会责任。2006 年，耶鲁大学校长在上海召开的第三届中外大学校长论坛上指出，大学教师的主要任务就是培养学生独立思考的能力，特别是培养学生的批判性思维。2010 年，我国《国家中长期教育改革和发展规划纲要(2010—2020年)》指出，人才培养是高校工作中的重要任务，高校要着力培养全面发展的高素质拔尖创新人才。随后，2012年我国教育部印发的《高等教育专题规划》中再次强调，高校尤其是在本科教育阶段要培养一大批拔尖创新人才，要培养大学生的创新精神和创新能力，就要注重培养大学生的批判性思维能力。①

2016年，二十国集团(G20)领导人杭州峰会闭幕后发布的《二十国集团新工业革命行动计划》认为人类已进入新工业革命时代。新的时代需要借助新的教育体制提供创新型的人才，这就要求学校教育能够培育新时代所需的"核心素养"——给予每一个儿童以自信，发展每一个人的潜能，使他们能够开拓自己的人生，促进社会的活力，创造更好的社会。② 归根结底，新时代学校教育转型的时代诉求是要求培育出具有批判性思维的探究者和思考者。

可见，目前批判性思维已经上升到世界各国的统一要求，这让批判性思维不仅在大学受到重视，而且在中小学也开始得到前所未有的重视。

二、批判性思维的内涵

"批判性"(critical)这个词源自希腊文"kritikos"，意思是辨别力、洞察力、判断力，引申义有敏锐、精明的意思。"kritikos"源自"krinein"，意指做出决断。因此，"批判性"虽然包括发现错误、查找弱点等否定性含义，它同样有关注优点和长处等肯定性含义。③

到底什么是批判性思维呢？从广义上理解，批判性思维就是发展和完善人们的世界观并把它高质量地应用在生活各方面的思维能力。人们的世界观不是一成不变的，而是随着阅历和经历的增加不断发展变化的。人们运用他们所形成的世界观做出选择和决定，并采取相应的行动，并且，通过终身学习来不断地发展和完善自己的世界观。人们世界观形成、发展与应用的模式如图3-1所示。

---

① 董爱华：《批判性思维研究国内发展概述》，载《北京印刷学院学报》，2019(10)。
② 钟启泉：《批判性思维：概念界定与教学方略》，载《全球教育展望》，2020(1)。
③ 谷振诣、刘壮虎：《批判性思维教程》，2~3页，北京，北京大学出版社，2006。

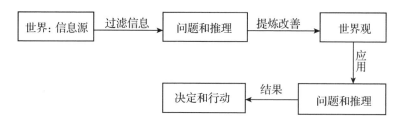

图 3-1　世界观的形成、发展与应用模式图

从世界观的形成、发展与应用模式图中我们可以看到，提出恰当的问题并做出合乎逻辑的推理是其中的核心环节，因此，概括地说，批判性思维是指对所学东西的真实性、精确性、性质与价值进行个人的判断，从而对相信什么或者做什么做出合理决定的思维能力。① 从实质上说，批判性思维就是提出恰当的问题和做出合理论证的能力。

通过对上述批判性思维的定义，我们可以了解到以下三个方面：第一，批判性思维必须以比较、分类、分析、综合、归纳、演绎等抽象思维方法为基础；第二，批判性思维的核心关键在于提出问题并做出合乎逻辑的推理，因此批判性思维的主要体现形式便是判断与推理；第三，批判性思维在必要时会重塑个人想法，即思考者精于思维创新。

三、批判性思维的构成要素

批判性思维作为思维的高级形式，其构成要素与思维相同，为了更好地理解批判性思维，以下将对每一个要素进行简要说明。

(一)目的

目的指目标、宗旨或作用、预期成果等。这是构成批判性思维的第一要素，只要进行批判，就必须要达成某一目的，满足某种需求。如果在判断或推理过程中出现问题，可能会追溯到目标设置上出现错误；若确定的目标实现不了或者与已有的

---

① Ennis & H. Robert，"A Logical Basis for Measuring Critical Thinking Skills，"*Educational Leadership*，1989(4)，pp. 4-10.

其他目标相左，那么，用来达到目的的推理自然也就存在问题。

(二)焦点问题

焦点问题也称难题、议题。我们在进行批判性思维的时候，只要试图进行判断或者推理，就至少需要有一个焦点问题，即亟须解决的问题，如果我们不清楚要回应什么问题，或者无法厘清问题与基本目标之间的关系，我们就不可能找到合理的答案。

(三)视角

视角也称参考框架、角度、方向或者世界观。只要进行判断或推理，就要立足于某个视角，该视角由大脑产生，如果视角选择出现问题，那么它可能就会成为推理过程中的障碍源头。

(四)信息

信息指数据、事实、证据、经验或者观察结果等。只要是推理，必然要针对某种事物或者某个现象，因此，推理所依据的经历、数据、证据等出现问题都可能成为问题的源头。在进行批判性思维时，我们必须主动地从可能使用到的数据、经历或者证据中选择合适的信息。

(五)概念

概念指理论、定义、规则、原则或者模式等（详见第二章）。所有推理都要使用一些观点或概念，推理所使用的概念、原则或者规则等如果存在问题，都可能会导致后面出现问题，观点有利与否是思维水平高低的直接结果。观点和概念不是自然赋予的，它们是由我们大脑构建的。

(六)假设

假设指预设、公理或者公认的观点等。所有的推理均有预设为公理的东西，如果出现问题，都会导致后续出现问题。

(七)阐释与推论

阐释与推论指结论或者方案等。推理是一步一步开展的，每一步都是一个推论。推论中的疏漏，都有可能造成推理中的不严密。

(八)影响与结果

影响与结果指依照逻辑规律产生的结果与后果。凡是推理，总朝着某个目标进行，没有静态的推理，因此推理中总是可以得出某些观点。在推理时，我们的大脑必须要清楚：如果在某个情境中采用某个行为，将可能发生什么。在思维的过程中，通过某个隐性结论或启发而发现的问题，也暗示着创造性思考本身出现了。

四、批判性思维的标准

要形成批判性思维，仅仅具备抽象思维方法还远远不够，还需要根据一些标准来评估我们的思维。这些标准可以激活我们个体的批判性思维意识，促使个体朝着某个方向去思考，并用审视的眼光来看待问题，具体而言，主要包括以下几个方面。①

(一)清晰性

我们想要或者需要向他人传达某个意思，就必须具备清晰性这一标准，否则不清晰的语言会破坏或摧毁既定目标。所以在清晰性标准下，我们可能需要问自己：你能进一步阐释吗？你能举出实例吗？你能用例子阐述你的意思吗？

(二)准确性

要进行批判，我们必须要尽量了解和交流事物的真实情况，而不准确的思想无法实现这样的目的。因此在准确性标准下，我们需要问自己：如何进行核查？如何证明其真实性？如何进行验证？

---

① ［美］格雷戈里·巴沙姆：《批判性思维》，8~12页，北京，外语教学与研究出版社，2019。

（三）精确性

在进行批判性思维时，我们需要细节和具体的信息来达到交流的目的，信息不准确或者不能提供细节或者具体信息的话，就无法实现既定目的。因此，在这个标准下，我们要解决的问题是能再具体一些、能提供更多的细节、能再确切一些吗？

（四）相关性

在思维过程中，相关性特别重要，一旦无关信息被插进来，我们的注意力就会偏离真正需要的信息。因此，在思维的过程中，我们需要不断地问自己：目前已有信息与问题有什么关联？这些信息对问题有什么影响？这些信息对问题的解决有什么帮助？

（五）深刻性

在进行批判性思维时需要我们能够对该事件做出较好的解释和理解，而且能够对它做出较好的预测和控制，这类似胡适先生所言的"大胆假设，小心求证"。基于此，要形成批判性思维，就必须要明确问题的难点来自哪些方面？问题的复杂性有哪些表现？需要克服的困难包括哪些方面？

（六）宽广性

了解事物的原因不是为了满足好奇心和消除恐惧感，而是要引导我们的行动，知道我们要做些什么，什么时候去做以及如何去做，并为我们做决定提供依据，这主要是为了避免重蹈覆辙，所以我们需要不断地问自己是否需要从另一个方面来观察问题？是否需要转换一个角度来观察问题？是否需要换一种方式考虑问题？

（七）逻辑性

复杂的问题之所以复杂，是因为它需要检视和评估大量的相关资料才能找到好的解决方案。解决问题的障碍之一就是懒惰和简单化的陋习，我们需要的是理智的见解、深思熟虑和基于事实的分析与推理。因此，在整个过程中，我们需要不断地反思整个推理过程是否清楚？收尾是否互相呼应？结论是否是从证据中自然获得的？

（八）重要性

重要性在批判性思维的判定标准中同样重要，我们必须时常思考：目前的事实中，哪些是最重要的？这是需要考虑的最重要的问题吗？这是否是核心的观点？

（九）公正性

批判性思维一定是在公平、公正的基础上，对事件进行客观剖析的能力。因此，判定是否为批判性思维的时候，一定要注意这个问题是否涉及我的既得利益？我能否设身处地地理解并代表他人的观点？

总之，批判性思维不仅是一种思维能力，还是一种价值观或者价值取向。如果说批判性思维作为一种能力更多是关于"如何思考"，作为一种思维心态或者价值观，则更多是关于"思考什么"和"问为什么"。批判性思维除了要求在逻辑上不犯错误之外，更重要的是要想别人没有想过的问题，问别人没有问过的问题，并且要刨根问底，探究深层次、根本性的原因。所以，批判性思维教育不仅要提高学生的思维能力，还要塑造学生的价值观和人生态度。

五、批判性思维能力的培养

批判性思维能帮助我们松软思维的土壤，激活僵死的思考系统，增强思维空间的兼容性，有助于提高思维的清晰流畅，帮助我们进行观念的更新和做出正当合理的决定。因此，我们需要不断强化深思熟虑的理智态度和怀疑与反思的理性精神，养成提出恰当问题和进行合理论证的思维习惯。但需要说明的是，批判性思维有程度的区分，没有人完全不具备批判性思维能力，也没有人完全拥有它而不需要改进。那么，如何发展我们的批判性思维能力？

（一）强化好的思维态度

在日常思维中，缺乏批判性思维的观念和理智的怀疑与反思态度是使我们的思考和论证不尽如人意的重要根源。树立深思熟虑的思考态度，尤其是理智的怀疑和反思态度，这是培养批判性思维的开端。思考态度是一种思维倾向，它引导我们朝着好的方向不断努力。以下是树立批判性思维观念和态度的参考。①

第一，试图更好地了解世界的好奇心。

第二，能提出创造性的问题。

第三，习惯问"为什么"，探求维护一种见解的理由。

第四，使用由可靠的信息来源提供的信息资料。

第五，思考问题顾及整体状况，对事物的解释顾及周围的情境。

第六，思考问题集中，不脱离主题。

第七，思路开阔，善于寻找其他可选择的方案。

第八，保持开放的思维空间，认真考虑他人的意见。

第九，依据充分的根据和理由采取或者改变一种观点或者立场。

第十，在证据和理由不足的情况下，不轻易下判断。

第十一，尽可能获得清晰、严谨的认知。

第十二，了解所知的限度，检视其他的可能性而不是得出结论的证明本身。

第十三，能意识到个人判断的局限性和认知过程中的偏见。

第十四，有条不紊地处理复杂的事物，对下一步的行动步骤有所预见。

第十五，从他人的表现中敏锐地觉察到他们的情感态度、知识水平和熟练程度。

第十六，能在广泛的领域运用批判性思维能力。

（二）培养良好的思维品质

批判性思维能力是建立在好的思维品质基础上的，帮助学生养成好的思维品质，是培养批判性思维的基础。如前所述（详见第二章），朱智贤与林崇德提出了思维品质包括深刻性、灵活性、创造性、批判性和敏捷性，其中所提的批判性正是培养批判性思维能力必备的品质。要培养学生良好的批判性思维品质，就必须在日常教育教学中培养学生的以下五个方面。

---

① Bruce R. Reichenbach, *Introduction to Critical Thinking*. New York, The McGraw-Hill Companies, Inc., 2001, pp. 14-15.

　　第一，清晰性。要求培养学生有层次性地思考问题；要有条理性地思考问题；要求学生能够清楚、准确地使用概念和语言。

　　第二，相关性。要求我们培养学生在日常的思考中能够围绕着聚焦的问题进行思考；同时，在思考问题的时候是按照逻辑推理的，而不是按照情感心理来推进的。

　　第三，一致性。这要求我们在日常教学中要培养学生避免不一致的信念和行为，更不能出现自相矛盾的信念。

　　第四，正当性。这要求我们在日常教学中要训练学生使用真实可信的理由为自己的信念做出担保，同时这个理由一定是强有力的。

　　第五，预见性。要求我们在日常教学中要注意培养学生拒绝盲目行动，同时，在行动上要具备主观能动性。

（三）掌握逻辑探究原则和推理方法

　　正确的态度和良好的品质必须与原则性知识结合起来，才能使批判性思维能力日臻完善。培养学生的批判性思维能力，就必须要掌握逻辑探究原则和推理方法方面的知识。

　　第一，宽容原则和中立原则。培养和训练批判性思维能力，需要掌握评估论证的一系列批判性准则，它包括对所提出的问题是否恰当、所给出的理由是否正当以及所做出的推理是否强有力进行评估的准则。要顺利地进行评估，就要建立在准确理解的基础上，宽容原则用于对给出的论证的理解，即以最大限度的合理性来理解论证的原则；中立原则是用于对给出的论证的评估，即以批判性准则来评估论证的原则。

　　第二，掌握与论证谬误相关的知识。违反推理规则无疑是一种谬误，但是有些谬误并不十分明显，因此需要我们累积范例式的思维经验，即掌握与论证谬误相关的知识，同时结合大量的练习和实践来培养和提高批判性思维能力。

（四）注重实践能力的提升

　　思维能力的训练必须注重实践。在明确批判性思维的态度和原则性知识，掌握理解和评估论证的一系列技术和方法的基础上，必须让学生在实践中进行大量的练习和应用才能真正提高他们的批判性思维能力。尼采说："世界上本无教育者，作为一位思考者，只应该说是自我教育。"①批判性思维能力的训练应在实践中加以巩固和提高，思维方式只有运用于社会实践才是其真正意义所在，批判性思维只有根植于社会实践，在实践中对原有知识进行审查、分析和评价，才有助于批判性思维能力的提高，从而形成创新思想或观点。

第四节　创造性人才的培养

提高自主创新能力，建设创新型国家，关键在于拥有大批创造性人才，创造性人才的培养靠教育。我国《国家中长期人才发展规划纲要(2010—2020年)》把"突出培养造就创新型科技人才"作为未来的主要任务；党的十八大和《国家中长期教育改革和发展规划纲要(2010—2020年)》把培养学生"创新精神"作为"办好人民满意的教育"的重要目标。可见，研究创造性人才的成长规律、了解创造性人才的人格特征和思维特征、探索创造性人才的培养模式，既是我国的现实需求，又是国际社会和学术界共同关心的重大课题。

一、创造性人才的成长阶段与影响因素

关于创造性人才成长阶段及影响因素的研究，北京师范大学林崇德教授最具代表性。林崇德教授及其团队通过对34位自然科学拔尖创新人才与36位社会科学拔尖创新人才的深度访谈，研究了这些拔尖创新人才的成长历程，发现拔尖创新人才的成长由自我探索期、集中训练期、才华展露与领域定向期、创造期、创造后期五个阶段构成。

早期促进经验、研究指引和支持、关键发展阶段指引是这五个阶段的三种主要影响因素。其中，早期促进经验包括父母和教师的作用、成长环境氛围、青少年时

---

① ［德］尼采：《人性的，太人性的》，543页，北京，中国人民大学出版社，2005。

期的广泛兴趣和爱好、具有挑战性的经历和多样性的经历等，这些对自我探索期的形成十分重要。林崇德教授及其团队认为，在中小学阶段，学生表面上似乎在探索外部世界，其实是一个探索自己内心世界、自我发现的阶段。这一阶段的探索不一定与日后从事学术创造性工作有直接联系，但会为后来的创造提供重要的心理准备，是个体创新素质形成的决定性阶段。没有基础教育创新素质的奠基，任何创造性人才的成长都是一句空话。

另外，林崇德教授还通过研究发现，教师在拔尖创新人才成长中起着独特的作用，而且这种影响不仅是综合系统的，更是长期的。启蒙教育的作用一般发生在中小学教师的身上，课堂教学是培养学生创新素质的主要渠道，教师的人格、品德、气质直接影响学生创新精神的培养。

二、创造性人才的人格特征与思维特征

(一)创造性人才的人格特征

创造性人格是创造性人才最突出的人格特征，这里的人格是从心理学角度而言的，具有独特性、稳定性、整体性与社会性等特点。

不同类型的创新者拥有不同的人格特征，但是这些创造性人格也有共同之处，了解这些相同点，对我们教育工作者特别重要，特别是在发展的早期阶段，儿童的创造性人格并不是以专业化形式出现的，是需要教师与家长进行发现和培养的。因此，以下将重点介绍具有代表性的研究结论，为后续教育中培养创造性人才提供借鉴与启发。

心理学中最早对创造性人格特质进行理论概括的是美国心理学家吉尔福特，他归纳出了 8 项特质：有高度的自觉性和独立性；有旺盛的求知欲；有强烈的好奇心；知识面广，善于观察；工作中讲求条理性、准确性和严格性；有丰富的想象力，敏锐的直觉，喜好抽象思维，对智力活动与游戏有广泛的兴趣；富有幽默感，有卓越的文艺天赋；意志品质出众，能长时间地关注于某个感兴趣的问题中。[①]

---

① 赵承福、陈泽河：《创造教育研究新进展》，14 页，济南，山东人民出版社，2002。

　　马斯洛通过分析美国的历史和当代社会中 38 位成功人士，归纳出了自我实现者的 14 项人格特征：能敏锐准确地观察现实，并与现实融洽地相处；善于接纳自我、他人与周围的世界；自发、单纯而坦率地表达自己的思想和感情；考虑问题视野宽广；有超然处世的品质和独处的需要；有独立自主的性格；能不断地从日常生活中体会到新鲜的感受；经历过心灵震动的高峰体验；爱人类，关心社会，同情他人；能与他人建立深厚的友谊；具有民主风范，尊重别人的意见；富有哲理和善意的幽默感；有创见，不墨守成规；对文化适应的抵抗。①

　　美国心理学家斯滕伯格提出了创造力的三维模型理论，认为创造力的人格特质有 7 个因素：对含糊的容忍；愿意克服障碍；愿意让自己的观点不断发展；活动受内在动机的驱动；有适度的冒险精神；期望被人认可；愿意为争取再次被认可而努力。②

　　我国关于创造性人格的研究开始于 20 世纪八九十年代，代表性观点有以下几个方面。

　　台湾师范大学张春兴教授认为高创造性人员的人格特质主要有以下 10 方面：兴趣广泛；有较好的语言表达能力；有幽默感和较好的审美能力；反应敏捷，思维缜密，记忆力强，工作效率高；喜欢独立判断；有较强的自信心，但有时武断，并喜欢支配别人；喜欢思考人生价值和哲理等抽象问题；社会能力强；对自己的前途有较高的抱负；态度坦白而直率，不善于自我控制。③

　　广西大学甘自恒教授认为当代中国科学家创造性人格有 10 项基本素质：高尚的理想和志向；爱国主义精神；善于合作的精神；善于提出和讨论问题的精神；善于综合和勇于创新的精神；甘于奉献和敢冒险的精神；求实和严谨的治学精神；逆境发愤、老当益壮的精神；尊敬师长、关爱晚辈的精神；争取一流再创辉煌的精神。④

　　西南大学张庆林教授对 25 位国家科技发明奖获得者进行了《卡特尔 16 人格因素量表》测验，概括出我国科技领域的创造性人格特点共 10 个方面：低乐群性；高

①　朱永新：《创新教育论》，122~123 页，南京，江苏教育出版社，2001。
②　赵承福、陈泽河：《创造教育研究新进展》，14 页，济南，山东人民出版社，2002。
③　王灿明：《儿童创造教育新论》，152 页，上海，上海教育出版社，2015。
④　甘自恒：《中国当代科学家的创造性人格》，载《中国工程科学》，2005(5)。

稳定性；低兴奋性；高有恒性；低情绪性；低妄想性；低忧虑性；高实验性；高独立性；高自律性。①

北京师范大学林崇德教授将创造性人格概括为 5 个方面：健康的情感；坚强的意志；积极的个性意识倾向；刚毅的性格；良好的习惯。②

北京师范大学董奇教授将创造性儿童的人格特征概括为 8 个方面：具有浓厚的认知兴趣、旺盛的求知欲；情感丰富、富有幽默感；勇敢、甘愿冒险；坚持不懈、百折不挠；独立性强、善于独立行事，不盲从，对独立与自治有强烈的需要；自信、勤奋、进取心强；自我意识发展迅速，自我认识、自我评价、自我体验和自我控制的发展水平高于同龄儿童；一丝不苟，不满足于现学的知识，喜欢刨根问底。③

以上研究可见：第一，创造性人格有很多共同点；第二，儿童身上确实存在着创造性人格的表现，并且与科学家的创造性人格是相通的。儿童的人格可塑性很大，因此，我们在了解了创造性人格的特质特殊表现时，就可以在教育教学中因势利导地对儿童进行培养。

(二)创造性人才的思维特征

如前所述，个体的思维特点和差异受思维品质的影响，相关研究表明创造性人才的思维特征主要呈现在以下几个方面。

1. 灵活性和深刻性

思维的灵活性指思维活动的智力灵活程度。主要包括以下几个方面：其一，思维起点的灵活，即能够从不同角度、不同方面、不同方向来解决问题；其二，思维过程灵活，即从分析到综合，再从综合到分析，可以做到全面的、综合的分析；其三，概括—迁移能力强，即运用规律的自觉性高，能举一反三，触类旁通；其四，善于组合分析，即通过思考可以把多项貌似不相关的事物通过想象进行连接，使之变成不可分割的新整体；其五，思维的结果是多种合理而灵活的结论，即这种结果

---

① 张庆林、谢光辉：《25 位国家科技发明奖获得者的个性特点分析》，载《西南师范大学学报(哲学社会科学版)》，1993(3) 。

② 王灿明：《儿童创造教育新论》，153 页，上海，上海教育出版社，2015。

③ 董奇：《儿童创造力发展心理》，199~200 页，杭州，浙江教育出版社，1993。

不仅有量的区别，还有质的区别。思维的灵活性是一种很重要的品质，因为客观事物是处于不断运动、变化之中的。只有有了灵活性，才能根据客观实际情况的变化来及时改变原来的工作计划或解决问题的思路，并提出新的符合实际情况的思路和方案。思维的深刻性即抽象逻辑性，指在思维过程中对事物本质和规律性的认识程度，善于从表面现象中或事物的萌芽状态中发现新问题，预见事物发展的过程。在思考问题时，坚持在思维上保持长久的前后联系和深入研究，才能获得对事物向前和向后的深入认识和把握，从而使思维达到一定的深入程度，表现出思维的深刻性。思维的灵活性与思维的深刻性相结合，就表现为机智、敏锐、富有独创性。

2. 敏捷性和跳跃性

思维的敏捷性指思维的速度或迅速程度。思维正是因为有了敏捷性，才能在处理和解决问题的过程中适应迫切的状况来积极地思考，周密地考虑，正确地判断和迅速地做出结论。思维的跳跃性指在发现问题和解决问题的过程中，头脑中闪现新想法、新观念的能力，即我们所说的直觉、灵感或顿悟。

3. 怀疑性和批判性

思维的怀疑性指思维对事物的一种不确定、不稳定的状态。它是否定旧事物，迎接新事物的一个环节，是生长、创造、发展的环节。思维的批判性指在思维活动中善于严格地预计思维材料和精细地检查思维过程的智力品质，即我们第三节所提到的批判性思维。有了批判性思维，我们在解决问题的过程中，就能考虑到一切可以利用的条件，就能不断地验证所拟定的假设，就能获得独特的问题解决的答案。

三、创造性人才的培养途径

影响创造性人才成长的因素有很多，特别是早期促进经验，极大地影响着创造性人才"自我探索期"的形成与发展，因此本部分内容将立足于当前我国教育特别是基础教育的实际，努力探索有利于创造性人才"自我探索期"形成的培养途径。

(一)教师：改变教育观念并优化知识结构

如前所述，教师在拔尖创新人才成长中起着独特的作用，教师的一言一行、观念意识直接影响着学生。因此，教师改变自己的教育观念是重点，优化自己的知识结构是保障。

1. 改变自己的教育观念

观念引导行为，只有思想开明，敢于创新的教师才能教出创新思维强的学生，因而改变教育观念，做一个创新型教师对培养学生的创新能力至关重要。

第一，改变重知识轻能力的教育观念。把传授课本知识为主要目的变成以提高学生能力、增长学生知识经验为主要目的，重视培养学生积极思考、大胆求异的能力。在教学过程中试图将严守纪律、气氛沉闷的课堂营造为有创造性的文化氛围，包括认识和内化创造力，使创新意识深入人心；形成支持型课堂气氛，营造创造性课堂气氛；开展创造力教学活动，激发师生的创造热情。

第二，改变课程教学中的教师本位观。教育学的过程应是双向的、平等的。创新型教师在进行教学时，一方面，要给予学生充分的空间进行独立思考并引导学生积极与教师进行交流互动，尽可能地参与教育学习活动，以便学生在学习和思考中充分挖掘自身创造性潜能。另一方面，把培养学生创新能力渗透到各科教育中。针对具体学科的某种具体能力提出具体要求并使之系统化，以此培养学生的创新能力。

第三，在课堂教学中开发学生的创新能力。教师通过激发学生创造的动机，灵活地提问和布置作业，掌握和运用一些创造性教学方法(如发现教学法、问题教学法、讨论教学法、开放式教学法等)，在课堂上创设创造性问题情境引导学生解决等方式培养学生的创新能力。

第四，建立新型的师生关系。受传统教育观念的影响，大多数教师认为师生之间是传授与接受的关系，教师应该树立教师的权威，做学生学习生活中的榜样，但是这种局限性的观念实际上影响了学生的创造性。教师应该以平等和包容的心态鼓励学生提出新见解，引导、支持和组织学生进行创新活动。

第五，改变重理论轻实践的教育观念。创新型教师不仅要教授学生理论知识，更要重视实践活动，将实践与理论相结合。事实证明，实践活动对提高学生的动手能力影响巨大，实践活动给学生提供了一个近距离了解和改造世界的机会，可以引起学生的兴趣和好奇心，引发学生的求知欲，锻炼他们的动手操作能力，有助于他们探索寻找解决问题的方法。

2. 优化知识结构

教师要胜任引导和启发学生进行创新活动探索，就必须具备丰富而科学的知识结构。作为教师需要做到以下几个方面。

第一，掌握现代化创新教育观，注重教育新理念，遵循学生的身心发展规律与特点。不断学习新的原则、新的方法，并有意识地将学到的原则与方法融入教学实践中。

第二，优化思维方式。实施创造性教育，提高教师的创新教育教学能力，教师必须具有创造性的思维。教师要改变以往的思维方式，要强调思维的广泛性、求异性和开放性，要善于运用求异思维、多向思维、开放思维和反逻辑思维等形式。

第三，具有勇于探索的精神和勇气，能够不断在教育教学的实践中及时总结经验教训，坚持真理，改正错误。

第四，善于将教育教学与科研结合起来，在教育教学的基础上搞好科研，在科研的指导下，促进教育教学的发展。

（二）建设学生创新能力培养体系

如前所述，人的创新能力是创新素质、创新意识、创造性思维和创新实践能力共同作用的结果，因此我们需要在教育中探索建构学生创新能力培养体系。

1. 培养学生创造性思维

传统教育的重点是使学生记忆和理解科学理论的概念和内在逻辑，在一定程度上训练了归纳、演绎、分析和综合等逻辑思维能力，但是对学生创造性思维的培养，特别是形象思维的培养不够重视。根据前述，我们知道形象思维的发展本质上是创造性思维的关键，因此，从形象思维培养入手培养学生的创造性思维能力，是新时代培养拔尖创新人才的重要途径。

第一，以顿悟为着力点培养创新思维品质。顿悟是创造性思维的核心，而顿悟是靠大脑的知觉猜测，知觉猜测使顿悟得以实现，所以从一定程度上看，创造性的思维活动是在前提材料不充分的情况下的猜测活动，正是猜测超出了旧有知识的范围才具有创新性。[①] 培养创造性思维的着力点是鼓励和训练学生在知识材料不充分

---

① 张敬威、于伟：《非逻辑思维与学生创造性思维的培养》，载《教育研究》，2018(10)。

的基础上的猜想和推测能力,有意识培养学生的形象思维能力。在日常教育教学中,教师可以采用项目学习,创设具有思维空间的学习任务,将学生置于真实情境中围绕针对性问题展开学习,这是培养学生创造性思维的重要途径。当然,在这个过程中,需要教师帮助学生突破思维定势,合理引导和保护学生非线性的直觉猜测。

第二,以建构思维图像为重点培养创造性想象能力。创造性想象力的最高层级是构建思维图像,思维图像的构建是一个经由表象到意象的复合加工过程。对视觉、听觉、体感觉和运动觉等表象需进行初级抽象加工,建立情感与认知、经验与知识、表象与概念的融通联系,这种表象与理性深广度的贯通与活化是意象思维的基础,也是构建思维图像的前提。在此基础上,经意向整合与时空转换,构建高级的思维图像,产生创造性的直觉想象。① 教学中要使学生通过想象在头脑中把概念和符号等的意义表征转化为一种思维图景,教师要挖掘想象思维目标,精心设计教学方式方法,进而实现和落实想象思维培养目标。在教学的过程中要不断使学生丰富与相应学习内容对应的想象思维图景。

2. 培养创新意识

要培养学生的创新意识,可以从如下方面进行。

第一,激发学生的求知欲。所谓求知欲就是对学习、获取新知识的渴望,对探索未知的强烈欲望。

第二,培养学生的好奇心。好奇心是人由于努力探索未知所产生的新鲜感、兴奋感。好奇心通常表现为对一种新鲜事物的强烈注意力,不仅想知道是什么,更想明白为什么。好奇心通过观察、疑惑等心理活动,吸引人积极而主动地探索一些新鲜事物,进而促使人寻求这一事物的客观规律和内在联系,从而不断接近事物的本质。

第三,培养学生提问的能力。提问是积累知识的先导,抛出疑问、解决疑问的过程使人不断加深认识并完善自我。抛出疑问引导人观察事物的本质,只有深入了解事物本质才能够提出质疑。质疑对学生进行创新活动具有重要作用与价值。新时代的教育,我们需要培养学生善于提问、敢于提问的意识与能力。

3. 提高实践能力

实践能力指实际动手能力或者说将理论应用到现实生活中的能力。让学生参与

---

① 张敬威、于伟:《非逻辑思维与学生创造性思维的培养》,载《教育研究》,2018(10)。

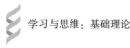

实践活动是培养学生创新能力的基本方法。可以在科技活动中培养学生的实践能力，从而提升其科学创新能力。不管在校内还是在校外，科技活动是学生课外活动中与创新能力发展关系最为密切的一项活动。科学活动可以开阔学生视野，激发其对新知识的探索欲望，增强学生自学能力、研究能力、操作能力、组织能力与创造能力。同时，还可以训练学生创造力的特殊技巧。学生通过掌握这些有效的创新能力的训练方法，进行自我训练，提高自我创新能力。

（三）营造有利于创新能力培养的环境

1. 构建新型的校园人际关系

促进创造性人际关系的形成，包括树立民主型领导方式，改善领导与教师关系；构建"我—你"型师生关系，改善师生关系；积极开展小组合作学习，培养良好的同伴关系。

2. 营造开放的课堂教学氛围

开放式课堂主张把学生看作不断发展、生活的动态主题，把教学过程看成不断变化、不断改进的过程，有利于培养学生的好奇心、求知欲等。开放式课堂要注意以下两点。其一，灵活选用教材。开放式课堂教学主张从学生的学习生活实际出发，灵活地选用教材，根据学生个体差异和教学活动的需要，适当增删内容。其二，走出课堂，进入社会。根据教学需要，教学的场地并不局限于教室，而是走进社区、走进大自然，让学生近距离接触社会，进行观察、思考与实践，学会理论结合实际，提升学生的创新思维和实践能力。

3. 积极开展课外活动

自信心、独立意识和独特性是人的个性发展及其表现的重要特征。在青少年的成长过程中要使他们充满乐观进取的精神，就要使他们有自信，而这种自信只有在不断取得成功的活动中才能不断得到巩固与发展。活动课主要以学生独立的实践活动为主，不管是什么类型的课外活动，都充分体现学生的自主性和主体性，教师只是起一定的指导作用。在活动中遇到各种困难和问题，都需要他们独立地去认识、去解决。作为教育工作者，我们需要大力开展课外活动，在活动中发现学生的才能和特长，然后因材施教，并尽可能地创造条件，让他们的才能得到充分发挥，成为有创造力的人才。

4. 创新学校组织管理制度

营造创造性校园，包括在教学和学生管理中给学生足够的课时和空间保证；在学校经费管理中，给学生充分的经费保证；积极实行分层管理，消除人事管理中的"一刀切"问题，从而消除对学生创造力的不利影响；形成创新性评价制度，解除当前贯彻创新教育理念的束缚。

第四章
动机、理解和迁移

学习活动是每一个学生都要参加的，是一项十分复杂而又有意思的活动。为什么有的学生的学习效果总是不理想？是什么阻碍了学生的发展？到底哪些因素会影响学生的学习？影响学生学习的因素是多种多样的，其中动机、理解和迁移是我们不可忽视的重要因素。动机回答了"学生是否愿意学"，关系到学生在学习活动中的努力程度，是影响学生学习行为的重要因素。理解和迁移回答了"学生学得怎么样"，是决定学习质量及学习可持续发展的重要因素。

本章将围绕动机、理解和迁移三个影响学习的重要因素展开，分为三节：第一节分析学习动机的内涵和功能、影响学习动机的因素以及培养和激发学习动机的策略；第二节阐释理解的内涵、建构主义学习理论以及促进学生理解的教学方式；第三节分析迁移的内涵、迁移的分类和范围、影响迁移的因素及其培养策略。

第一节 学习动机与教学

每个班上学生们的学习表现都不相同。我们经常会思考：小 A 为什么无心向学、讨厌学习甚至对学习恨之入骨？小 B 为什么对学习的热情高、热爱学习？小 C 为什么能够独立按时完成作业？小 D 为什么不能按时完成作业，在做作业时，缺乏主动性，态度也不积极，还离不开家长的陪写？小 F 为什么上课听不进老师讲的内容，心思不放在学习上？提出这类问题时，我们是在思索学生行为的原因，或者说是在寻找学生学习行为的动机。学习动机关注于怎样使每一个孩子都想学习并且付出必要的努力去学习的问题。本节将分析学习动机的内涵和功能，并结合一线教师的教育教学实际，介绍影响学习动机的因素以及如何培养和激发学生的学习动机。

一、学习动机的基本概述

（一）学习动机的内涵及功能

学习动机是激发个体进行学习活动，维持已引起的学习活动，并使个体的学习活动朝向学习目标的一种内部启动机制。①

根据学习动机的定义，我们总结出学习动机有激发、指向、维持和调整的功能。

第一，激发功能。学习动机能够激发个体进行学习活动，使个体由原来行为的静止状态转向产生某一学习行为的活动。例如，一位学生知道自己语文写作能力比较差，她想要提高写作能力，所以产生了学习动机，于是她便在这一学习动机下，出现与相应的学习行为。

第二，指向功能。学习动机可以使个体的行为指向某一具体的目标。在上例中，学生会在提高写作能力的学习动机下，将自己的学习行为集中在写作上。

第三，维持和调整功能。当遇到困难时，学生能否坚持学习行为，则受学习动机的影响。学习动机能够维持和调节学习行为的强度及持久性。在上例中，如果学生经过一段时间的学习，其写作能力未见提升，没有达到之前预定的目标，那学习动机就会驱使她转换学习行为的方向，或改变自己的写作计划和目标，以达成既定的目标。

（二）学习动机的分类

根据不同的分类原则，学者们将学习动机分为很多类型，这里只阐述与教育教学实践密切相关、影响较大的分类方式。根据动机的不同来源，动机可以分为内在动机和外在动机两种。内在动机是指个体行为主要由任务本身的某些特性所诱发并维持，如兴趣。外在动机是指个体参加一项活动或工作任务的目的是为了得到任务

---

① 冯忠良等：《教育心理学》(第二版)，217 页，北京，人民教育出版社，2010。

本身之外的某些结果,如奖励报酬、个体成就感等。①

通常认为,内在动机优于外在动机,内在动机比外在动机更持久和稳定,持有内在动机的学习者对学习更为积极和投入,他们更能坚持不懈地对待困难并达到更高的发展水平。② 然而,在实际的教育教学中,外在的奖励也是一种有效的教学手段。内在动机和外在动机不存在绝对的相互对立的关系,两者是相互作用、相互影响的,在一定条件下可以相互转化。它们之间存在三种关系,即外在动机削弱内在动机、外在动机和内在动机共存、外在动机促进内在动机。

1. 外在动机削弱内在动机

研究者们采用不同实验设计表明外在动机的产生会削弱个体内在动机。例如,有研究者在一个游戏实验中将学生分为两个组别共三期,每一期之间都有十分钟的休息时间,休息结束之后学生可以继续玩这个游戏,也可以看看桌子上的杂志等。在该项实验中,被试学生玩游戏的时间越长,这就说明其内在动机越高。需要注意的是,第一组被试(实验组)学生在第一期中不论游戏玩得好与坏都没有任何奖励和惩罚,但在第二期的时候有奖励,完成游戏的学生可以得到奖金,然后在第三期的时候又取消了奖励。对照组的所有学生在进行的三期游戏中均没有奖励。最后结果显示,进行了奖励的实验组,在第三期休息时间之后其花在玩游戏的时间上显著减少,这就表明实验组学生的内在动机降低了。这表明,当学生出于兴趣或其他内在动机从事某项活动时,是不需要奖励的,我们要慎用外在的奖励,如果外界奖励过多,学生会将注意力放在奖励上而非任务上,会影响内在动机。

2. 外在动机和内在动机共存

内在动机与外在动机并非相互排斥的,个体在某种动机上的高水平并不一定会伴随着另一动机的低水平。事实上,个体可以同时为两种动机所激发,两种动机可

---

① R. Remedios, K. Ritchie, D. A. Lieberman. "I used to like it but now I·don't: The effect of the transfer test in Northern Ireland on pupils' intrinsic motivation," *British Journal of Educational Psychology*, 2005(3), pp. 435-452.

② J. Q. Lee, D. M. McInerney, G. A. D. Liem, et al., "The relationship between future goals and achievement goal orientations: An intrinsic-extrinsic motivation perspective," *Contemporary Educational Psychology*, 2010(4), pp. 264-279.

以共存。① 例如，学生参加作文大赛，是出于对文学的兴趣与热爱，同时学生也比较关注比赛获奖后可以为升学加分的外在奖励。

3. 外在动机促进内在动机

外在动机能够促进内在动机。例如，学生出于喜欢某个学科老师这样的外在动机去努力学习，在努力学习的过程中慢慢地产生了对学科的兴趣，喜欢上了学科本身。又如，学生不是天生对某些事感兴趣，由于做得好，受到外界的表扬，从而越做越喜欢，慢慢激发了内在的学习动机。

（三）学习动机与行为

学习动机与行为的关系是复杂的。

第一，学习动机可以预测学习行为，行为也可以分析学习动机。学习动机能够通过外显的行为表现出来，学习动机强的学习在学习活动中会表现出努力、积极、主动、持续的投入状态，而一个缺乏学习动机的学生则会回避学习。反之，根据学生的行为可以分析学习动机。如果学生对学习表现出倦怠、厌学等态度，分析他学习动机不强的原因是教师没有及时表扬、反馈，使用不恰当的惩罚？是因为没有感受到同伴和老师的关心、理解、尊重和认可，而不愿意学习？是将自己的失败解释为自己能力不行，而自暴自弃？还是因为教师给学生设置的任务较难，学生放弃？或是学生对自己信心不足，而不去努力？教师激发学习动机的前提是能够了解掌握学生学习动机的具体情况。

第二，同一学习动机可以引发不同的行为。例如，A、B 两位学生都想提高英语口语水平。A 同学每天早晨花半小时时间，跟着英语节目反复练习，模仿主持人的语音、语调；B 同学报了英语课外辅导班，经常与外教用英语进行交流。两位学生都是为了提高自己的英语口语水平，但他们采用的学习方法和路径不同。

第三，同一学习行为可能源自不同的学习动机。例如，学生们都表现出积极、认真的学习行为，但有的学生是为了学习新东西，提高能力，体验学习成就感；有

---

① 罗丽芳：《内部动机与外部动机的关系及其对学校教育的启示》，载《宁波大学学报（教育科学版）》，2013(1)。

的是为了优于别人；有的是因为喜欢某个学科的教师；有的是为了报答父母的恩情；有的是为了与他人建立良好的亲密关系；有的是希望通过优秀的成绩和表现，证明自己很棒；有的是害怕失败等。虽然行为相同，但学习动机却不同。

第四，动机与行为效率之间存在一定的关系。学生的学习动机不是越高越好。一般情况下，人们认为学习动机越高，对学习的投入越多，学习效果就会越好。心理学研究表明，动机强度与行为效率之间的关系不是线性关系，而是倒 U 形曲线关系。也就是说，动机强度处于中等水平时，行为的结果越好。如果学习动机过高，反而会影响学习的行为结果。例如，有些学生太在乎自己的表现，急于求成，会产生焦虑和紧张，从而影响学习成绩。

心理学家耶克斯和道德森的研究表明，动机的最佳水平随任务性质不同而不同。

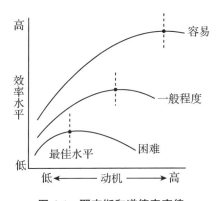

图 4-1　耶克斯和道德森定律

（资料来源：彭聃龄，《普通心理学》(修订版)，378 页，北京，北京师范大学出版社，2001。）

二、学习动机的影响因素

了解学生学习动机的影响因素，有助于我们采取有效的培养和激发学生学习动机的策略，从而促进学生的学习。学习动机受很多因素的影响，这些因素共同影响学生选择目标以及为此付出努力和坚持的程度。那哪些影响因素与教师的教育教学最为相关？从学生、教师和任务三个维度来看，一个人的学习需要和目标会成为学习的推动力，学习者所持的信念等认知因素会影响学习动机，其中与学习密切相关的因素有自我效能感、对成功和失败的归因、能力观以及自我价值感。学习任务本身会对学生产生吸引力，而教师对学生的期望、给予学生的反馈以及教学方式又可以成为影响学习动机的外在因素。具体来说，学习动机包含以下影响因素如图4-2。

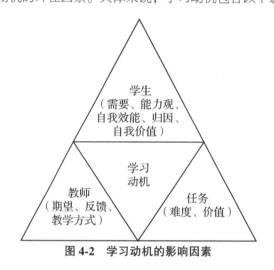

图 4-2　学习动机的影响因素

影响学习动机的每种因素都有一定的理论支持，每种理论都解释了如何提高学生的学习动机。在这里，我们不以理论基础为维度去学习，而是以影响学习动机的因素为线索，了解与学习动机密切相关的理论(如表4-1)。

表 4-1　影响学习动机的因素及理论基础

维度	影响因素	理论基础	举例
学生	需要	需求层次理论、成就动机理论、自我决定理论	当学生感到爱和归属时，他会更加努力学习
	能力观	成就目标理论	当学生认为能力是可以通过学习提升时，他会更加努力学习
	自我效能感	自我功效论	当学生认为自己有把握成功时，他会更加努力学习
	归因	归因理论	当学生将学业成败归因为努力程度时，他会更加努力学习
	自我价值感	自我价值理论	当学生想要证明自己的价值时，他会更加努力学习

续表

维度	影响因素	理论基础	举例
教师	期望	期望理论	当学生认为教师对他抱有期望时，他会更加努力学习
	反馈	强化理论	当教师及时给予学生反馈时，他会更加努力学习
	教学方式	唤醒理论	当教师的教学方式符合学生的最佳唤醒水平时，他会更加努力学习
任务	难度	期望价值理论	当难度适中，学生认为自己有可能成功时，他会更加努力学习
	价值	期望价值理论	当学生认为学习任务对他有价值时，他会更加努力学习

下面我们就分别阐述学习动机的影响因素。

(一)从学生角度

1. 需要

需要是动机的基础。个体有意识地选择目标、做出某种行为实际上是为了满足他们的需要。需要影响人们行为的方式和方向。[1] 在众多动机理论中，马斯洛的需求层次理论、麦克利的成就目标理论、德西和瑞恩的自我决定理论影响最大，与学校教育教学联系最密切。

马斯洛在1954年出版的《动机与人格》一书中将人的需要分为五个层次，分别为生理的需要、安全的需要、情感和归属的需要、尊重的需要以及自我实现的需要。但他在1970年出版的《激励与个性》一书中在原来的五个层次的基础上，添加了求知需要和审美需要，需要层次理论变为七个层次。

第一层次，生理需要，是维持个体生存的最基本的要求，包括衣、食、住、行等各个方面的需要。第二层次，安全需要，指维护身体生命安全、免于威胁，在安

---

[1] 陈琦、刘儒德：《当代教育心理学》(修订版)，219页，北京，北京师范大学出版社，2007。

全的环境下生存、发展的需要。第三层次，归属和爱的需要，指个人希望得到别人的爱、被别人接纳、爱护、关注、认可，与别人和谐相处的需要。第四层次，自尊需要，指个体渴望获得他人的尊重、认可和信赖，获取并维护自尊心的需要。第五层次，认知与理解的需要，指对他人、外界事物、知识等有所认知和理解的需要。第六层次，审美的需要，指人对美的生理、心理、精神的需求、欲望。第七层次，自我实现的需要，是个体希望自己的理想信念和需求得以实现的需要(如图 4-3)。

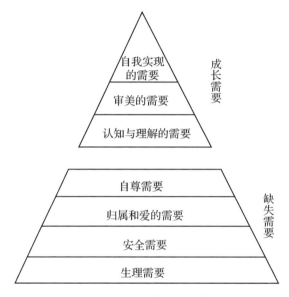

图 4-3　马斯洛的需要层次图

这七种需要可以划分为缺失需要和成长需要。缺失需要为前四种需要，成长需要包括后三种需要。马斯洛认为不同的人有不同的需要，而且这些需要会随着时间等因素变化。并且只有较低级的需要部分满足之后才能出现对较高级需要的追求。他提出人必须满足缺失需要，在缺失需要得到满足后再追求认知与理解的需要，一个人越是能满足认知与理解的需要，越是有更强的动机去学习更多的东西。在这七种需要中，最重要的是归属和爱需要与自尊需要。如果教师让学生感到，他是被人理解、被人接纳、被人认可、被人尊重的，那么学生将更加渴望学习。

麦克利兰的成就动机理论将人的高层次需要归结为成就需要、权力需要与亲和需要。这三种需要都是与学生学习密切相关的需要。不同需要的学生他们的特点不同，教师激发学生学习动机的策略也有所不同。

第一种为成就需要，是指争取成功希望做得最好的需要。成就需要强烈的学生，他们喜欢设立具有挑战性的目标，希望通过优秀的成绩和表现来证明自己很棒。对这类学生，老师可以设置具有一定难度的任务，以提高其学习动机。

第二种为权力需要，是指影响或控制他人且不受他们控制的需要。权力需要强的学生渴望影响和控制别人，喜欢具有竞争性和体现权力地位的情境，他们也会通过优秀的成绩和表现来证明自己，但是他们不是追求成功，而是希望获得地位和权力，获得影响别人的机会。对这类学生，老师可以适当安排他们担任组长、班级干部等，以激发其学习动机。

第三种为亲和需要，是指建立友好亲密的人际关系的需要。① 亲和需要强的学生更喜欢与人交往，希望能与他人保持良好的关系。他们渴望获得别人的喜欢、接纳和认可，渴望亲和，他们不喜欢竞争的环境，在他们眼中人际交往关系的和谐最为重要。这类学生他们渴望与老师和同学建立良好的人际关系。老师要注重与他们建立和谐的师生关系，并了解他们同伴交往情况，及时激发其学习动机。

德西和瑞恩的自我决定理论认为，影响学生学习动机的三种基本心理需要：胜任需要、归属需要和自主需要。学习动机取决于需要的满足程度。胜任指感觉自己有机会成功、有机会展示自己的才能。归属含义类似于马斯洛需要层次理论中的归属需要。自主是指个体在从事某项活动时是出于自己的意愿和决定的。这启发我们，在教育教学中教师要适当给学生一定的自主选择权利和空间，从而激发学生的学习动机。

2. 能力观

学生对能力的认识和看法不同，持能力实体观的学生，认为能力是稳定的，是不可改变的特质。持能力增长观的学生，认为能力是不稳定的，是可以控制的，是可以随着知识的学习、技能的培养增强的。不同能力观的学生，在学习目标的选择与确定上有所不同。

成就目标理论将学生的目标分为掌握目标和表现目标。持能力增长观的学生乐

---

① 北京市教育委员会人事处、北京教育学院、北京市中小学中等职业学校教师培训中心：《学科教育心理学》，89 页，北京，北京师范大学出版社，2012。

于建立掌握目标，持能力实体观的学生倾向于建立表现目标。

目标不同，学生的学习动机和行为也不同。掌握目标定向的学生把学习的目的看作掌握知识、获得某方面的能力，而表现目标定向的学生则把学习目的看作为了获得对其能力的积极的评价或避免否定的评价。目标定向的重要含义是让学生懂得学习的目标是掌握知识，而不是获得分数；是让学生自主采取主动、积极的行为，而不是为了与他人比较；是要更关注学习过程，而不是学习结果。

表 4-2　不同目标的学习者的学习特征

维度	掌握目标	表现目标
关注点	关心学习过程，关注对任务的学习、理解和掌握	关心学习结果，关注在完成任务中胜过别人
努力的理由	为学习新东西而努力	为超过他人而努力
任务策略	选择有挑战性的任务	选择非常难的或非常容易的任务
坚持性水平	遇到困难，能够坚持	遇到困难，容易放弃
评价标准	自身进步	与他人比较
价值	努力，挑战困难的任务	避免失败

（资料来源：刘儒德，《学习心理学》，242 页，北京，高等教育出版社，2010。）

3. 自我效能感

班杜拉提出个体的行为不仅受行为结果的影响，也受先行因素的影响。先行因素是指个体根据以往的经验对行为结果的预判和期望。这种对行为结果的预判和期望也是我们常说的自我效能感。自我效能感是指人对自己是否能够成功地进行某一成就行为的能力主观判断，这种判断先于行为互动的预期，是对自己能力的一种信念，是一种生成的能力，这种能力不等同于实际能力，也与他人比较无关，对个体的行为具有导向作用。[1] 持有不同效能感的学习者，他们的学习动机不同，表现出来的学习特征也不同。自我效能感可以正向预测学习动机，可以激发学生的学习动

---

① 刘儒德：《学习心理学》，236 页，北京，高等教育出版社，2010。

机，自我效能感也直接影响学生在学习活动过程中的能力水平的发挥。[1]

表 4-3　不同自我效能感学习者的特征

维度	高自我效能者	低自我效能者
任务定向	接受挑战性的任务	避免挑战性的任务
努力	面对挑战性任务付出更大的努力	面对挑战性任务付出的努力较少
意志力	不达目标不罢休	达不到目标时就放弃
信念	相信自己会取得成功，没有达到目标时能控制自己的焦虑和紧张，相信自己能控制环境	总是考虑自己缺乏能力，不能实现目标时紧张、焦虑，认为自己对环境无能为力
策略使用	放弃无效的策略	坚持使用无效的策略
成绩	更好	更差

（资料来源：刘儒德，《学习心理学》，237 页，北京，高等教育出版社，2010。）

许多学生，尤其是学业成绩不良的学生，由于对自己的学习能力持怀疑的态度，表现出很低的自我效能水平，在学习中放弃尝试和应用的努力，进而影响学习成绩。很多时候学生并不是缺乏能力，而是缺乏对自己能力的自信。[2] 自我效能感的形成主要受直接经验、替代性经验、言语说服因素的影响。首先，教师可以通过为他们提供难易合适的任务，让他们不断获得成功的体验而提高自我效能水平。其次，教师让学生看到同伴的成功，学生会觉得自己有成功的可能性，通过获得替代性经验和强化提高他们的自我效能。教师也可以通过言语说服、劝告、建议等方式提高学生的自我效能感，但这种方式形成的自我效能感不能长久保持。

4. 归因

归因是人们对自我或他人行为进行分析，推断出行为背后的原因。在学生考试后，我们会经常听到："哎，题目太难，我又考砸了！""数学又没及格，看来我天

---

[1]　J. W. Elliot, M. Perkins & M. K. Thevenin, "Measuring Undergraduate Students' Construction Education Domain Self-Efficacy, Motivation, and Planned Behavior: Validation of a Concise Survey Instrument," *International Journal of Construction Education & Research*, 2018(1), pp. 1-22.

[2]　北京市教育委员会人事处、北京教育学院、北京市中小学中等职业学校教师培训中心：《学科教育心理学》，94 页，北京，北京师范大学出版社，2012。

生没有数学细胞啊！""这次考试的时候感冒了，影响了我的正常发挥！""努力了这么长时间，终于拿了一个不错的分数，嘻嘻！""运气不好啊，复习的内容没有考，考的内容都没有复习！"学生都会为自己的行为结果找原因。学生对自己的归因方式不仅反映他们寻找学习结果的倾向，回答"为什么会这样""后续怎么办"的问题，还会影响他们的学习动机和后续的行为。获得同样好成绩的学生，甲同学归因于能力，乙同学归因于运气，他们以后对学习的投入程度会有所不同，甲同学的学习动机要比乙同学强。教师要训练学生形成积极的归因方式，长期处于消极的归因状态，学生人格的发展会受到消极的影响。

韦纳的归因理论提出，个体对成败行为的解释主要有四种原因，分别为努力、能力、任务难度、运气。这四种原因又有三个特征：第一个特征是内部的还是外部的；第二个特征是稳定的还是不稳定的；第三个特征是可控的还是不可控的。其中，努力是内部、不稳定的因素，但是我们自己可以控制；能力是内部、相对稳定，但是不可控制的因素；任务难度是外在、稳定、不可控的因素；运气是外在，是既不稳定也不可控的因素，具体可见表4-4。

表4-4 韦纳的归因理论

特征/原因	努力	能力	任务难度	运气
内外因	内因	内因	外因	外因
稳定性	不稳定	稳定	稳定	不稳定
可控性	可控	不可控	不可控	不可控

学生将成功和失败归为不同的因素，对他们未来的学习也会产生不同的结果，详见表4-5。

表4-5 归因方式及行为结果

归因类别	角度归因	归因的方式	影响结果
努力（内因/不稳定/可控）	将成功归因为努力	我下了功夫	继续努力争取做得更好
	将失败归因为努力	我不够努力	会使自己燃起希望，变得努力

续表

归因类别	角度归因	归因的方式	影响结果
能力（内因/稳定/不可控）	将成功归因为能力	我能力强	充满信心、自豪，也可能使自己产生骄傲、自负等情绪
	将失败归因为能力	我太笨	丧失信心、自暴自弃、放弃努力
任务难度（外因/不稳定/不可控）	将成功归因为任务难度	任务简单	提醒自己以后努力学习
	将失败归因为任务难度	任务太难了	客观埋怨，会使自己积极性受到影响，不付出努力
运气（外因/不稳定/不可控）	将成功归因为运气	我运气好	产生侥幸心理，下次不一定会努力
	将失败归因为运气	我运气不好	自认倒霉，这可能会使自己重新树立信心

在教育教学中，有的学生认为自己不是学习的"料"，怎么学都不会有好的成绩，这类学生更多是源于自己将失败归因为能力，导致自己丧失信心、自暴自弃，也就是我们说的习得性无助。教师要引导这类学生进行合理归因。

5. 自我价值感

我们发现，有的学生在学习中故意拖延，有的学生会选择任务特别繁重的课程，有的学生明明自己在家用功学习了，却对同伴说自己没有好好准备，有的学生在考试前扬言自己只要及格就满足了，也有的学生说自己不舒服，因此没有好好准备考试。这些可能都源于学生想要维持他们的自我价值感，他们害怕失败后的痛苦，他们借用这些办法试图逃避承认自己的能力不足，从而维持自我价值感。自我价值是个体追求成功的内在动力。学生持有不同的自我价值观点，会决定学生追求成功和避免失败的倾向，影响他们的学习动机，进而影响学习成绩。有些学生对学习有倦怠、逃避等行为，可能不是由于他缺乏学习动机，反而是由于他的学习动机过强害怕失败而产生的消极行为。

自我价值理论从学习动机的反面入手，解释了"有些学生为什么不肯努力学习"，而"有的学生为什么要掩饰其努力或拒绝承认其努力"。① 该理论基于成就动机理论和成败归因理论。理论根据学生追求成功和避免失败的倾向，将学生分为高趋低避者、低趋高避者、高趋高避者、低趋低避者四类，详见表4-6。

表4-6　依据自我价值理论的学生分类及其特点

类型		特点
高趋低避者	成功定向者	学习动机强烈，对学习投入度高，害怕失败程度较低
低趋高避者	避免失败者	害怕失败程度较高，从外部寻找个人无法控制的原因来解释失败
高趋高避者	过度努力者	喜欢追求完美，对自己的能力评价也较高，但害怕失败程度较高，所以容易紧张、焦虑和恐惧
低趋低避者	失败接受者	害怕失败程度较低，但面对学习挑战时表现出退缩，用于学习时间很少，失败不感到难过，成功也不会有自豪感

（资料来源：北京市教育委员会人事处、北京教育学院、北京中小学中等职业学校教师培训中心，《学科教育心理学》，95 页，北京，北京师范大学出版社，2012。）

（二）从教师角度

1. 教师期望

教师对学生的期望是激发学生学习动机的重要因素。教师期望效应，亦称"皮格马利翁效应"，是指教师对学生的期望能影响学生的行为，收到意想不到的结果。1968 年的一天，美国心理学家罗森塔尔和 L. 雅各布森来到一所小学，说要进行 7 项实验。他们从一至六年级各选了 3 个班，对这 18 个班的学生进行了"未来发展趋势测验"。之后，罗森塔尔以赞许的口吻将一份"最有发展前途者"的名单交给了校长和相关教师，并叮嘱他们务必要保密，以免影响实验的准确性。其实，罗森塔尔撒了一个"权威性谎言"，因为名单上的学生是随便挑选出来的。8 个月后，罗森塔尔和助手们对那 18 个班级的学生进行复试，结果奇迹出现了：凡是上了名单的学生，个个成绩有了较大的进步，且性格活泼开朗，自信心强，求知欲旺盛，更

---

① 北京市教育委员会人事处、北京教育学院、北京市中小学中等职业学校教师培训中心：《学科教育心理学》，95 页，北京，北京师范大学出版社，2012。

乐于和别人打交道。实验者认为，教师受到实验者的暗示，不仅对名单上的学生抱有更高期望，而且有意无意地通过态度、表情、体谅和给予更多提问、辅导、赞许等行为方式，将隐含的期望传递给这些学生，学生则给教师以积极的反馈；这种反馈又激起教师更大的教育热情，维持其原有期望，并对这些学生给予更多关照。如此循环往复，以致这些学生的智力、学业成绩以及社会行为朝着教师期望的方向靠拢，使期望成为现实。① 我们从上述实验中看到，教师给予学生的期望，对学生来说很重要，教师和学生之间存在着这样的因果关系：教师对学生抱有期望，因而改变自己的情感与行为，学生感受到教师的期望后，进而更加努力学习。

2. 教师反馈

行为主义心理学家把动机看作由外部刺激引起的一种对行为的冲动力量，特别重视用强化来说明动机的引起与作用。他们认为动机完全取决于先前这种行为和刺激因强化而建立的牢固联系，即凡是过去受过强化的行为比过去没有受过强化的行为或受过惩罚的行为更容易发生。

依据强化理论，学生学习动机不足的重要原因来自外部因素，如教师没有及时地表扬或者没有公平、恰当地表扬学生，学生的学习没有及时得到强化或者得到不适宜的强化，或者教师过于强调分数、等级差异使学生经历学习的挫败感，学生就产生了逃避学习的动机。教师如果给学生一个抽象的、不具体的反馈而不做出任何解释，学生就难以从反馈中知道下一步应做什么。教师必须让反馈紧随学生的学习结果。如果反馈与作业结果相隔时间太长，反馈就会失去其信息价值。因此，教师提供经常性的反馈，运用及时的、适当的表扬与奖励等方式是有效的强化手段，可以提高学生的学习动机。

3. 教师教学方式

唤醒理论认为，人们总是被唤醒，并维持着生理激活的一种最佳水平，不是太高也不是太低。对唤醒水平的偏好是决定个体行为的一个因素。一般来说，个体偏好中等强度的刺激水平，因为它能引起最佳的唤醒水平。② 根据唤醒理论，教师的教学方式能够影响学生学习动机。唤醒理论提出三个原理。第一个原理是人们偏好

① 林崇德：《心理学大辞典》，891 页，上海，上海教育出版社，2003。
② 彭聃龄：《普通心理学》(修订版)，392 页，北京，北京师范大学出版社，2004。

最佳的唤醒水平，第二个原理是简化原理，即重复进行刺激能使唤醒水平降低，第三个原理是个人经验对于偏好的影响。[1] 因此，创设问题情境是激发学生求知欲和好奇心的一种十分有效的方法。创设问题情境是指提供的学习材料、条件、实践能使学生产生疑问，渴望从事活动，探究问题的答案，经过一定的努力成功地解决问题。教师应为学生创设一种学生似懂非懂、一知半解、不确定的问题情境，使学生产生矛盾、惊讶、疑惑从而引起求知欲和学习兴趣，激发学生的学习动机。例如，物理学科，引导学生探讨：为什么骑车会比步行感到轻松？秋千为什么能越荡越高？扇扇子为什么会感到凉爽？寒冬的清晨，窗玻璃出现的"冰花"是在玻璃的内侧还是外侧，为什么？为什么响水不开、开水不响？肥皂泡上为什么有彩色条纹？

(三)从学习任务角度

1. 任务难度

期望理论认为动机取决于学生对奖励的期望，动机＝估计成功的概率×成功的诱因价值，也就是学生做某件事的动机取决于他对自己成功机会的估计以及他对成功价值的评估。当成功机会为零时，那么价值再大动机也是零，反之成功价值为零，成功机会再大动机也是零。只有当成功的概率处于适中状态下，才会有最强的动机。所以任务难度要适中，这样才能更好地激发学生的学习动机。

2. 任务价值

任务价值是指成功完成某一任务带来的期待奖励。一般来说，学习任务对学生有三种价值。第一，成就价值。它表明学生在完成任务后，证明了自己的能力，如在英语比赛中获奖，说明英语水平。第二，内在价值或兴趣价值。它指的是个人出于兴趣从事某项任务，并在过程中获得了乐趣，如学习音乐是出于对音乐的热爱。第三，效用价值。即个体达到一个短期或者长期目标的价值，如具有某项运动特长，可为升学加分。教师在设置学习任务时，如果能够让学生体会到完成任务带给自己的价值，就会提高学生的学习动机。[2]

任务难度和价值是负相关的，难度高，成功可能性低，则任务的价值感就高，

---

[1]　彭聃龄：《普通心理学》(修订版)，392 页，北京，北京师范大学出版社，2004。

[2]　刘儒德：《学习心理学》，240 页，北京，高等教育出版社，2010。

在成功可能性 50% 时动机最强。心理学家阿特森做了一个实验：80 名大学生分成四组，每组 20 人，给他们一项同样的任务。对第一组说，只有成绩最好者(1/20)能得到奖励。对第二组说，成绩前 5 名(1/4)将会得到奖励。对第三组说，成绩前 10 名(1/2)可以得到奖励。对第四组说，成绩前 15 名(3/4)都能得到奖励。结果显示成功可能性适中的两个组成绩最好，成功概率太高或太低时成绩下降。第一组(1/20)认为即便自己努力也极少可能成为第一名。第四组(3/4)认为自己肯定在前 15 名中。第二组(1/4)、第三组(1/2)如果尽自己努力，很有希望获得成功；如果不努力的话，也有可能会失败。研究启示我们，教师在设置任务时，要基于评价标准合理设置任务难度，一方面让学生觉得自己是有可能成功的，另一方面要让学生觉得成功不是轻而易举的。

三、学习动机与教学

(一)了解掌握学习动机的现状

教师开展研究调查并了解学生的学习动机现状，是采取有效策略激发和培养学生学习动机的前提。在教育教学中，教师可采用观察、问卷调查等方式了解学生的学习动机现状。

1. 观察

通过观察以下现象，教师可以有意识地注意识别学生可能存在的动机问题。[①]

(1)学生是否注意教师？

(2)课堂上是否主动回答问题？

(3)能否迅速开始某活动？

(4)注意力能否维持到任务最后完成？

(5)能否坚持自己解决问题，不轻易放弃看上去较难的问题？

(6)能否自觉地学习？

(7)当确实需要他人帮助时，他提出这种要求了吗？

---

① 冯忠良等：《教育心理学》(第二版)，227~228 页，北京，人民教育出版社，2010。

（8）能否按时交作业？

（9）能否顺利完成任务？

（10）允许选择时，即使有失败的可能，他能否选择具有挑战性的任务？

（11）能否接受学习新东西时难免产生错误之类的观点？

（12）当从事不同的学习任务但需要相似的学习能力时，他是否有相似的表现？

（13）他的考试成绩与平时成绩是否一致？

（14）他是否参与课外的一些学习活动？

（15）学习时是否显得快乐、自豪、热情和投入？

（16）能否跟得上教师的教学与辅导？

（17）即使学习成绩很好，他能否仍很努力地去改善？

（18）能否主动地选择具有挑战性的学习活动？

（19）在没有奖励或评定时，他能否努力地去学习？

2. 问卷调查

根据学习动机的相关理论及实际教育教学需要，教师可以研制学习动机的问卷，采用问卷调查的方式分析学生学习动机的特点。

例如，有学者以八年级的学生为研究对象，研究物理学科的学习动机。他主要从物理学习动机的众多因素中重点抽取三个稳定性、可测性最强，而且对物理学习动机的激发和增强最直接有效的三个因素作为物理学习动机的三个维度进行测量，问卷共 18 个项目，包括认知内驱力、自我提高内驱力和附属内驱力共三个维度。量表采用 5 点记分方式（1——完全不符合、2——比较不符合、3——一般符合、4——比较符合、5——完全符合），被试在得分量表上的得分越高，表示该学生的物理学习动机越高。[1]

也有学者以某校高二学生为研究对象，根据实际情况，学习动机部分将动机变量设置为效价、学习兴趣、目标设置、目标定向、自我效能以及归因模式等方面，共 18 项题目。要求被调查者针对自己的情况选择符合或接近的选项。[2] 还有学者结合相关文献及教学活动中的具体问题，兼顾农村学校学生的实际特点，设计了

---

[1]　宁希美：《初中生物理学习动机的干预研究》，硕士学位论文，山东师范大学，2019。

[2]　冯红变：《学生学习动机调查研究》，载《教育理论与实践》，2007(11)。

《农村初中生地理学习动机调查问卷》。其中有关调查农村初中学生地理学习动机现状的题目，主要内容是内在动机和外在动机的调查与分析。其中，内在动机主要从兴趣、成就、认知和学以致用这些方面进行研究，外在动机包括追求荣誉、回报社会、父母期望和成绩需要。[①]

（二）培养激发学习动机的策略

教师认为动机对学习十分重要，也想激发学生的学习动机。在教育教学中，教师该如何激发学生的学习动机，使他们潜在的学习愿望变为实际主动的学习行为呢？结合上文提到的影响学习动机的因素，我们提供了一些具体的方法和策略，详见表4-7。

表4-7　学习动机的激发策略

维度	影响因素	思考的问题	教育教学策略与方法
学生	需要	重点关注学生的哪些需要？如何满足学生需要？	重点关注学生爱与归属需要、自尊需要、成就需要、权力需要、亲和需要、胜任需要和自主需要；创设一个情感与支持和无威胁的环境，让学习者感到安全；公正、爱护每个学生，让学生觉得自在，被人理解和接纳；适当安排学生担任小组长或班干部；与学生建立良好的师生关系；合理设置任务，使学生感到自己能够胜任；给学生自主选择学习内容和方式的权利和空间。
	能力观	如何让学生正确认识能力？如何引导学生设置学习目标？	通过恰当的方式，使学生相信能力是可以通过努力增长的；引导学生设置合适的目标定向，使学生获得成功的体验；使学生相信学习不是为了分数，应强调学习内容的价值和意义。

---

① 张志君：《农村初中学生地理学习动机调查及培养策略——以潍坊市寒亭区为例》，硕士学位论文，曲阜师范大学，2019。

续表

维度	影响因素	思考的问题	教育教学策略与方法
学生	自我效能感	如何增强学生成功地完成某一行为的信念？	帮助学生正确认识自我，形成恰当的自我效能；善待所有的学生，而不仅仅是优秀生；用放大镜去找学生的优点，不吝啬鼓励和表扬；用欣赏增强学生的信心，培养学生自信；多给学生创造成功的机会；给失败学生多一些鼓励；多给学生介绍与自己水平相当的同伴的成功的经验；多用言语劝告、引导学生形成高的自我效能感。
	归因	如何引导学生对成功和失败进行恰当解释？	对于不同年龄的学生，引导的方式不同：对于学习初期或小学阶段的学生，引导学生进行努力归因，成功是努力的结果，失败是努力不够造成的；对于学习后期或中学阶段的学生，引导学生进行能力和努力归因，成功和失败是两者原因的结合。 对于不同努力程度的学生，引导的方式不同：努力并成功时归因于努力和能力；努力但失败归因于有效学习策略的缺乏；不努力归因于缺乏努力。
	自我价值感	如何让学生维持自我价值感？	引导学生追求成功，同时也不畏惧失败。
教师	期望	如何给予学生高期望？	以赞赏的眼光、积极的暗示、积极的期待来影响学生的认知和行为；表扬多、批评少；与学生积极互动，给予情感性支持；明确、透彻的解释和更高的要求。
	反馈	如何给予学生恰当的反馈？	提供学习结果清楚、具体、及时的反馈信息；运用正确的评价和恰当的表扬与批评，评价必须客观、公正、及时，评价注意学生的年龄特征与性格特征。
	教学方式	如何吸引/维持学生的注意力？	创设重视学习体验的环境；营造适度紧张的竞赛或竞争气氛，调动学生的好胜心；变换教学方法和任务；使用让学生猜测的方式；设置学生感兴趣的教学活动。

续表

维度	影响因素	思考的问题	教育教学策略与方法
任务	难度	如何设置任务难度？	设置中等难度的任务。
	价值	如何让学生体会到任务的价值？	合理设置学习目标，让学生体会到成就感；基于学生兴趣设置任务目标，让学生感受到乐趣；将任务与学生实际相联系，让学生体验到任务的价值。

第二节　学习与理解

在教育教学中，有的老师会认为："我讲的清楚，学生就会明白，就能学会。"有的老师会困惑："为什么我讲了那么多遍，你还是不懂？"有的老师会疑惑："明明之前学会了，怎么到了考试就不行了？"还有的老师不解："我用同样的方式讲，为什么别的同学能学会，你就不会？"这些都反映了学生理解的问题。什么是理解，它为什么重要，我们如何基于建构主义学习理论促进学生的理解？本节将阐释理解的内涵、建构主义学习理论以及促进学生理解的教育教学策略。

一、理解"理解"

（一）理解的内涵

教师要求学生理解学习内容，什么是理解？为了理解"理解"的内涵，我们先看图4-4。

当你看到这张图的时候，你想的是什么？可能你想到的和其他人表述的不一样。当你用语言来表达图片中的故

图4-4　OH卡牌

事时，你会怎样表述？有的人认为这张图表达的是种依赖关系，孩子不希望父母离开，因而紧紧抓住父母的手；也有的人认为此图表现的是种制止的含义，一个人用手抓住另外一个人的手制止他去做不好的事情；还有的人给卡牌赋予了其他的意义。从事实角度来说，这仅是一张有颜色符号的图，全部特征都清晰、准确地呈现在图中。我们所表达的意义并非真实存在的，我们只是把它们推理出来，投射到这张图片上。这个赋予图片意义的过程就是理解。

布鲁姆指出，理解是通过有效应用、分析、综合、评价，来明智、恰当地整理事实和技巧的能力。① 约翰·杜威在《我们如何思维》一书中提出，理解是学习者探求事实意义的结果。任何有追求理解的教育教学，不仅只是给学生"灌输"他们需要的内容，而且还要揭示事实背后的意义，让学生主动思考它们的意义。温寒江从思维这一新的视角入手，提出思维是知识理解的关键，理解作为一个过程，是人们把对新知识(事物)的感知和已有相关知识(经验)联系起来，经过思维的加工，获得对新知识(事物)的特征、属性和本质及事物间带规律性的联系的认知，也就是对事物意义的理解，属于理性的认识。② 也有学者指出："学生理解教材就是要掌握教材的内在联系，使新旧知识有机地联系起来，并纳入个人已有的经验系统中……教师应引导学生，运用对照和比较、分析和综合、归纳和演绎等多种方法，深入理解知识内容。"③对于教师来说，要注重引导学生形成积极的思维，让学生获得对知识的理解。

(二)理解的方式④

根据知识的不同来源，对知识的理解存在不同的方式，包括在活动与观察、阅读与听讲以及在探索研究中获得知识的理解。在获得知识的理解过程中，都存在一定的思维活动。

---

① ［美]格兰特·威金斯、杰伊·麦克泰格：《追求理解的教学设计》，41 页，上海，华东师范大学出版社，2017。

② 温寒江、陈爱苾：《脑科学·思维·教育丛书　学习学》(上卷)，211 页，北京，教育科学出版社，2016。

③ 李秉德：《教学论》，31 页，北京，人民教育出版社，1991。

④ 温寒江、陈爱苾：《脑科学·思维·教育丛书　学习学》(上卷)，213~217 页，北京，教育科学出版社，2016。

1. 在活动观察中获得对知识的理解

观察是获得知识理解的一种直接的方式，是一种思维活动。因为观察时总是把现时观察的结果(知觉)同过去多次观察的结果(表象)联系起来，经过不断的补充、修改、比较、概括等思维活动(形象思维)，从中去粗取精、去伪存真。抓住事物的基本特征或本质，弄清事物中内部及事物间内在的联系，从而获得对事物的认识(理解)。

2. 阅读与听讲中对知识的理解

阅读与听讲中对知识的理解，主要包含文字、符号的阅读，读图和读乐谱。对于文字、符号的阅读，从思维角度来说，分为抽象思维的产物和形象思维的产物。抽象思维的产物，包含抽象知识，如理论性文章、书籍，以及理论知识，如理论、原理、规律、法则等知识。形象思维的产物指各种记叙文、文学作品，以及说明事物的说明文。

3. 探索研究中获得知识的理解

按照研究性学习"设置问题情境—确定问题或课题—拟订解决问题方案—执行计划—总结评价"的模式，可以获得直接经验。在整个学习的过程中，都包含形象思维和抽象思维的参与过程。例如，在确定问题的阶段，收集的资料既有文字的、抽象的资料，又有图像等形象资料。在执行阶段，研究、讨论一般为抽象思维，而实验、制作是动手又动脑的过程，在活动过程中知识和有关表象不断进行整合，是形象思维过程。

二、建构主义学习理论

早期的行为主义学习理论和认知心理学的信息加工理论是以客观主义知识论为基础的，并认为学习是要将外在的、客观的内容转移到学习者身上，忽视了学习新、旧两种知识之间的相互作用。[①] 建构主义则试图超越客观主义知识观，提出对知识的理解不仅由外在的、客观的内容决定，更要基于学生原有的知识和经验，强

---

① 陈琦、刘儒德：《教育心理学》，141 页，北京，高等教育出版社，2005。

调知识学习的内在生成及主动建构活动，寻求知识学习的新途径。① 建构主义强调以学生为中心，学生对知识意义的理解是基于原有的知识经验，通过主动建构而形成的。

建构主义认为，学习不仅是学生个人进行意义建构完成的认知活动，而且同时是一个需要外界环境、他人共同作用的社会建构过程。建构主义可以划分为个人建构主义和社会建构主义两种主要取向，两种取向在关注点、基本观点和发展的过程上都有所不同，详见表4-8。

表4-8　个人建构主义和社会建构主义的区别

维度	个人建构主义	社会建构主义
关注	个人	社会文化背景
观点	学习是意义建构的过程	学习是文化参与的过程
发展过程	个人通过新、旧知识的相互作用，以同化和顺应两种形式达到与周围环境的平衡，得到发展	个人通过与物理环境的相互作用，与他人的交互、共同学习得到发展

（资料来源：陈琦、刘儒德，《当代教育心理学》（修订版），187、195页，北京，北京师范大学出版社，2007。）

下面，我们根据两种取向分别讨论个体学习者的知识建构和社会层面上的知识建构。

（一）个体建构主义

个人是如何建构理解的呢？每个人对于同一内容的理解为何会有不同？

我们先从一个寓言谈起。

在一个小池塘里住着鱼和青蛙，他们是一对好朋友。他们听说外面的世界好精彩，都想出去看看。鱼由于自己不能离开水而生活，只好让青蛙一个人走了。

这天，青蛙回来了，鱼迫不及待地向他询问外面的情况。青蛙告诉鱼，外面有很多新奇有趣的东西。

---

① 王振宏、李彩娜：《教育心理学》，162页，北京，高等教育出版社，2011。

"比如说牛，"青蛙说，"这真是一种奇怪的动物，它的身体很大，头上长着两个犄角，以吃青草为生，身上有着黑白相间的斑点，长着四只粗壮的腿，还有大大的乳房。"

鱼惊叫道："哇，好怪哟！"

同时，鱼的脑海里即刻勾画出她心目中的"牛"的形象：一个大大的鱼身子，头上长着两个犄角，嘴里吃着青草……

青蛙作为"老师"准确地讲出了"牛"这种动物的特征，鱼作为"学生"，很有学习兴趣，而且很认真地听讲。但在结果上，鱼心目中的牛却是一种"鱼化"的牛。

青蛙还对外面世界的鸟和人都做了描述，而鱼心目中出现的都是"鱼化"了的鸟和人。

虽然这是一则夸张的寓言，但反映出现实教学的影子。在语文课堂教育教学中，教师面对全班同学用同一种教学方式讲解《乌鸦与狐狸》这则寓言后，要学生谈一谈对这则寓言的理解和感想。有的学生认为，动听的恭维是一个鱼饵，谁接受谁就会上钩，随意赞美他人、恭维他人的人，可能藏着贪婪和无耻的企图。有学生说："乌鸦丢了一块肉，这没有什么，吃一堑，长一智，只要乌鸦不犯同样的错误就可以了。"还有的学生说："应该向狐狸学习，狡猾的狐狸虽然被人骂，实际上它很聪明，在残酷的自然环境面前，它掌握了乌鸦的心理，学会了生存的技巧。"

从上述教学现象中可以看出，学生对同一寓言赋予了不同的理解。可见，理解并不是信息简单地通过感官"射进"我们的头脑中，学习者会结合自己的以往经验，来认识理解新的事物和信息，意义的理解是通过个人已有经验和外界信息相互作用来实现的。[①]

个人建构主义学派认为，个人是通过新、旧知识的相互作用，以同化和顺应两种形式达到与周围环境的平衡得到发展。

1. 同化

同化是个体对刺激输入的过滤或改变的过程。[②] 也就是说，个体在感受新的信息时，试图把信息纳入头脑中原有的认知结构中，不用改变原有的结构，使其成为

---

① 陈琦、刘儒德：《教育心理学》，141页，北京，高等教育出版社，2005。
② 施良方：《学习论》，172页，北京，人民教育出版社，2001。

原有认知结构的一部分，如果获得成功，便得到暂时的平衡。

2. 顺应

顺应是指有机体调节自己内部结构以适应特定刺激情境的过程。① 也就是说，当个体遇到新信息时，个体无法将新信息纳入原有的认知结构中，认知结构必须做出改变，结合新的情境，形成新的认知结构，以顺应新的信息，从而达到平衡状态。

所谓平衡状态不是绝对静止的，一种较低水平的平衡状态，它会随着与外界信息的交流，从而过渡到一种相对较高水平的平衡状态。平衡状态的不断发展与改变，就是整个认知发展的过程。

(二)社会建构主义

社会建构主义强调个人建构知识是在一定的社会文化背景中建构的，是在与他人合作与协调过程中进行的。②

我们从一个应用建构主义的数学案例谈起。③

基于旅游情境的数学学习案例，围绕学生熟悉的生活场景——城隍庙旅游，让学生面对真实的问题挑战，为即将来访的国外专家设计旅游方案。案例的实施过程如下。

第一阶段：进入问题情境，识别问题，分解问题。

教师设置情境：华东师范大学的教师将接待来自美国、法国等国家的国际数学教育委员会全体执行委员，他们来上海参加数学教育国际研讨会，同时参观学校，了解中国教育。工作之余，我们将安排他们看看上海的景色，尤其是学校附近的城隍庙旅游区。但是，教师们也不熟悉城隍庙的情况。请你们一起帮忙为外国专家设计一下，如何参观城隍庙旅游区，使他们在半天的时间里(约 3 小时)，好好欣赏优美的景色，帮助他们为亲友购买一些礼物，品尝上海的小吃，等等。请你告诉他们具体的方案，以及可能需要的费用。

学生面对真实问题的挑战，活动兴趣高涨，但也有点迷茫，不知如何解决这种问题。于是，我们首先通过一系列热身问题，激发学生对原有经验的回忆。在热身

---

① 施良方：《学习论》，172 页，北京，人民教育出版社，2001。

② 北京市教育委员会人事处、北京教育学院、北京市中小学中等职业学校教师培训中心：《学科教育心理学》，89 页，北京，北京师范大学出版社，2012。

③ 高文、徐斌艳、吴刚：《建构主义教育研究》，297 页，北京，教育科学出版社，2008。

问题的驱动下，学生分小组讨论，纷纷表述自己的经历。教师建议学生用已经掌握的数学工具，表述各自参观城隍庙的经历，学生们兴致勃勃地利用表格与条形统计图，表征自己在城隍庙游玩的经历。由于是利用数学工具表达自己的生活经历，因而要激励学生认真投入这种数学活动中。

通过表述自己的经验，学生逐渐进入问题情境，他们尝试从外国专家的角度来设计游览计划。学生根据各自的经验，经过讨论与协商，将城隍庙的旅游活动分为参观豫园、观赏景点、购物、吃小吃四个步骤。在这个活动中，学生可以体验数学分类思想。在讨论过程中，他们对分类标准产生了不同的看法，发现有些对象既属于观赏景点类，又属于小吃类。针对这种情况，教师及时让学生真正体验交集思想的重要意义。

在学生与教师的互动中，教学要回到解决的问题上，学生意识到这个问题的复杂性，就需要一定的分工合作，另外他们还缺少必要的信息来解决这个问题。因此，学生将问题分为 4 个子问题，并自然分组，承担相应的子任务，计划去城隍庙收集数据。

第二阶段：收集解决问题的信息。

学生初步明确各自面对的子问题，前往城隍庙收集信息。在这次信息收集的现场活动中，大多数学生为这次活动做了充分准备，有的带上相机，把需要的价格拍摄下来；有的带上小本，向售货员了解外国朋友喜爱的物品，以及相应的价格；有的带上手表，估算观赏某个景点需花费的时间等。有一组学生主动向外国游客请教有关旅游的爱好问题，希望收集到解决问题的可靠信息。这一阶段的活动，不仅让学生体验了收集信息的各种方式，而且锻炼了学生对信息可靠性进行思考的习惯。

第三阶段：筛选信息，应用信息设计解决子问题。

回到课堂，师生相互讨论各个子问题，让学生进一步明确自己所面对的问题。然后各小组对所收集的信息进行筛选和重新组织，便于应用有关信息设计子问题的解决方案。在这阶段活动中需要学生动用以前所学的有关数学知识，如单位换算，从人民币换算到美元、马克等，又如单价、数量、总价的代数关系等。另外需要学生一定的估算能力，通过假设具体旅游者人数，提出一个假设性的旅游方案。学生在应用数学知识与能力完成解决方案以后，以生动的形式展示他们的成果，有的还利用网页制作软件，呈现自己的解决方案。

第四阶段：分享大家的信息，合作设计总问题解决方案。

在完成相应的子问题解决方案后，学生便利用自己与他人的子问题解决成果，着手解决真实问题。

你们提供了各种参观、购物的方案，现在请你们为我们的外国朋友设计一条合理的路线，使他们在半天时间(约 3 小时)能：

(1)参观城隍庙的特色景点(豫园、九曲桥、湖心亭、绿波廊等)；

(2)为家人、为朋友准备好礼物(剪纸、茶叶、茶具、脸谱等)；

(3)品尝上海的风味(茶、室内小吃等)。

请列出旅游活动的顺序，以及每项活动所需的费用和时间。

学生试图探索多种可能的解决方案，各个小组往往以自己亲身设计的子问题为中心，再借助他人的成果，设计出各种整体方案。在对方案进行讨论和评判时，学生们才能意识到有些方案不合理。例如，负责小吃一组的学生，最初以自己的子方案为主，在设计的方案中，大部分时间用于品尝城隍庙的小吃。这个方案受到其他小组的批评，学生也意识到方案中时间分配的不合理性。经过反复讨论，这组学生完善了他们的方案。通过这一阶段的活动，学生体验到了对数学问题解答的合理性进行检验的必要性。该活动不仅能培养学生解决问题的能力，还能让他们对问题解答进行检验与反思。

第五阶段：学生主动生成解决其他问题的需求。

学生在探索数学情境问题时，主动生成来自其他相关学科的问题，如科学、社会、历史、语言等学科的问题，并且产生探索和解决这些问题的愿望。例如，学生对九曲桥的来历、豫园的历史、绿波廊的建筑风格、瓷器的加工原理与过程、丝绸的制作工艺、上海小吃"五香豆"的来历等表现出不同的兴趣，教师抓住学生这一学习愿望，为学生创造解决这类项目的空间。

这则基于旅游的真实问题情境的数学案例，很好地阐释了社会建构主义提倡的教学理念和方式，包含情境性学习、搭建脚手架、最近发展区、实践共同体。

1. 情境性学习

建构主义者提出了"情境性认知"，认为知识是不可能脱离活动情境而抽象地存在的，学习应该与情境化的社会实践活动结合起来。[1] 在上例中，教师将真实情

---

① 　陈琦、刘儒德：《教育心理学》，141 页，北京，高等教育出版社，2005。

境设置为学生熟悉的城隍庙，以为外国专家设计如何参观城隍庙旅游区为真实任务。教师并不是把准备好的知识教给学生，而是将所需要学习的知识隐藏在情境中，让学生在解决实际任务的情境中学习运用数学的相关知识。学生通过探索"城隍庙旅游中的数学问题"，复习巩固多位数乘法、常见数量关系、单位换算的知识；在开发旅游项目中训练学生估算意识与能力；通过设计旅游方案让学生学会使用比例尺；通过策划旅游活动帮助学生复习巩固有关统计工具。

2. 最近发展区

学生发展有两种水平，一种是已经达到的实际发展水平；另一种是学生可能达到的潜在发展水平，表现为儿童还不能独立地完成任务，但在成人的帮助下，在集体活动中，通过模仿，能够完成这些任务。[①] 这两种水平之间的距离，就是最近发展区。学生要想实现从实际发展水平到潜在发展水平，需要他人的协助和支持。在上例中，学生在一开始对问题的认识停留在多位数乘法、常见数量关系和单位换算的层面上。本节课的教学是在教师和同伴的引领和帮助下，使学生在原有水平的基础上，学会使用比例尺，通过策划旅游活动复习巩固有关统计工具。该理论启示我们，教师设定目标时，要在了解学生实际发展水平的基础上，设置学生能够"跳一跳够得着"的目标。

3. 搭建脚手架

基于最近发展区理论，学生实现从实际发展水平到潜在发展水平的过渡，教师或其他助学者要为学生参与学习活动给予一定的支持，为其搭建脚手架。在上例中，最初教师通过一系列的问题，激发学生对原有经验的回忆。例如，"你熟悉紧靠你们学校的城隍庙旅游区吗？你和谁去过那里？大约去过几次？每次需要花多少时间？"在学生讲完自己的经历后，教师建议学生用学过的数学工具，展示自己的经历。但是大部分学生无法将数学工具与展示生活经验联系起来，于是教师鼓励学生回忆曾经学过的统计工具，同时还向学生提供了空白的数学表格以及制作统计图的必要工具。学生在相互讨论中，及时认识到利用条形统计图或表格可以表征自己在城隍庙的经历。[②] 教师的角色不再是信息的提供者、知识的传播者，而是转变为

---

① 北京市教育委员会人事处、北京教育学院、北京市中小学中等职业学校教师培训中心：《学科教育心理学》，89 页，北京，北京师范大学出版社，2012。

② 高文、徐斌艳、吴刚：《建构主义教育研究》，298 页，北京，教育科学出版社，2008。

学习的指导者和教练。

4. 实践共同体

社会建构主义强调活动在内化过程中的作用，提出人的心理是在活动中发展的。一切高级心理机能最初都是在人与人的交往中以外部动作的形式表现出来的，然后经过多次重复、多次变化，才能内化为内部的智力动作。[①] 人在活动中，最核心的特征是社会性，也就是说个人对知识的建构是在与他人合作与协调中形成的。在上例中，学生凭借个人的能力不可能形成最终的解决方案，需要合作学习的方式，将任务分解为子问题，然后再讨论综合形成最终的解决方案。学生在与他人合作、交流、研讨时，意识到有些方案不合理，从而不断建构对问题的认识和理解。

(三)建构主义的基本观点

1. 知识观

建构主义知识观强调以下四点。

第一，知识的个体性。知识需要依赖个体的原有经验，新知识的形成基于原有知识经验背景，通过自主建构形成。

第二，知识的情境性。知识在真实、具体的活动情境中才得以存在。

第三，知识的社会性。知识的社会性强调知识是通过个人与他人的社会性互动形成的。

第四，知识的动态性。知识不是对现实的客观反映，它是一种解释、一种假设，随着人们认知程度的提升，这种解释、假设也会有所变化，知识并不是准确概括世界的法则，在具体情境中，需要根据情况有所变化、有所创造。

2. 学习观

在学习观上，建构主义主张学习的主动建构性、社会互动性和学习情境性。[②]

第一，主动建构性。主动建构性是指学生受以往生活经验和学习的影响，在头脑中会形成一定的知识经验。当学生面对新知识和信息的时候，学习不是简单地吸收外界信息的过程，而是基于自己的知识经验，在头脑中主动建构对新知识的理解

---

① 陈琦、刘儒德：《教育心理学》，157 页，北京，高等教育出版社，2005。
② 陈琦、刘儒德：《当代教育心理学》(修订版)，186 页，北京，北京师范大学出版社，2007。

和认识的过程。

第二，社会互动性。社会互动性强调学习不仅仅是个人基于原有经验主动建构的，而是在社会文化背景下，与他人或环境相互作用下形成的，通常需要通过实践共同体或学习共同体的合作互动完成。

第三，学习情境性。学生学习的任务是基于真实情境设置的，在真实的任务情境中，能够激发学生的学习兴趣，调动学生积极学习的主动性。

3. 教师观

建构主义者基于苏格拉底提出的产婆术，提倡教师在尊重学生主体性的同时，要像助产士一样引导学生。教师的角色不再是知识的传输者、灌输者、权威者，而是基于学生的实际发展水平，在学生学习过程中，把握适当时机，为学生提供脚手架，成为学生建构知识的帮助者、支持者、引导者。

三、为理解而教

建构主义的思想对教育教学有重要的启示。基于建构主义学习理论，教师应该使学生真正、深层次地理解知识的内涵。与建构主义学习理论相适应的教学模式，主要有情境化教学、支架式教学和探究性学习，详见表 4-9。

表 4-9　促进理解的教学方式

情境化教学	情境化教学的环节① 1. 创设情境：使学习能在和现实情况基本一致或相类似的情境中发生。 2. 确定问题：在上述情境下，选择出与当前学习主题密切相关的真实性事件或问题作为学习的中心内容。 3. 自主学习：教师向学生提供解决该问题的有关线索，并要特别注意发展学生的自主学习能力。 4. 协作学习：讨论、交流，通过不同观点的交锋，补充、修正、加深每个学生对当前问题的理解。 5. 效果评价：在学习过程中随时观察并记录学生的学习表现。

① 北京市教育委员会人事处、北京教育学院、北京市中小学中等职业学校教师培训中心：《学科教育心理学》，74 页，北京，北京师范大学出版社，2012。

续表

支架式教学	支教式教学的环节① 1. 搭建支架：围绕当前学习问题，按"最近发展区"的要求建立概念框架。 2. 进入情境：将学生引入一定的情境中，并提供可能获得的工具。 3. 进行探索：探索开始时由教师启发引导，然后让学生自己去分析、独立探索。在学生独立探索过程中，教师要适当加以提示，帮助学生沿概念框架逐步繁升；但要注意，教师的引导应逐渐减少，以使学生最后自己能在概念框架中继续攀登。 4. 协作学习：进行小组协商、讨论，在共享集体思维成果的基础上达到对当前所学概念比较全面、正确的理解，最终完成对所学知识的意义建构。 5. 效果评价：对学习效果的评价包括学生个人的自我评价和学习小组的对个人的学习评价。评价内容包括：自主学习能力；获取有关信息与资料的能力；利用、评价有关信息与资料的能力；对小组协作学习做出的贡献；是否完成对所学知识的意义建构。
探究性学习	探究性学习常采用的模式为基于项目式学习，基本环节② 1. 提出驱动性问题：教师向学生提出驱动性问题，如在我们周围的水中都有什么？它们是从哪儿来的？这种对学生有意义的驱动性问题为学生提供了一个宽而明确的探究框架，其中包含丰富的可能性，能让学习者在真实的情境中开展探究活动。 2. 形成具体探究问题和探究计划：学生必须形成自己要探究的具体问题，设计规划探究活动，并对探究计划的可行性进行评价。在规划探究活动时，学生通常需要确定分工与合作方式。教师可以观察各个小组对探究问题的分析和对探究过程的规划，提供适当的建议。 3. 实施探究过程：当学习者决定进行某种探究活动后，他们接着就要付诸实施了，包括做背景性研究、搜集数据、分析数据、形成结论等。在此过程中，学习者常常需要与其同伴、指导教师以及有知识经验的相关人士进行合作和交流，教师可以为学生提供探究策略的指导。 4. 形成和交流探究结果：探究活动的结果通常表现为各种人工制品（如采集的水样、测量结果、统计图表等）和产品（如研究报告、多媒体演示、档案资料等）。 5. 反思评价：教师和学生一起对任务的完成过程进行反思，分享经验，结合活动过程和结果做出综合评价。

① 北京市教育委员会人事处、北京教育学院、北京市中小学中等职业学校教师培训中心：《学科教育心理学》，72页，北京，北京师范大学出版社，2012。

② 陈琦、刘儒德：《教育心理学》，141页，北京，高等教育出版社，2005。

第三节 学习与迁移

在科学学习中，学生掌握了科学实验中控制变量的一般概念后，有助于学会评估各种科学假说；学生学习了加法的交换律，有利于掌握乘法的交换律；当学生在"三三对抗演练"的体育活动中，教练按照"防御的时候我们需要靠近任何可能被进攻的空间"的观点，让学生防御了一两个位置，将有助于学生将其应用在防御其他队任何移动的成员上；熟练掌握英语的学生，学习法语会更容易些。这些都是在说学习的迁移，人们常说的"举一反三""触类旁通""闻一知十"等，都可以用学习迁移来解释。

学习迁移是关系学习的可持续发展、学习质量与效率的一个重要问题。① 发展学生良好的迁移能力是教育的关键，是学校教育教学的重要目标。学生在校学习时间是有限的，教师只能帮助学生学到整个学习领域中相对范围很小的观点、范例、事实和技巧，所以我们需要帮助他们将内在的有限知识迁移到其他环境、情况和问题中去，要让他们远比从教师那里学得多。②

本节将分析迁移的内涵、迁移的分类和范围、影响迁移的因素以及如何促进学生迁移的策略。

一、迁移的基本概述

(一)迁移的内涵

学习迁移是学习者在一个情境中学到的经验对另一个情境的学习产生影响的现象。简言之，学习迁移就是一种学习对另一种学习的影响。③

---

① 温寒江：《脑科学·思维·教育丛书 学习学》(下卷)，19 页，北京，教育科学出版社，2016。
② [美]格兰特·威金斯、杰伊·麦克泰格：《追求理解的教学设计》，46 页，上海，华东师范大学出版社，2017。
③ 黄正夫：《教育心理学》，167 页，北京，北京师范大学出版社，2011。

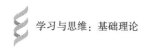

对学生而言，所谓学习迁移是指学生的学习经验对以后的学习产生影响及其将所学到的知识应用于实践的心理活动过程。①

（二）迁移的分类

学习迁移可以根据迁移的效果、迁移的方向、迁移的难度、迁移内容的概括性程度、迁移范围的大小和迁移发生的自动化程度进行分类，详见表4-10。

表4-10　学习迁移的分类

分类依据	分类	核心观点	举例
迁移的效果	正迁移	一种学习对另一种学习起促进作用	学习珠算，有利于学习心算
	负迁移	一种学习对另一种学习起阻碍作用	学了汉语拼音，对于学习英语音标有干扰
	零迁移	一种学习对另一种学习不起作用	两种学习之间没有学习影响
迁移的方向	顺向迁移	先前的学习对后来的学习产生影响	将"温故而知新"理解为温习了旧知识有利于新知识的学习，则是顺向迁移
	逆向迁移	后来的学习对先前的学习产生影响	将"温故而知新"理解为学习了新的知识，对原来的旧知识，有了新的理解，则是逆向迁移
迁移的难度	横向迁移	将学到的经验应用到难度相似的情境中	通过学习加、减、乘法后获得的一些运算技能会促进除法运算的学习等
	竖向迁移	将学到的经验应用到较难或较容易的情境中	小学生学习掌握了"水果"这一上位概念，要学习"芒果"这一下位概念。如果告诉学生"芒果"是一种"水果"，学生就很容易掌握"芒果"这一概念

---

① 中国大百科全书总编辑委员会《心理学》编辑委员会、中国大百科全书出版社编辑部：《中国大百科全书·心理学》，49页，北京，中国大百科全书出版社，1991。

续表

分类依据	分类	核心观点	举例
迁移内容的概括性程度	特殊迁移	学习的经验应用到另外一个十分相似的情境中，迁移范围窄	跳水的一些项目，弹跳、空翻、入水等基本动作是一样的，将这些基本动作熟练掌握，那么在学习新的跳水项目时，就可以把这些基本动作加以不同的组合，很快形成新的动作技能
	一般迁移（也称非特殊迁移）	学习的经验应用到不相似的新问题中，迁移范围广	学生获得的一些基本的运算技能、阅读技能、认真的态度等可以运用到其他学科以及生活中
迁移范围的大小	自迁移	原有经验在相同情境中重复	在语文作文写作中学习拟人的手法，并不断巩固练习
	近迁移	将所学的经验迁移到与原初学习情境比较相似的情境中	将开小汽车的技能，迁移到学习驾驶公共汽车上
	远迁移	将所学的经验迁移到与原初学习情境不相似的情境中	将学会利用气流原理设计风车的知识和技能，用来指引帆船在海上航行
迁移发生的自动化程度	低通路迁移	能够自动化迁移	认真记笔记的习惯，能够迁移到所有学科的学习中
	高通路迁移	有意识地将学习经验用于新的情境中	利用记忆策略，记忆新的学习内容

（资料来源：刘儒德，《学习心理学》，196~200 页，北京，高等教育出版社，2010。）

（三）迁移的范围

学生在学习知识、形成技能和能力，以及学习兴趣、情感和信心中都会产生迁移。[1] 温寒江学者在《学习学（下卷）》中进行了详细的论述。

---

[1] 温寒江：《脑科学·思维·教育丛书 学习学》（下卷），20 页，北京，教育科学出版社，2016。

1. 知识的迁移

有效的学习，总是以已有知识为基础去获取新知识的。在知识的迁移中，概括化知识和适用性强的知识更容易产生迁移。

(1)概括化知识

概括化知识是指知识经过分析、综合和类比、概括而形成的知识。一般具有外延广、涵盖面宽和适用性强的特点，包含基本概念、原理、法则、定律等。

基本概念在学科理论知识学习中具有重要地位，能产生迁移。例如，小学数学中"和"的概念统领着 11 类一步应用题的内在联系，因为"和"的概念统率着部分、整体的关系，大小数的关系，"份"的关系和"倍"的关系，成为大小数、"份""倍"等基本概念的中心概念，是解 11 类一步应用题的纲。

原则、法则、定律是人们深入认识客观世界所获得的规律性知识，具有广泛的迁移性。例如，学生学习了牛顿的力学定律，就可将其中阐明的方法运用到动力学同类的问题中去。

概括化知识还包含典型。典型是一种科学概括的方法。采用典型的方法，可以用相同的思维去研究同一类事物。例如，学习哺乳动物时，以家兔作为典型进行讲解，由此获得的知识和方法，可以迁移到其他哺乳动物的学习中去。

(2)适用性强的知识

学生的在校学习时间有限，教师的上课时间有限，但学生需要掌握更多的能够产生广泛迁移的知识，以适应未来的学习生活。例如，字词就是一种适用性强的知识。《中国语言生活状况报告(2005)》中提到，报告对包括本报(北京日报)在内的平面媒体、有声媒体、网络媒体的语料调查分析研究后发现，在过去的一年，汉字出现 7 亿多次，媒体用了汉字 8225 个；平面媒体、有声媒体和网络媒体共用汉字 5607 个；其中 581 个汉字就可以覆盖语料的 80%，就可以读懂媒体文字的 80%，当覆盖率达到 90% 的时候，只需 934 个字，当覆盖率达到 99% 的时候，需要 2315 个字。① 也就是说，只要掌握实用性强的汉字，就能读书看报了。

---

① 国家语言文字工作委员会：《中国语言生活状况报告(2005)》，载《北京日报》，2006。

2. 技能、能力和习惯的迁移

（1）技能

技能是人们在认识活动中，外界信息经感官活动内化为思维，或思维活动及其结果通过感官活动表达出来的活动方式、方法。例如，在语文学习中形成的阅读技能，可以被运用到其他学科中去。

技能的迁移有以下特点。

第一，新技能的形成，都是由一系列已知的同类技能整合而成的，即旧技能促进了新技能的形成。例如，从 10 以内加减的技能到 20 以内进位加法、退位减法的技能，再到 100 以内加减的技能……其中，10 以内加减的技能促进 20 以内加减的技能的形成，20 以内加减的技能又促进 100 以内加减的技能的形成。技能每发展一步，都包含先前的有关技能，是先前已知的有关技能向新技能的迁移。

第二，在技能的迁移过程中，一定的技能同一定的思维方法是有联系的。例如，识字技能，同由同字的形、音、义的联想是有联系的。读句子的技能，既有识字的联想，又有语法的运用和判断、推理和想象。

第三，技能形成以后，是一种内隐记忆，思维活动不为人们所察觉。例如，学生在学校中学习使用化学仪器的基本技能，如正确持拿试管、使用烧杯，学生很快就能学会，好像纯属一种动作。其实，这是学生在幼儿时学会的拿碗、取杯子等技能的迁移结果。

（2）能力

能力和技能有所不同，从灵活性的角度来说，技能是一种照着一定程序方法按部就班的活动，能力则具有举一反三、灵活性的特点。从迁移的范围来说，技能迁移的范围有限，能力迁移的范围更广。从形成的顺序来说，技能是能力的基础，技能要通过训练形成能力。例如，心理健康教育注重形成学生的人际交往能力，学生可以将这种能力迁移到以后的学习和生活中去。

（3）习惯

习惯是一种特殊的技能，技能是形成习惯的基础。例如，学生在语文学习中书写认真、笔迹整洁的习惯，能够迁移到其他学科中去。

3. 兴趣、情感和信心的迁移

学生在学习中的兴趣、情感和信心也是能够迁移的。

（1）兴趣

兴趣是个人力求接近、探索某种事物和从事某种活动的态度和倾向。学生在学习中体会到兴趣，会更愿意付出努力。兴趣是可以迁移的，如学生喜欢音乐，语文课堂中教师根据教学内容引入音乐元素，会促进学生学习语文的兴趣。

（2）情感

学生在学习中会表现出不同的情绪情感，如高兴、热爱、生气、恐惧、同情、爱国等。例如，小学生在学习语文时，教师会注重朗读，小学生通过洪亮的声音和有感情的音调，在把书面文字转化为有声语言的过程中，体会作者要表达的情感，与作者产生感情上的共鸣。

（3）信心

学生对自己是否能够成功地从事某件事情的主观判断是可以迁移的。例如，对于成绩较差的学生，教师要注意观察除了学习以外的方面，如兴趣爱好、人际交往、责任感、组织能力、领导能力等，发现学生"不为人知"的优点，帮助学生建立信心，然后将这种信心迁移到学习中去。

二、迁移的影响因素

影响学习迁移的因素除了包括学生自身的个体因素，还包括外部的情境因素，即前后两种学习情境的关系。每种影响因素都有一定的理论基础，下面就以影响因素为主线，介绍一些具有代表性和影响力的迁移理论，详见表4-11。

表4-11　学习迁移影响因素的理论基础

类别因素	影响因素	理论基础
个体因素	训练程度	形式训练说
	概括化能力	概括化理论
	认知结构	认知结构迁移理论
	元认知	元认知迁移理论
	心向和思维定势	学习定势说

续表

类别因素	影响因素	理论基础
情境因素	相同元素	共同要素说
	共同的深层结构关系	关系转换说
	技能之间的重叠	产生式迁移理论
	情境	情境性学习理论
	共同的思维要素	学习的迁移理论

（一）个体因素

1. 训练程度

形式训练说以官能心理学为理论基础，该理论强调官能的发展最为重要，教育的主要目的是通过高难度的形式训练来提升各种官能，迁移的发生取决于训练的程度。认为人的心是有很多不同官能组成的，这些官能包括注意、意志、记忆、知觉、想象、推断、判断等，不同的官能都是一个个实体，他们相互配合就构成各种各样的心理活动。[①] 每一种成分发生改进都会加强其余的各种官能，而迁移可以认为是新的官能在得到训练后而发展的结果。[②] 例如，记忆的官能可以通过训练得以提升。但是詹姆士有关记忆的实验对此理论提出质疑，他的研究结果证明，记忆的能力不仅受训练的影响，而且还受记忆方法的影响。并且形式训练说提倡采用高难度的训练，这种训练会增加学生的负担。形式训练说理论对教育的启示是训练有其必要性，但不是促进学习迁移的唯一因素。

2. 概括化能力

概括化理论提出迁移产生的关键在于学生能够概括出两种学习活动之间的共同原理，它强调原理、原则、方法等概括化的能力在迁移中起到的重要作用。学生对原理、原则和方法掌握得越好，概括化水平越高，对新的学习情境中的学习迁移就越容易发生。此理论既肯定两种学习活动之间共同要素的重要性，同时也注重学生

---

① 刘儒德：《学习心理学》，201 页，北京，高等教育出版社，2010。
② 汤蕾：《学习迁移理论在高中化学教学中的实践研究》，硕士学位论文，华中师范大学，2016。

主体运用比较、分析、综合、分类、抽象等思维形式进行深度加工的概括化能力。[1] 概括化理论对教育教学而言具有重要意义，它要求教师在教育教学的过程中注重培养学生对一般概念、原理、原则和方法的掌握，提升其概括化能力，当学生的概括化水平提升时，有助于学习迁移的发生。

3. 认知结构

认知结构迁移理论认为，一切有意义的学习都是在原有认知结构的基础上产生的，不受原有认知结构影响的有意义学习是不存在的。[2] 这也就是说，一切有意义的学习必然包括迁移，认知结构是影响学习迁移的重要因素。认知结构是指学习者个体在头脑中的全部知识的内容以及其组织形式，更狭义的概括指学习者关于某一领域或科目的全部知识的内容与组织方式。[3] 奥苏伯尔认为，认知结构的可利用性、可辨别性和稳定性是影响学习迁移的重要因素。认知结构的可利用性是指当学生接触新的学习任务时，他是否可以利用原有的认知结构适当吸收新的学习内容。学生对原有学习内容的概括化程度越高，越容易吸收新的学习内容，越容易产生学习迁移。认知结构的可辨别性是指当学生面临新的学习任务时，他原有的认知结构是否可以准确地区分、辨别出前后两种学习内容之间的差异。对差异清晰的掌握程度，决定着是否能够掌握新的学习内容。认知结构的稳定性是指当学生面对新任务时，原有的认知结构是否稳定。对原有学习内容掌握得越深，结构就越稳定，越有助于吸收新的学习内容。根据认知结构迁移理论，学生学习的新内容会与原来的学习产生相互作用。为更好地促进迁移的发生，教师要帮助学生建立良好的认知结构，在新旧知识间建立联系。

4. 元认知

认知心理学家注重元认知与迁移的关系，并认为认知策略能否成功迁移取决于元认知水平的高低。元认知是指个人对自己认知活动的认知，即"学习如何学

---

① 易难：《深入机制的小学科学教学对学生学习迁移影响的研究》，硕士学位论文，西南大学，2017。

② 罗屹峰、刘燕华：《教育心理学》，87 页，兰州，甘肃人民出版社，2006。

③ 易难：《深入机制的小学科学教学对学生学习迁移影响的研究》，硕士学位论文，西南大学，2017。

习"，它的作用体现为对认知活动的监控。① 学习迁移中所涉及的元认知包含两个方面的内容。一是对自己已有知识的思考。例如，思考对于某个学习内容我已经掌握了哪些知识；最困扰我的问题是什么；我为解决这个问题做了哪些努力；期待学习的结果是什么，即期待发生怎样的变化。二是对在学习过程中自己所使用的学习策略和方法的思考，即如何调控自己的学习过程。例如，与专家和同伴交流后解决了什么问题，我的改变是什么，哪些方面是自己没有关注到的，没有关注到的原因是什么，我应该如何时时修正我的学习步骤等。

具有较高元认识水平的学生能够在面对新的学习内容时，主动寻找与新的学习内容相适应的已有经验，并在学习过程中利用反思的方式对自己的学习过程监控和调适，从而高效地完成学习任务。

学生的学习能力、反思能力是维持其终身学习与发展的必备能力。让学生学会如何学习是促进学生发展的关键，教师在教育教学中要考虑如何激发学生有意识地发掘自我概念，促进既有经验与新理念、新知识、新技能的交互，以及认知的改变，教学生一些认知策略和元认知策略。

5. 心向和思维定势

心向是一种心理准备状态，具有利用已有知识去学习新知识的心理准备状态比没有这种准备状态更有利于学习迁移。② 如果学生有迁移的意识，学习的迁移更容易发生。思维定势是由先前学习所获得的一种心理准备状态，当遇到类似的学习情境时，就会采用先前学习的思维和方法解决新情境中的问题。在学习情境不变的条件下，思维定势能够帮助学生快速找到"捷径"，将原有的经验迁移到新情境中。当学习情境发生改变时，先前学习保留的固有思维和方法不再适用于解决新的问题，思维定势会对学生的思维产生干扰，具有一定的束缚性。对于教学而言，心向和思维定势要求教师要有意识地帮助学生建立迁移的意识，引导学生对类似情境中的问题进行归纳、总结，灵活地运用先前学习形成的思维定势解决问题。

---

① 中国大百科全书编辑委员会《心理学》编辑委员会、中国大百科全书出版社编辑部：《中国大百科全书·心理学》，491 页，北京，中国大百科全书出版社，1991。

② 刘儒德：《学习心理学》，205 页，北京，高等教育出版社，2010。

(二)情境因素

1. 相同元素

共同要素说提出，迁移的发生是因为前后两种学习情境之间有相同的要素，先前的学习才有可能迁移到后面的学习情境中去。迁移的程度取决于两种情境中相同要素的多少。桑代克所提出的相同元素实际上是从联结主义的观点出发的，是指学习内容中元素间一对一的对应，即所谓共同的刺激—反应联结，而未能充分考虑学习者的内部变化过程。[①] 因此，桑代克的观点不能深刻揭示迁移的真正实质。

2. 共同的深层结构关系

格式塔心理学家提出的关系转换说，认为迁移的关键不是两种情境具有相同的元素，而是在前后两种情境之间存在一种共同的深层结构关系，学生在学习过程中突然产生顿悟的感觉，发现了前后情境之间的关系，因此迁移得以发生。关系转换说是概括化理论的具体化，也同样强调学生概括化能力的重要性，学生的概括化能力影响学生顿悟两种情境之间的关系。教师在教育教学中，要注重培养和提高学生的概括、总结、归纳能力，结合具体的情境讲解学习内容。

3. 技能之间的重叠

认知心理学家辛格莱与安德森针对技能提出产生式迁移理论，理论认为如果前后两种技能之间的重叠越多，迁移就越容易发生。这一理论是在共同要素说的基础上演变而来的，导致先后两项技能学习时产生迁移的实质原因是它们之间共有产生式。在这里产生式是指行为产生时条件与行动之间的运演规则。[②] 理论启示教师在进行教育教学内容时前后内容之间要有适当重叠。

4. 情境

迁移的情境性学习理论强调学生的情境性学习，认为迁移发生在个体与情境互动的过程中，在互动过程中会生成动作图式。迁移就是如何以不变的活动结构或动作图式来适应不同的情境。[③] 这种活动结构与前后两种情境都相关。该理论提出情

---

① 陈琦、刘儒德：《当代教育心理学》(修订版)，287页，北京，北京师范大学出版社，2007。

② 易难：《深入机制的小学科学教学对学生学习迁移影响的研究》，硕士学位论文，西南大学，2017。

③ 刘儒德：《学习心理学》，213页，北京，高等教育出版社，2010。

境性学习是指在学习过程中，为了达到一定的教学目标，根据学生身心发展的特点，教师所创建的具有学习背景、景象和学习活动条件的学习环境，是师生主动积极建构性的学习，是作用于学生并能引起学生学习积极性的过程。① 理论带给教育的启示是教师的教育教学活动要结合真实的学习情境，培养学生解决实际问题的能力，但也要注意避免情境学习的极端化，合理运用情境性学习。

5. 共同的思维要素

温寒江从思维角度入手，认为先前的学习经验(知识、技能、能力等)会对以后的学习产生影响和作用，它主要是通过思维活动实现的，提出了学习的迁移理论。他认为迁移过程的实质是把已有的相关知识(经验)作为思维材料或思维方法，参与获取新知识(经验)的思维加工过程，促进对新知识(经验)的学习，如果前后两种学习情境中具有共同的思维要素，则能产生迁移。② 思维的要素包括思维材料(载体)、思维方法和思维规律(思维规律既是知识又是方法)。③ 学习的迁移理论的主要内涵是在学习活动中，迁移是普遍存在的，迁移是人的认识活动、创造活动的基础。前后两种知识、经验，若有共同思维要素(思维材料、思维方法)，就能产生迁移；若共同思维要素越多，则迁移程度越大。前后两种同类技能、能力，若有共同的思维方法、方式，就能产生迁移；若共同的思维方法、方式越多，就越容易迁移。伴随学习活动的兴趣、情感、信息也能产生迁移。迁移根据其作用，可以分为正迁移、负迁移和零迁移。④

三、为迁移而教

学生的学习之间是相互影响的，这种相互影响的关系会产生迁移。因此，教师在教育教学中要为迁移而教，既要有为迁移而教的基本意识和观念，也要掌握为迁

① 宋景芬：《情境性学习的迁移诉求》，载《教学研究》，2008(4)。
② 温寒江：《脑科学·思维·教育丛书 学习学》(下卷)，130页，北京，教育科学出版社，2016。
③ 温寒江：《脑科学·思维·教育丛书 学习学》(下卷)，121页，北京，教育科学出版社，2016。
④ 温寒江：《脑科学·思维·教育丛书 学习学》(下卷)，130页，北京，教育科学出版社，2016。

移而教的基本教学技能，帮助学生做到"举一反三""融会贯通"，具体见表 4-12。

表 4-12 迁移的影响因素及教育教学策略

类别因素	影响因素	教育教学策略
个体因素	训练程度	注重训练的作用，给学生提供与真实考试相近的练习机会，避免过度的题海战术
	概括化能力	注重学生对概念和原理的学习，引导学生对学习内容进行总结、归纳、概括，在学习后重视反思经验与不足，帮助学生掌握概括化的能力
	认知结构	深入开展学情分析，了解学生原有的认知结构水平，采用符合学生认知规律的方式，合理采取教学方法和呈现教学材料，优化、丰富学生的认知结构
	元认知	教授学习策略和元认知策略，引导学生通过自我提问、自我总结反思等方式，增强对学习内容的认识以及提升自己在学习过程中所采用的学习策略的监控水平
	心向和思维定势	引导学生建立迁移的意识，理解思维定势的优势和不足，合理运用思维定势
情境因素	相同元素	前后两种学习任务的学习材料之间要具有一定的相似性，在平时的教育教学中注重模拟真实的考试内容、形式等
	共同的深层结构关系	引导学生概括所学内容之间的关系，可以指导学生采用思维导图或列出知识结构体系图的方式
	技能之间的重叠	合理编排教学内容，教师在讲授时，前后的教学知识内容要有适当的交叉、重叠
	情境	提供真实的情境，培养学生解决实际问题的能力
	共同的思维要素	注重思维材料(载体)、思维方法和思维规律的运用与培养

第五章
深度学习与学习变革

深度学习的概念最早源于人工智能领域中多层神经网络机器学习的研究。在该领域，深度学习是一种算法思维，其核心是计算机对人类大脑复杂的逻辑思维与信息加工过程的模拟。伴随着学习科学、脑科学与人的学习的关系等学科研究的深入，教育研究的学者借用深度学习来指人类的学习，并在借鉴这些学科研究成果的基础上，对这一概念重新定义，与当下的"核心素养""批判性思维""自主性探究式学习""合作学习"等与学习相关的理论紧密结合，成为目前世界范围内，针对学习变革的重要理论之一，指导着课堂教学、学校教育、校园文化建设等实践。

本章，我们将介绍研究者对于深度学习的认识，深度学习与"高阶思维""核心素养"的培养之间的关系；如何利用深度学习的研究成果培养学习者的"高阶思维"和"核心素养"。

第一节　什么是深度学习

一、深度学习的发展历程①②

任何一种新思想、新理念的提出，都基于旧学说或旧理念，都是因为旧学说、旧理念不足以应对社会发展带来的新问题，深度学习亦然。以美国为例，20 世纪 60 年代美国中小学按照布鲁纳的认知结构理论，对基础教育做了系列改革，改革之后的课程内容被批评为"脱离美国中小学教育的实际，教学中过分强调机械记忆"，造成了浅层学习，导致教育质量下滑。鉴于这种现实，学者开始关注学生学习过程、学习方法等领域的研究，在此基础上，对抗浅层学习的深度学习应运而生。根据学界的研究，我们将深度学习的发展历程梳理为以下几个阶段。

（一）深度学习的提出与丰富阶段

目前，学术界普遍认为针对基础教育领域的深度学习研究，起步于 20 世纪 70

---

① 高东辉、于洪波：《美国"深度学习"研究 40 年：回顾与镜鉴》，载《外国教育研究》，2019(1)。
② 李晓雅：《深度学习研究：国内学术史的回顾与反思》，载《宜宾学院学报》，2020(3)。

年代，代表性作品为哥德堡大学学者佛伦斯·马顿和罗杰·萨尔乔发表的《学习的本质区别：结果和过程》。该文首次提出深度学习的概念，他们将学生学习获取和加工信息的方式分为浅层学习和深度学习，前者是处于较低认知水平和思维层次的学习，不易于迁移；后者是处于认知的高级水平，可以发生迁移。

学者们在此基础上继续深入研究发现，深度学习通过探索与超越主要观点来获得知识，学习不是记忆，而是积极参与和批判性思考。在学习过程中，学习者对信息的学习表现出极大的兴趣，并保持冷静。深度学习，需要学习者对某一问题或某一领域进行专注的、长期的反思及超越性的思考。学者们还对深度学习者进行深度学习的状态做了解读，最后发现，深度学习者关注更加广泛的背景信息以及材料之间的内在联系。他们通过重构信息之间的质性关系而展开回忆和联想，重塑现象之间的因果关系并达到对学习内容的深度理解。

由上述梳理可见，从初期的对学习水平的分类，到针对某个水平进行的深入分析，我们可以发现在这个水平下学习的基本特点，即从学习动机看，主要是积极参与；思考方式以批判性思考为主；发现联系，并通过联系重塑因果关系。反思历来的教育学著作，这个时期的深度学习成果，与杜威提出的最好的思维方式，即对某个问题进行反复的、严肃的、持续不断的深思，在本质上没有太大的区别，只是对存在的学习水平的认识更加深入。

（二）理论的探索与完善

深度学习是为了应对当下的问题，以及未来的诸多不确定而提出的一种学习理论。研究者为这一理论框架的构建做出了积极的探索。关注课堂教学、学校环境、教育技术等方面的研究，如一线教师非常关切的思维导图，就是伴随深度学习对课堂教学的研究而产生的一种学习方式，教师认为思维导图可以为学生搭建深度学习的意识基础，促进"高阶思维"的发展。

对校园文化环境的关注，也是深度学习研究的一个重要内容。研究者认为，宽松、和谐的学习氛围有助于学生深度学习能力的提升。因此，建立安全、包容、合作、民主、自治、互联的校园文化氛围，也是深度学习研究中重点关注的一个话题。

此外，就是对教育技术的关注。比如，在我国，最早撰文提出深度学习的学者是一位教育技术专家，在其后的一段时间里，研究者们就信息技术与教师、学生的深度学习做了充分的研究，开发了一些技术工具，通过设计性任务培养学生深层次学习的认知能力。

在这个阶段的研究中，研究者整体架构了深度学习的理论。2012 年，深度学习倡导者的核心机构"美国研究委员会"（NRC）将深度学习能力设计为三个维度：认知领域、交往领域和个人领域。与此同时，研究者也提出了深度学习素养的基本框架，包含六项核心能力的发展，详见表 5-1。

表 5-1　NRC 的深度学习基本框架

认知领域	掌握核心学术内容
	批判性地思考并解决复杂问题
交往领域	协同工作
	有效沟通
个人领域	学会学习
	发展学术思维

（资料来源：高东辉、于洪波，《美国"深度学习"研究 40 年：回顾与镜鉴》，载《外国教育研究》，2019（1）。）

在这个框架中，研究者对"人"的理解和"人"的社会意义，做了很好的界定，即通过协作与沟通，利用核心的学术内容，学会学习，发展学术思维，能够批判性地解决现实问题。这个框架是对之前"知识""记忆""浅表"等的反对，要求在建立联系、深入思考中解决实践中的问题。

至此，关于深度学习的理论建构日臻完善，研究者也达成了一些共识：深度学习能力的提升，可以通过更新学校的教学目标、教学策略、学习文化等方式来实现。

（三）以项目为单位，开展理论的检验与深化

深度学习的学习理论得到了来自实践领域的积极应用。本部分，我们将以美国和中国作为例证，来阐释深度学习在实践领域的实施及其效果。

为了培养学生的批判性思维和解决问题的能力，美国有八所中学在"共同核心课程标准"（CCSS）的指导下，践行深度学习的学习理念。他们深信深度学习原理不仅是整合新课程的最有效的途径，而且还能够促进每个学生的潜力发展，培养学生成为自

己教育生涯的主宰。这样的学生，在以后更高的教育阶段也能获得成功。

这八所中学涉及的学生群体范围比较广，除了中产阶层外，还有享受免费或低价午餐的学生、少数族裔等群体。这些学校为了培养积极参与、善于合作、有创造性和批判性思维能力的自主学习者，让学生为今天的世界做好准备，他们共同遵守如下信念。

·通过紧密合作的学习社团，与自上而下的国家标准截然不同。

·通过让学生离开课桌、直接参与自己的教育，鼓励他们成为更有自主性和创造性、善于合作的人。

·通过整合科目，与现实世界建立联系，提高课程的参与度，让课程更令人难忘、更有意义。

·将学习的理念和目标延伸到教室和学校以外，与企业、组织、研究机构、学员和综合性大学建立伙伴关系。

·努力理解学生的天赋和兴趣，尽可能使学习个性化，发现每个年轻人的激励点，激发学生的兴趣。

·有意识地利用技术提升学习的效果，而不是使学习自动化。

为了践行这些信念，他们通过创立社团建立联系。这个联系，有高年级学生和新生之间的联系，有同年级学生之间的联系，有师生之间的联系，还有与周围环境之间的联系。高年级学生和新生迎新社团的创立，有效规避了"校园霸凌"的现象，帮助新生迅速融入学校生活，也帮助老生在迎新活动中树立更多的自信；社团的交流，加强了学生之间的联系，高年级学生为低年级学生进行示范指导，学生之间互相交流学习经验。学生作为有效的学习社团的核心，同时要对社团的共同愿景和自己的行为负责任，适度平衡了学生在青春期成长中的教育问题。在与环境的联系中，他们做了"如果墙会说话"的设计：首先是会动的墙壁，打破了物理空间的束缚；还有就是让墙壁来说话，为了激励学生的学习愿望，他们做了"我们的学长都去哪儿了"的展示墙，由毕业生自己设计海报，通过一期期更换海报激励在校生明晰自己的学习目标；还有的学校展示学生的项目研究成果、激励社团发展的警句等，这都很好地利用了空间，建立了学生与周围环境的联系。

通过建立联系，将每位学生从"孤岛"中带出来，给予他们共同的愿景和希望，使他们能够享受到合作共赢的愉悦。同时通过"赋权"，激励学生成为学校的主宰，时刻清醒地为自己的学习负责。教师则通过情境化的方式，让科目之间彼此联系，并与实际生活建立联系，让学生面对真实经验，不再以"科目为中心"，而是"建立以关系为中心"的学习脉络，使课程的学习更加有意义、有价值。这种学习"延伸"到了学校外，真正实现了"学校在窗外"的教育理想。利用当地的企业、科学院、场馆等资源，帮助中学生进行项目学习的同时，进行职业体验，让学生在实践中逐渐找到自己喜欢什么，喜欢从事什么，什么对自己有意义、有价值。深度学习理论认为，学习就像发射火箭一样，每个学生都必须点燃自己的引信。同时，激励每个学生定制化学习。为了激励学生走向学术心态之路，让学生与一个有共同爱好的成年人结伴同行，很多学生在这个过程中得到了科学家、大学教授、企业家的指导，并与其成为终身朋友，继而走向学术道路。在此过程中，技术始终如影随形。但是，学校也清醒地认识到，技术是仆人，而不是主人。高质量的人际关系，始终是深度学习所强调的。虚拟世界的信息，要审慎对待，教育软件和课本一样，是知识学习过程中的工具，两者都不能代替训练有素的老师、校领导和家长的参与。

与美国的深度学习不同的是，中国的深度学习基于核心素养的培养，更加倾向于课程设计与课堂教学。2014年，我国的专家借鉴国外相关的研究成果，在总结我国课程改革经验的基础上，着手研究开发深度学习教改项目。我国将深度学习教改项目作为深化基础教育课程改革的重要抓手和落实学生发展核心素养及各学科课程标准的实践途径，以此来推动课堂教学关系的深度调整和人才培养模式的重大变革。这个项目涉及15个实验区、90多所实验学校。这是一次自上而下的教学实验，参与人员有高校专家、教研员、校长和骨干教师。到目前，出版了"深度学习教学改进丛书"，包括《理论普及读本》《学科教学指南》和《教学案例选》。其中《学科教学指南》涉及义务教育阶段的10个学科。

中国的深度学习立足课堂，也更切合中国当下的国情与教育现实。我国的教材大多以单元的形式呈现，因此，深度学习强调师生结合教材，如实验区重点开展了单元学习。在单元学习中，首先要选择单元学习的主题，其次要确定学习目标，再次是设计单元学习活动，最后是开展持续性学习评价。各个参与实验的学科，针对以上四个环节做了深入研究，提出了指导实施的操作性建议。对于广泛推广深度学习，具有指导意义和积极作用。

总之，就像任何一种理论的兴起与发展一样，是为了应对新的挑战，解决新的问题，也是为了除旧革新，任何理论也都是在旧理论的基础上衍生而来的。深度学习是对"碎片化""浅表化""科目为中心"等旧的学习方式的变革，是随着脑科学、学习科学研究的深入而发展起来的学习理论，是追求理解、解决问题，在智能机器人时代即将到来之际，重拾"人"的尊严的一种学习理论。这种理论的发展，也一样经历了"萌芽—丰富—实践—发展"的过程，是需要在教学实践中不断经历检验、不断得到丰富的指向应用的实践理论。

此外，也正如深度学习项目的研究者所言，我国对深度学习的认识，是对过往优秀教学经验的总结与提炼。在温寒江主编的《脑科学·思维·教育丛书　学习学》一书中，也谈到了关于学习的主体性、学习与人的发展、思维与学习的可持续发展等问题。其主要内容与观念、深度学习高度契合。例如，关于人的发展的问题，温寒江认为，人的发展是人与自然、人与社会和人自身和谐的发展，是人在社会实践的基础上，人的生理因素、社会因素和心理因素的发展。既有知识、技能（能力）、思维的发展，又有情感、意志、人格、身体的发展，其核心内容是人的全面发展。从这个意义来讲，该观点与深度学习中关于人的发展的观点是密切吻合的。

因此，我们可以说，深度学习是在过往优秀实践经验基础上的再发展、再提升，是为了解决当下教育面对的问题而进行的更加符合时代特点的学习方式的变革。

二、深度学习的内涵

根据深度学习的发展历程和研究历史，我国学者概括了不同视角下深度学习的内涵，主要有迁移说、素养说、理解说。

迁移说，顾名思义，是从学习迁移的角度来阐述深度学习的，主要观点来自美国国家研究委员会。他们认为，深度学习就是为迁移而学习的过程，能够让学生把在一个情境中学到的东西迁移到另外的情境中。我国学者黎加厚认为，深度学习是在理解学习的基础上，学习者能够批判性地学习新的思想和事实，并将它们融入原有的认知结构中，能够在众多思想间进行联系，并能够将已有的知识迁移到新的情境中，做出决策和解决问题的能力。

素养说，是从学生发生深度学习后应具备的能力素养角度入手的。从学生的角度出发，学生在深度学习发生后，对深度学习的内涵进行阐释，是目前普遍认可的定义方式。加拿大学者迈克尔·富兰将深度学习定义为一系列技能，他认为这些技能能够让学习者成为具有终身创造力、能合作的问题解决者，成为自己未来的主导者，以及能够贡献于全球健康、幸福的公民。迈克尔·富兰把这些技能称为"6C"，具体包括：品德、公民素养、有效沟通、批判性思考和问题解决、协作以及创造力和想象力。

理解说，是从学生对所学内容理解的角度来阐述深度学习的。美国学者格兰特·维金斯认为，深度学习就是让学生实现对学习内容的理解，他将理解从六个不同侧面进行阐释，包括解释、阐释、应用、观点、同理心和自觉知识。黄显华认为，理解是将一点一滴的知识织成连贯的整体，从而发现这些知识的模式、联系和关系的能力；它亦是把这些知识、概念和技能阐明并应用新问题或情境的能力。①

我国学者郭华借鉴上述几种内涵，结合本土课程教学的实践，对深度学习做了如下定义。

深度学习，是在教师引领下，学生围绕着具有挑战性的学习主题，全身心积极参与、体验成功、获得发展的有意义的学习过程。在这个过程中，学生掌握学科的核心知识，理解学习的过程，把握学科的本质和思想方法，形成积极的内在学习动机、高级的社会性情感、积极的态度、正确的价值观，成为既有独立性、批判性、创造性，又有合作精神，基础扎实的优秀学习者，成为未来社会历史实践的主人。②

该定义首先明确了深度学习中师生的角色定位，教师是引导者，学生是学习的主体。其次强调了学生的学习是有意义的学习。有意义的学习，在学习心理学上是一个具有丰富内涵的概念，就是符号所代表的新知识与学习者已有的适当观念建立非任意的和实质性的联系。③ 有意义的学习需要具备三个条件：一是学习材料必须具有逻辑意义；二是学习者自身必须具有意义学习的心向、具有与新知识进行关联的先行知识，并能够积极主动地将新旧知识进行关联；三是对这个深度学习的过程进行描述，从学习内容，学习情意、态度，以及学习的结果方面进

---

① 黄显华：《我的学习观——古今中外名人终身学习的启迪》，4 页，天津，天津教育出版社，2018。

② 刘月霞、郭华：《深度学习：走向核心素养（理论普及读本）》，32 页，北京，教育科学出版社，2018。

③ 陈琦、刘儒德：《当代教育心理学》（修订版），165 页，北京，北京师范大学出版社，2007。

行憧憬。

这个定义，充满了理想的成分，希望通过深度学习能够解决树人的教育目标。围绕这个教育理想，深度学习课题组的研究专家和教师进行了大范围的教育实验。

崔允漷在郭华等人的研究基础上，对深度学习的内涵进行了界定，认为深度学习是学生基于教师预设的专业方案，经历有指导、有挑战、高投入、高认知的学习过程，并获得有意义的学习结果。①

通过对中外关于深度学习的梳理和对比，我们发现，我国学者关于深度学习的研究，更多的是立足于学校教育的情境，强调教师指导下的学习；国外关于深度学习的实践，更突出打破学校的壁垒，践行"学校在窗外"的理念。这与各国的教育现实状况密切相关。

三、深度学习的本质

经过对深度学习发展概况和内涵的梳理，我们发现，深度学习的本质是赋能。通过为教师赋能、为学生赋能的方式，使我们的世界变得更加美好。

无论是中国的研究还是国外的研究，深度学习都对教师提出了更高的要求。郭华提出，在深度学习中，教师要适时出场，发挥教师应有的作用。首先，需要确立促进学生自觉发展的最近发展区，也就是确定学生的现有水平，即学生知道什么，能做什么，对什么有兴趣，能够操作什么内容，能够以什么方式完成什么内容等，需要教师有本领探测到这个水平，教师还需要能够确定学生的未来水平，也就是"学生研究"。其次，要帮助学生成为真正的学习主体，也就是学生能够自主操作特定的教学材料，并能够从中获得发展，教师要为学生提供这种既能自主操作又能帮助学生获得发展的教学材料。这个教学材料，是经过教师活动化、具体化，能够与学生发生关联并能逐渐展开的活动样态，包含了教师的教学意图，是按照一定序列展开的学生活动的操作对象，是伴随学生主体活动展开的、动态变化的内容及其活动。帮助学生亲历知识的发现和建构过程，使学生成为学习的主体。②

---

① 尤小平：《学历案与深度学习》，22 页，上海，华东师范大学出版社，2017。
② 刘月霞、郭华：《深度学习：走向核心素养（理论普及读本）》，32 页，北京，教育科学出版社，2018。

在深度学习中，关于教师的价值，学者们认为要重新认识教师的价值，引起学生的学习愿望，引导学生的学习活动，帮助学生学得迅捷、愉快、彻底，启发学生在学习过程中质疑、批判、深入思考，是教师存在的最根本的理由和价值。与此同时，这也是教师不能被虚拟技术替代的根本。

在美国关于深度学习的研究中，对教师的要求，是教师要合作完成跨科目课程单元的整合备课，要在一起讨论为了追求深度学习的关键目标，与本学年要学习的课程相关的最有意思的问题是什么，什么问题能够最有效地调动学生的批判性思维，什么问题能够激励他们做出有意义的研究，学会评估证据，学生如何把一门课学到的东西应用于另一门课，他们如何用学到的知识解决现实问题，提高解决问题和沟通的能力？据研究者观察，在实行深度学习的校园里，每个教师都要扮演多种角色。每个教师都拥有必要的工具(时间和知识)来增强这方面的能力。并且他们也认可：本质上，在深度学习的过程中，老师的参与是与培养学生的深度学习能力相辅相成的。①

从中美两国深度学习对教师的要求可以看出，教师退到幕后，并不代表教师的缺位，反而代表对教师提出了更高的要求，教师要给学生提供支持性的学习环境，在这个环境中，要让学生知道自己不会被嘲笑，有足够反思的时间，要在家校之间建立足够的联系，保证家长和教师对学生都有充分的信任等。这些对教师的要求的提高，从长远来看，是对教师的赋能。通过一次次深度学习项目的完成，教师要学习如何研究学生，精准研判学生的最近发展区，判定承担的学科的本质与学生核心素养培养之间的关系，还要设计足够的支架帮助学生完成深度学习的任务，完成"两次倒转"，帮助学生建立学科内部、学科之间、学科与生活之间的联系，进而帮助学生从自发到自觉发展，成长为有自由思想、独立判断、高级情感、积极态度和服务社会意识的优秀个体。

对于学生而言，通过深度学习，将学生从被动的、乏味的、浅表的、碎片的、无意义的、无逻辑的学习中解脱出来。学生的学习方式，如菲利普·W. 杰克逊所言，学生一半的时间都花在等待上，等待跟不上进度的同学问问题，等待下课铃响

---

① [美]莫妮卡·R. 马丁内斯、丹尼斯·麦格拉思：《深度学习 批判性思维与自主性探究式学习》，76~97页，北京，中国人民大学出版社，2019。

去吃午饭"。① 学生坐在一排排课桌后面听老师讲课做笔记，希望记住更多的课程内容，而不是学习或实践新技能，学生被训练成追随者而非领导者。

开展深度学习，可以帮助学生在合作中，获得团队的力量，掌握民主、自治、自律的内核，在高支持、高信任、高期望的团队中，成为学习的自主者，在一个强有力的社团中，他们彼此关心，建立建设性的反馈机制，为缺乏动力的学生注入活力。深度学习通过赋权，帮助学生获得权利的同时也让学生承担了很多责任，这些责任促使他们寻求更加深入的合作来解决实践中的问题。深度学习对于学生而言，主要是追求精神境界和心灵的深远与深邃；对于所学习的学科而言，深度学习深在系统结构中，深在教学规律中。学生的学习材料，不仅包含知识，还包含知识产生过程中的情境、情感和情绪，以及知识携带的价值观、思想过程和思维方式，如质疑、批判、推理、归纳、分析、综合、概括等。正是这样的学习材料，才能帮助学生的学习变得有意义，使得学习的知识有价值，也才是我们所谓"学科育人"的真谛。

综上所述，深度学习的开展，无论是对教师还是对学生来说，都是一个赋能的过程。教师通过深度学习的开展，对自己所教的学科进行深入研究，对学生有了深刻的理解，明确自己的教学目标是要通过学科来"成人""树人""立人"，进而提升"人"的尊严与价值的。学生通过深度学习的开展，对于知识的产生、发展有了更加真切的体会，可以理解人类文明来之不易，所学知识是促进人类文明发展与进步的，进而树立历史感和使命感。在深度学习中，通过与教师、同学的团队合作，在团队中时刻可以揽镜自照，以同伴看自己，不断地反思和完善自己，同时感受来自团队的支持和力量，为未来的人际合作提供良好体验。深度学习能够解决与生活密切相关的问题，把知识与经验通过联想和结构的方式进行转化，通过活动与体验的方式，对学习对象进行深加工，能够被迁移运用到社会实践中，其评价重点关注人的成长中的诸多隐性要素。

深度学习这种学习方式，能促进教师和学生不断发展和检视自己教与学的过程、方式、内容、目标等，凸显各自的主体性。因此，我们说深度学习的本质是一个为师生应对智能时代的到来赋能的过程，是一个教会教师和学生思考的过程。

---

① [美]莫妮卡·R.马丁内斯、丹尼斯·麦格拉思：《深度学习 批判性思维与自主性探究式学习》，2页，北京，中国人民大学出版社，2019。

第二节 深度学习与高阶思维

深度学习是一种基于理解的学习，是指学习者以高阶思维发展和实际问题的解决为目标，以整合的知识为内容，积极主动地、批判性地学习新的知识和思想，并将它们融入原有的认知结构中，且能将已有的知识迁移到新的情境中的一种学习。① 深度学习的基本特征是重视高层次的思维和能力。浅层学习就是学习比较低端的知识、记忆性的知识和简单的理解。深度学习则是指培养高端的能力，包括高级思维能力、创造能力、分析问题和解决问题的能力。② 深度学习，就是指在教师引领下，学生围绕着具有挑战性的学习主题，全身心积极参与、体验成功、获得发展的有意义的学习过程。③ 当我们把各位学者对深度学习的理解罗列一遍时，会发现，深度学习指向高校课堂，指向高品质的学习效果，也指向高品质的思维水平。可以说，深度学习的目标之一就是培养学生的高阶思维能力。

一、高阶思维概念的提出④

在经济全球化、信息化、科技化大潮的奔涌下，高阶思维能力是适应未来社会的必备能力之一。高阶思维这一概念的提出，也是伴随现实与未来的需求产生的。学者们对高阶思维的概念界定，是从不同角度进行的。

有的学者对这个概念进行了列举，即高阶思维能力包括什么。尤德尔、丹尼尔斯、台湾学者陈龙安等人认为高阶思维至少包括三种思考，分别是批判思考、创造思维、问题解决；然后在此基础上进行细化与发展，面向课程教学的实践，马扎诺

---

① 安富海：《促进深度学习的课堂教学策略研究》，载《中小学教育》，2015(2)。
② 冯嘉慧：《深度学习的内涵与策略——访俄亥俄州立大学包雷教授》，载《全球教育展望》，2017(9)。
③ 郭华：《深度学习及其意义》，载《中小学教育》，2017(3)。
④ 汪茂华：《高阶思维能力评价研究》，博士学位论文，华东师范大学，2018。

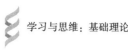

认为对比、分类、归纳、演绎、错误分析、构建支持、分析观点、抽象、调查、问题解决、实验研究和发明等都属于高阶思维技能。美国学者将问题解决、决策、推论、评价、哲学推理等界定为高阶思维能力。

有的学者通过搭建框架的方式，对高阶思维进行描述。例如，格尔森在其他学者的基础上提出了高阶思维的两大分类、六大维度，并据此列举了十二种高阶思维，其中也涉及问题解决和批判性思维。

格尔森提出的高阶思维分为两大分类、六大维度，详见表5-2。

表5-2 十二种高阶思维

六大维度	十二种高阶思维	
策略性思维	决策	问题解决
参考性思维	概念化	情境化
评价性思维	批判性判断	空间判断
科学性思维	研究	理论建构
反身性思维	基础	建构性
比较性思维	分类	类比
两大分类	批判性思维	反思性思维

（资料来源：汪茂华，《高阶思维能力评价研究》，博士学位论文，华东师范大学，2018。）

还有的学者通过分层次的方式，对思维的水平进行分类，分为高阶和低阶两个水平，并重点对布鲁姆、加涅、哈拉德娜、纽科姆和特雷夫茨等人的模型进行分析对比，如表5-3所示。

表5-3 各思维水平模型的比较分析

布鲁姆	加涅	哈拉德娜	纽科姆和特雷夫茨	思维水平
知识	信息	事实		
理解	概念	概念	记忆	低阶思维
应用	规则	规则、程序	处理	
分析				
综合	问题解决	批判性思维	创造	高阶思维
评价		创造性	评价	

（资料来源：汪茂华，《高阶思维能力评价研究》，博士学位论文，华东师范大学，2018。）

此外，还有比格斯的 SOLO 模型，该模型把学生对某个问题的学习结果，由低到高分为五个层次。

第一，前结构层次。学生基本无法理解问题和解决问题，只能提供一些逻辑混乱、没有论据支撑的答案。

第二，单点结构层次。学生找到一种解决问题的思路，但却就此收敛，单凭一点论据就跳到答案上去。

第三，多点结构层次。学生找到多种解决问题的思路，但却未能把这些思路有机整合起来。

第四，关联结构层次。学生找到多种解决问题的思路，并且能够把这些思路结合起来思考。

第五，拓展抽象层次。学生能够对问题进行抽象概括，从理论的高度来分析问题，而且能够深化问题，使问题本身的意义得以拓展。

我国学者邓泓将高阶思维能力分为高阶思维倾向（思维认知的层次，即分析、评价、创造）和高阶思维能力技能（面对问题时所表现的高阶思维能力，即问题求解能力、决策能力、批判思维能力、创造能力）两个维度。这个定义除了包含思维技能外，还包含学习者运用思考来进行学习的意愿、动机和习惯。①

温寒江在讨论思维规律和思维方法的时候，对形象思维和抽象思维的方法进行了总结和归纳，他认为形象思维的一般方法有：移动和转动、分解和组合、类比与概括、联想和想象。抽象思维的一般方法有：分析与综合、比较与分类、归纳和演绎。② 在与国内外学者关于高阶思维的对比中，我们发现，高阶思维包含形象思维和抽象思维的全部过程。

综合上述国内外学者的研究，我们认为高阶思维的目标是培养学生的创造能力、问题解决能力、决策制定能力、理论建构能力等，主要通过形象思维和抽象思维，如移动和转动、分解和组合、类比与概括、联想和想象、分析与综合、比较与分类、归纳和演绎等方法来达成。高阶思维的表现就是能够综合运用上述方法进行

---

① 邓泓：《高中物理教学中高阶思维能力的培养探究》，硕士学位论文，陕西师范大学，2015。
② 温寒江、陈爱苾：《脑科学·思维·教育丛书　学习学》（上卷），90～105 页，北京，教育科学出版社，2016。

思考，借助情境化、小组活动化、探究式、前置学习以及可视化、游戏化等具体的操作方式，达成目标。

二、深度学习对于高阶思维培养的作用

关于高阶思维能力的培养，国内外学者都有比较充分的研究。据汪茂华整理的结果显示，有关高阶思维培养的研究回答的是"怎么培养高阶思维能力"的问题。这类研究的数量最多，又分为教学设计原则，教学模式、方法与策略，信息技术的运用三个下位的主题。①

1. 教学设计原则

有的学者结合教学设计的过程，提出了从教学目标的确立到教学评价的设计需要遵循的相应原则。他们认为，在目标分析阶段，教师所确立的教学目标需要清晰并体现出对高阶思维的关注。在教学策略开发阶段，教师需要选择能够促进学生高阶思维的策略。在教学实施过程中，教师要关注学生本身而非教学，创建以学生为中心的、协作的、技术支持的学习环境，为学生的思考而教。在最后的评价环节，教师需要选择使用合适的、指向高阶思维的方式评价学生的学习。②

达克也曾提出七条高阶思维教学的主要原则：第一，高阶思维通常可以使用问题解决的方式进行教学；第二，高阶思维教学的关键是建立学生提问、分析、形成假设和检验假设的能力，也就是探究技能；第三，发散性的思维可以通过认知和情感两个角度分别获得共同强化；第四，学习者必须学会面对任何一种风格的教学时都能获得成功；第五，评价高阶思维需要使用一些学生不太熟悉的元素；第六，评价高阶思维既强调知识也强调过程，问题需要表达清晰，答案也需要能够根据清楚的标准进行打分；第七，使用计算机强化学生的思维培养。③ 我国学者钟志贤也提出过类似的原则，如以学习者的学习为中心、教学目标反应高阶思维、使用信息技

---

① 汪茂华：《高阶思维能力评价研究》，博士学位论文，华东师范大学，2018。

② M. C. Sahin, "Instructional design principles for 21st century learning skills," *Procedia-Social and Behavioral Sciences*, 2009 (1), pp. 1464-1468.

③ L. E. Duck, "Seven cardinal principles for teaching higher-order thinking," *The Social Studies*, 1985 (3), pp. 129-133.

术促进高阶思维等。①

2. 教学模式、方法与策略

从研究者提出高阶思维能力教学设计的原则中可以发现，高阶思维能力的教学关键是要以学生的学习和思维发展为中心。已有的研究主要从教学模式、教学方法、教学策略三个从宏观到微观的角度出发，营造以学习者中心的课堂，从而促进学生的高阶思维能力。这些模式、方法和策略反映了以学生为中心的建构主义的教学思想。

（1）促进高阶思维能力的教学模式：翻转课堂。在传统的课堂中，教师在课上完成知识的传授，学生在课后进行知识的内化。由于课堂时间和教师课后辅导时间的有限性，学生的知识内化程度不易达到较深的水平，因此较难发展出高阶思维。翻转课堂则将知识的传授和内化的顺序翻转过来，由学生自己在课前完成知识的学习，再到课堂上在教师的辅助下，通过讨论等完成知识的内化。在这种教学模式下，低阶思维能力的学习主要在课前完成，课堂时间的利用率被大大提升，能够让学生更专注于高阶思维能力的学习。②

阿索特的研究结果显示，通过翻转课堂进行学习的学生，其高阶思维能力显著高于在传统课堂中学习的学生。有学者指出，翻转课堂的有效实施需要有一些前提保障，如让学生能够接触到相关主题的电子和纸质材料，教师需要做好改变的准备等。为了实现翻转课堂促进高阶思维能力发展的效果，教师在课堂上需要花大量的时间让学生参与主动学习，与教师和同学交流，应用课前所学的知识进行分析、综合、评价，制作新的制品。③

（2）促进高阶思维能力的教学方法。根据前文关于高阶思维内涵的阐述，高阶思维通常发生在劣构问题的解决过程中。因此，基于问题的教学是最常见的培养学生高阶思维能力的教学方法。④

---

① 钟志贤：《促进学习者高阶思维发展的教学设计假设》，载《电化教育研究》，2004(12)。

② 韩芳芳、刘光然、胡航：《面向高阶思维培养的翻转课堂教学研究》，载《中国教育信息化》，2015(24)。

③ H. Alsowat, "An EFL Flipped Classroom Teaching Model: Effects on English Language Higher-Order Thinking Skills, Student Engagement and Satisfaction," *Journal of Education and Practice*, 2016(9), pp. 108-121.

④ 刘儒德：《问题式学习：一条集中体现建构主义思想的教学改革思路》，载《教育理论与实践》，2001(5)。

例如，苏普拉普托等人采用准实验研究的方法，发现接受基于问题的教学的职校学生在问题解决技巧、团队合作和自信心方面都要优于接受传统教学的学生。[①]冯锐针对数学学科，提出了生活化、数学典故、数形结合、实验式、阶梯式、多媒体直观呈现、辐射式七种数学问题解决情境，并在一个高二班级中开展了为期一年的基于数学问题解决情境的教学。一年后，该班级学生的分析、评价、创造、批判性思维能力高于另一个采用传统教学方法的班级。[②]

另一些研究者在使用问题解决的教学方法过程中，为了更好地实现其促进高阶思维的效果，还加入了一些其他教学举措。例如，蒂尔钦和瑞恩在基于问题解决的教学过程中加入了复杂的、计算机中介的适应性评价，以增强问题解决教学方法的效果。[③] 在另一项研究中，蒂尔钦和瑞恩结合小组合作的教学方法，根据这一参数学生分组，确保每组学生的高阶思维能力发展情况多元性，在后续的课程中继续这样的评价并及时调整教学和评价。[④]

除此之外，已有研究表明，探究学习、项目学习等体现建构主义教育思想的教学方法也是培养学生高阶思维能力的有效途径。例如，有研究者在工程化学专业学生的一门实验课中采用了探究学习的教学方法。该课程的设计基于布鲁姆教育目标分类，分实验情境、实验前、实验中和实验后四个阶段进行，以一系列的问题引导学生的学习。测试的结果显示学生获得了实验设计和实施的能力，并且能够将实验与真实生活联系起来。[⑤] 还有的研究者在生物课程的教学中开展了一项准实验研究，将七个班级的学生随机分配到基于项目的学习、合作小组调查、传统教学三种教学方式中。经过一个学年的教学，前后测试数据结果显示，参与基于项目学习的

　　① E. Suprapto, F. Fahrizal, P. Priyono & K. Basri, "The Application of Problem-Based Learning Strategy to Increase High Order Thinking Skills of Senior Vocational School Students," *International Education Studies*, 2017(6), p. 123.

　　② 冯锐：《高阶思维培养视角下高中数学问题情境的创设》，硕士学位论文，山东师范大学，2013。

　　③ O. Tilchin & J. Raiyn, "Computer-mediated assessment of higher-order thinking development," *International Journal of Higher Education*, 2015(1), pp. 225.

　　④ J. Raiyn & O. Tilchin, "Higher-order thinking development through adaptive problem-based learning," *Journal of Education and Training Studies*, 2015(4), pp. 93-100.

　　⑤ G. V. Madhuri, V. S. S. N. Kantamreddi & L. N. S. Prakash Goteti, "Promoting higher order thinking skills using inquiry-based learning," *European Journal of Engineering Education*, 2012(2), pp. 117-123.

学生的高阶思维能力要高于另两组学生。

（3）促进高阶思维能力的教学策略。小组活动是很多研究提及的促进高阶思维能力的教学策略。在小组内分享经验能够促进学生对知识的理解，帮助他们将知识应用到真实生活的场景中。小组活动分为很多类，如小组合作、小组讨论、同伴学习等，但不论是哪一类小组活动，都需要选择必须用到交流和互动的任务，在活动前要明确任务和小组活动的步骤。在活动一开始进行介绍或类似热身的活动来促进团队中的互动，同时小组的人数最多不超过六个。

一些研究使用基于认知的策略，帮助学生跨越思维上的"Gap"。例如，江伟英在小学语文阅读课堂上，使用思维导图帮助学生进行发散思维，使用韦恩图进行分析、比对，使用蝴蝶图促进学生批判性思维能力、反思能力的发展；在写作课上使用 X 线图引导学生多向想象，使用鱼骨图完整呈现文章结构。[①] 有研究者将小学生分为认知组（学生需要对阅读的故事及同学的观点提出问题和解释）、字典组（关注句子中字词的意思）、普通组三组，在八周的时间内进行阅读教学。最终的结果显示，认知组中学业成就较低学生的高阶思维能力得到了很大的提升。

此外，有研究者还提到了适切的评价、计算机的运用也是促进高阶思维能力的教学策略。

3. 信息技术的运用

在促进高阶思维能力的培养过程中，信息技术可以用于呈现教学内容，也可以用于增强前文所提到的教学模式、方法与策略的效果。

（1）使用信息技术呈现教学内容。信息技术与学习内容的结合主要体现为呈现学科内容，结合任一一种教学方法进行使用。科学类课程中的虚拟实验室、模拟等技术就是借助了计算机的可视化和模拟功能，呈现肉眼无法观察的事物、短时间内无法完成的事情、不适合在课堂上进行的危险演示。例如，有研究者在研究中让两组社区大学的学生分别参与虚拟实验和传统实验。研究结果显示，参与虚拟实验的学生的高阶学习、批判性思维、科学技能、对基础科学知识的掌握都要高于参与传统实验班级的学生。

①　江伟英：《培养高阶思维能力的小学语文课堂教学初探》，载《课程教学研究》，2014（4）。

东北师范大学解月光教授指导研究生完成了一系列基于数学、物理、信息技术学科的，面向高阶思维培养的数字化学习资源的设计研究。这些研究以课程标准为基础，以学科中具体的知识点为例，提出了数字化资源设计的原则、模式和具体设计，形成了"圆与圆的位置关系"案例设计①、物理学习网②、作品创作类网络学习平台③等成果。

（2）信息技术的增强促进高阶思维能力的教学。信息技术可以与教学方法相结合，并应用于任何学科的教学中，提高教学方法的应用效果。Webquest 就是一种常用的促进高阶思维能力的教学方法，它通过网络技术让探究学习更为便捷。刘和杨等人曾使用准实验研究的方法，发现 Webquest 能够有效提高小学生的英语高阶思维能力、学习动机和学业成绩。教育游戏也是这样一种促进高阶思维能力的有效途径。④ 多媒体技术、3D 技术将教学内容以游戏情境的方式生动地呈现出来，游戏的情境性和互动性也让学生能够以一种全新的方式进行学习。有研究者曾让六年级学生通过五个互动式视频游戏学习数学。访谈、课堂观察、文本、学生作品等多方面的资料分析显示，学生在使用游戏进行学习的过程中表现出了高阶思维能力。⑤ 一些类似于"第二人生""探索亚特兰蒂斯""江城"之类的游戏更是加强了问题解决、探究学习、合作学习的效果。⑥

此外，学习者还可以自己创建游戏，并在此过程中获得高阶思维能力的发展。有研究者分析了游戏开发过程中图像的选择、故事线的设计、游戏性设计、打分设计的步骤，指出学生在完成这些步骤的过程中会用到分析、综合、评价、问题解决

---

① 李胜杰：《高阶思维能力培养视角下的初中数学数字化学习资源设计研究》，硕士学位论文，东北师范大学，2010。

② 孙一：《面向高阶思维能力培养的初中物理学科数字化学习资源设计研究》，硕士学位论文，东北师范大学，2011。

③ 褚丹：《面向高阶思维能力培养的高中信息技术学科数字化学习资源设计研究》，硕士学位论文，东北师范大学，2010。

④ 马颖峰、赵磊：《Second Life 与高阶思维能力培养的关系及对教育游戏设计的启示》，载《现代教育技术》，2010(9)。

⑤ A. L. Kenna, "The Impact of Maths Game Based Learning on Children's higher order thinking skills," *Proceedings of the British Society for Research into Learning Mathematics*, 2015(3), pp. 67-71.

⑥ D. J. Ketelhut, "The Impact of Student Self-Efficacy on Scientific Inquiry Skills: An Exploratory Investigation in River City, a Multi-user Virtual Environment," *Journal of science education and technology*, 2007(1), pp. 99-111.

等多种高阶思维能力。①除此之外，网络虚拟社区、社交媒体的应用能够提高小组合作教学的效果，让小组合作从课上延伸到课后，并且方便记录小组合作过程中的数据。②③ 在线讨论版、博客、思维导图等也可以成为培养高阶思维能力的有效途径。学生可以在讨论版中对某一主题进行小组讨论，或通过博客评价学习他人的观点，分析修正自己的观点，也可以使用思维导图梳理呈现自己的观点与理解，从而提高批判性思维、反思等高阶思维。

综合上述，我们发现，高阶思维能力的培养，主要有四条教学设计原则：学生为中心；提供协作、支持的学习环境；指向问题解决和思考力培养的教与评；技术参与。围绕这四条原则，在教学模式、方法与策略方面，有情境化、小组活动化、探究式、前置式（翻转课堂）、可视化等方法；而借助信息技术，则可以更好地优化上述教学方法与策略，如针对抽象的教学资源、教学内容可以通过技术具体化、游戏化、可视化；针对小组活动等可以通过网络组织讨论等。

从深度学习对于高级思维能力的培养来看，深度学习是以高阶思维为主要认知活动的高投入性学习方式。1995 年，提出高阶思维的赫尔等人，就深度学习者在进行深度学习时的状态进行了解读。研究发现，在深度学习时，学习者关注更广泛的背景信息以及材料之间的内在联系。他们通过重构信息之间的质性关系而展开回忆和联想，重塑现象之间的因果关系并达到对学习内容的深度理解，这是人类高阶思维能力的充分展现。④

有研究者认为，深度学习的目的是让学生学会理解，这主要体现在对所学内容的批判性理解，并在理解中强调逻辑关系和得出有证据的结论。布兰斯富德等学者则侧重于将深度学习作为一种指向问题解决的学习能力，他们认为深度学习能力是一种学生通过提取原有经验，以解决不同新情境问题的能力。

可见，深度学习中的主要认知活动就是高阶思维，高阶思维的过程以建立联系

---

① L. Prayaga & J. W. Coffey, "Computer Game Development: An Instructional Strategy to Promote Higher Order thinking Skills," *i-Manager's Journal of Educational Technology*, 2008(3), p. 40.

② 范大军：《网络虚拟学习社区——培养学习者高阶思维能力的有效途径》，载《中国科技信息杂志》，2010(10)。

③ 赵琳：《信息技术支持的小组合作学习方法研究》，硕士学位论文，东北师范大学，2016。

④ 高东辉、于洪波：《美国"深度学习"研究40年：回顾与镜鉴》，载《外国教育研究》，2019(1)。

为主，在此基础上达成对学习内容的深度理解、批判性理解，进而解决新情境中的问题。

在美国，深度学习实践主要有六项核心战略。六项战略包括：第一，创造有凝聚力、真诚合作的校园环境；第二，使学生学习更积极，更强调参与；第三，让科目彼此联系，并且与现实世界中的问题联系起来；第四，让学生走出校园，与更广泛的社区合作；第五，鼓励学生发现他们的激励点；第六，让技术为支持和丰富学习经验服务。①

在我国，深度学习的实践方式主要有两种，一种是以郭华教授为代表的研究团队推行的单元学习的实践方式；另一种是以崔允漷教授为代表的指向深度学习的学历案研究的实践方式。

单元学习设计包含四个要素：选择单元学习主题，确定单元学习目标，设计单元学习活动，开展持续性评价。在课堂教学中，教师需要通过提高学习设计的规范性和系统性，增强学习过程的体验性、互动性和生成性，实现教—学—评的一致性，以此更好地发展学生的核心素养，提升学科的育人品质。②

学历案是指教师在班级学习背景下，为了便于学生自主或社会建构经验，围绕某一相对独立的学习单位，对学生学习过程进行专业化预设的方案。一份学历案的基本要素包括：学习主题/课时；学习目标；评价任务；学习过程（学法建议、课前预习、课中学习）；检测与练习；学后反思。其专业性主要体现在：它是一种相对独立的课程计划，一种学生学习的认知地图，一种指向个人知识管理的学习档案，一种在课堂内外师生、生生、师师交流互动的载体，一种供师生双方保证教学质量的检测依据。③

对照深度学习的学习方式和高阶思维的特点，我们发现，深度学习在高阶思维培养方面的作用如下。

第一，提供真实的问题情境，为学习结果迁移和问题解决提供了学习动力。无

---

① ［美］莫妮卡·R.马丁内斯、丹尼斯·麦格拉思：《深度学习 批判性思维与自主性探究式学习》，22页，北京，中国人民大学出版社，2019。

② 刘月霞、郭华：《深度学习：走向核心素养（理论普及读本）》，72页，北京，教育科学出版社，2018。

③ 尤小平：《学历案与深度学习》，14~15页，上海，华东师范大学出版社，2017。

论是国内还是国外的深度学习实践研究，都倾向于提供真实的问题情境，美国的深度学习经常通过真实的社区学习完成，我国的深度学习实践强调选择情境素材的链接策略，该策略要求重视链接生活与生产，学科发展和科技前沿，思想道德教育要素等。真实的学习情境，为学生主动学习提供了动力，为学习结果的迁移和问题的解决提供了保证。

第二，教师的深度备课，为学生的高阶思维发展提供了支持和保障。深度学习强调教师的深度备课，教师既要深刻理解学科的育人价值，又要深刻理解学生的学习行为和学习心理，设计好的学习项目和学习活动，保证学生喜欢学习，能够在足够的支持下展开充分的学习。而这些，恰恰为学生的高阶思维发展提供了足够的支持和保障。

第三，开放的学习空间，为思维的"四通八达"和广泛联系提供了可能。深度学习强调打通学科、打通校内外、打通学科内部的壁垒，整合可见的、不可见的丰富的学习资源帮助学生建立联系，形成对学习内容的理解、解释，以及基于反思的认识。这也为高阶思维的培养提供了各种丰富的材料和实践的可能。

第四，信息技术的介入，为高阶思维的培养提供了更大的支持。信息技术还原了一些抽象的、遥远的、不易观察到的学习内容；信息技术突破了时空的限制，为丰富学习内容和学习方式提供了支持和保证，可以使学习、讨论、同伴协作随时发生。

总之，深度学习对于高阶思维培养的作用是多方面的，作为高阶思维培养的一种重要学习方式，深度学习无疑是目前整合较好的一种学习方式。

三、指向高阶思维的深度学习活动的设计原则

深度学习活动的设计，如上文所言，我国目前重点有两种实践方式，一种是基于教材的单元学习活动设计，一种是在班级学习背景下的学历案的编写。

在单元学习活动设计中，学习活动设计的原则，强调如下特征。[①]

---

① 刘月霞、郭华：《深度学习：走向核心素养（理论普及读本）》，84 页，北京，教育科学出版社，2018。

第一，规划性和整体性。以单元为实施单位，进行整体统筹规划，设计学习活动和有价值的学习任务，在设计过程中，注意"瞻前顾后""上下勾连"，考虑活动设计在本学期、本学年、本学段中所处的位置。

第二，实践性和多样性。单元学习强调教师的指导作用，其学习任务更多指向"为什么"和"怎么办"，前者强调对学科发展史的贯通，后者强调运动迁移解决实际问题。它们都需要类比、概括、联想、想象、分析、综合、比较、分类、归纳、演绎等思维方法的介入。

第三，综合性和开放性。学生通过在已有知识基础上的建构性活动完成挑战性任务，这些活动包括解释、举例、分析、总结、表达、解决不同情境中的问题等。活动中解决问题的方法和思路不同，答案不唯一，需要综合调用多种知识和方法。同时，学生经历、体验、发现知识的过程，展示出他们对事物的新认识和新理解，也是发展学科核心素养的重要过程。

第四，逻辑性和群体性。逻辑性更强调学科逻辑，学生认知逻辑和教师教学设计逻辑之间的纽结和契合；群体性则强调生生之间、师生之间、师师之间的协同合作。

学历案强调的是立场的转变，从学科知识立场到教师立场，再到学生立场，在具体的设计中，围绕学习单元设计的学习方案是新课标倡导"大项目""大主题"理念下体现学科核心素养的重要形式。学历案从单元教学的角度出发，既关注单一知识点的教学，又重视学习内容的统整性，从而很好地解决了内容的适切问题。[①]

因此，在一定意义上可以说，学历案是单元学习活动设计在课堂实践中落实的形式之一。有研究者对这种落实方式做了深入的实践研究，根据课堂教学的形态，将学历案分为以下五种类型。

对话型：学生自学学历案+同伴交流问题+师生对话解答。

指导型：教师依据学历案导学+个体或小组学习+教师过程指导。

自主型：学生依据学历案设计的步骤自学+同伴或教师过程指导。

合作型：小组按学历案分工完成任务+全班交流与分享+教师点评或提炼。

---

① 尤小平：《学历案与深度学习》，251页，上海，华东师范大学出版社，2017。

评价型：教师分享结果标准+学生参照标准完成学历案的任务+学生自评或互评。①

仔细阅读上述两种关于深度学习的实践，我们发现其本质还是围绕课堂教学、教材展开的。所谓学生的主体性，还是在教师制定的单元学习内容、学历案的框架内实现的自主和主体。

指向高阶思维能力培养的深度学习的活动设计原则包括以下五种。

（1）开放性原则。开放性是指学习资源、学习平台、学习场所、评价方式等的开放。这个开放可以保证学习资料的充足，学习同伴、学习指导者的充足，场所的开放，便于在高阶思维培养中最重要的联系的产生，不同的学习场所可以提供不同的学习资源，秉持"学校在窗外"的原则进行深度学习的探索，把学生的目光引向社会、自然等更加广阔的天地，实现与现实的对接，进而运用知识解决现实问题，实现所学内容由"知"向"智"的转变。

（2）信任原则。如前文所言，深度学习的本质是赋能的过程，赋能的前提是赋权，赋权的基本原则是基于信任，包括学校对教师的信任、教师对学生的信任。只有在此基础上才能实现赋权，进而实现赋能。这一原则体现在学校的科层结构中、校园文化的建设中，也体现在教师对学生的管理中。只有洋溢着信任的校园文化，教师之间的合作才能真正发生，教师之间的真诚合作发生之后，深度学习中的学科壁垒被打破，为深度学习的开展提供了一层保障；师生之间的信任，可以激励学生主导自己的教育，如主持家长会、与家长充分交流等，既可以促进家校合作，又可以赋权给学生，促进家长与学生的相互了解和理解。

（3）合作性原则。信任是合作的前提。合作包括校长与教师的合作，教师与教师的合作，教师与家长的合作，教师与学生的合作，学校与社区、场馆、大学等的合作。我们发现在这个合作的链条上，教师是最高频出现的角色，是帮助学生完成合作学习的最重要、最关键的人物。合作为联系提供了可能，作为现代社会的必备技能，合作变得日益重要。在深度学习中，合作原则凸显。在教师之间，教师可以合作，共同备课、共同读书；在学生中，可以建立强有力的学习社团，把支持和信任与高期望和学习的集体责任感结合起来。

---

① 尤小平：《学历案与深度学习》，240 页，上海，华东师范大学出版社，2017。

（4）思辨性原则。学生学会思辨性地、分析性地思考问题，知道如何寻找、评估和综合信息构建观点，为解决复杂问题设计解决方案，是在思辨性原则指导下要实现的能力培养目标。通过思辨，学生能够拥有学术心态，实现独立思考，不盲从，不被人左右，对自己有极强的信心，相信自己的能力。

（5）体验性原则。体验性原则是深度学习的重要原则之一。在真实的情境中，为学生的学习经验提供意义，设计真实的体验，包括以下活动：让学生有机会与不同领域的专业人士和专家互动；承担专业人员在从事研究或开发创意、产品时的角色；将历史事件与当代问题和与学生生活相关的问题联系起来等。①

第三节　深度学习与核心素养

世纪之交，世界各国纷纷提出人才优先发展战略，"提高国民核心素养"成为世界性的议题。在我国，有学者提出，深度学习是我国全面深化课程改革、落实核心素养的重要路径。② 本部分将重点讨论深度学习与核心素养的关系，顺带介绍中国台湾落实核心素养的课程体系构建。

一、核心素养的提出及其具体内容

崔允漷教授就国际组织和世界各国对核心素养的研究做过这样一段描述：提高国民核心素养这一议题，不仅挑起了教育界的研究兴趣，还获得了国际组织的重视。联合国教育、科学及文化组织最近召开的 9 次大会中有 5 次涉足这一领域；14份主要报告和宣言中有 8 份聚焦这一主题；91 份建议书中，有 29 份讨论这一话题。

---

① ［美］莫妮卡·R. 马丁内斯、丹尼斯·麦格拉思，《深度学习 批判性思维与自主性探究式学习》，5 页，北京，中国人民大学出版社，2019。

② 刘月霞、郭华：《深度学习：走向核心素养（理论普及读本）》，3 页，北京，教育科学出版社，2018。

经济合作和发展组织 1992 年以来发布的 21 份《教育概览：OECD 指标》中有 5 份关注课程、教学、评价与核心素养。据统计，国际最大型的教育研究资料库 ERIC 以教育为主题的 1000689 篇学术论文中，有 730694 篇属于课程与教学领域（占总量的 73%），其中以"核心素养"为主题的文章篇数为 627292（占教育类论文总量的 62.6%，占课程与教学领域论文的 85.8%）。以"21st century skills""literacy""key competence"为关键词，分析 2004—2013 年 10 年间 ERIC，ScienceDirect，PsycINFO，JSTOR Journals，PsycAticles，Oxford Scholarship online，PsycCritiques 以及 NewsBank 等数据库上发表的关于"核心素养"的政府报告和学术期刊论文后发现，2013 年学术期刊论文总量比 2004 年翻了一番，2013 年政府年度报告总量亦比 2004 年翻了一番。①

通过上述数据，我们可以看到世界各国为了培养符合新时代要求的人才，纷纷推动了新一轮的课程改革，提升国民核心素养的研究方兴未艾，各个国际组织和各国根据本国的实际情况，纷纷出台了对核心素养的理解与内涵界定，以此来指导本国课程改革。下面，我们列举一些重要的国际组织和国家、地区对核心素养的理解与界定。

1997 年 12 月，经济合作和发展组织启动了"素养的界定与遴选：理论和概念基础"项目，确定了三个维度九项素养。第一，能互动地使用工具。包括三项素养：互动地使用语言、符号和文本，互动地使用知识和信息，互动地使用（新）技术。第二，能在异质群体中进行互动。包括三项素养：了解所处的外部环境，预料自己的行动后果，能在复杂的大环境中确定自己的具体行动；形成并执行个人计划或生活规划；知道自己的权利和义务，能保护及维护权利、利益，也知道自己的局限与不足。第三，能自律、自主地行动。包括三项素养：与他人建立良好的关系，团队合作，管理与解决冲突。该框架对于 PISA 测试具有直接影响，进而对许多国家和地区开发的核心素养框架产生重要影响。

2006 年 12 月，欧盟通过了关于核心素养的建议案，核心素养包括母语、外语、数学与科学技术素养、信息素养、学习能力、公民与社会素养、创业精神以及艺术素养共计八个领域，每个领域均由知识、技能和态度三个维度构成。这些核心素养作为统领欧盟教育和培训系统的总体目标体系，其核心理念是使全体欧盟公民具备终身学习能力，能够保证个体在知识信息时代中自我实现、完美融入社会，从

---

① 黄光雄、蔡清田：《核心素养 课程发展与设计新论》，1 页，上海，华东师范大学出版社，2017。

而在经济全球化浪潮和知识经济的挑战中能够实现个人成功与社会经济发展的理想。①

2013 年 2 月，联合国教育、科学及文化组织发布报告《走向终身学习——每位儿童应该学什么》。该报告基于人本主义的思想提出核心素养，即从工具性目标（把学生培养成提高生产率的工具）转变为人本性目标，使人的情感、智力、身体、心理诸方面的潜能和素质都能通过学习得以发展。在基础教育阶段尤其重视身体健康、社会情绪、文化艺术、文字沟通、学习方法与认知、数字与数学、科学与技术七个维度的核心素养。②

2002 年，美国制订了《"21 世纪素养"框架》，2007 年发布了该框架的更新版本，全面、清晰地将各种素养以及它们之间的相互关系呈现出来，详见图 5-1。

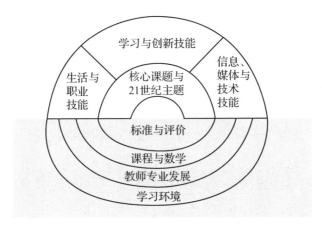

图 5-1　美国"21 世纪素养"框架

（资料来源：褚宏启、张咏梅、田一，《我国学生的核心素养及其培育》，

载《中小学管理》，2015(9)。）

美国《"21 世纪素养"框架》以核心学科为载体，确立了三项技能领域，每项技能领域下包括若干素养要求。第一，学习与创新技能。包括批判性思维和问题解决能力、创造性和创新能力、交流与合作能力。第二，信息、媒体与技术技能。包括

---

① 孙刚成、贺列列：《基于核心素养的国外课程改革研究综述》，载《北京教育学院学报》，2017(3)。

② 褚宏启、张咏梅、田一：《我国学生的核心素养及其培育》，载《中小学管理》，2015(9)。

信息素养、媒体素养、信息交流和科技素养。第三，生活与职业技能。包括灵活性和适应性、主动性和自我指导、社会和跨文化技能、工作效率和胜任工作的能力、领导能力和责任能力。

2010年3月，新加坡教育部颁布了新加坡学生的"21世纪素养"框架，核心价值观处于中心位置，由公民素养、全球意识和跨文化交流技能等部分组成，如图5-2所示。

图5-2　新加坡"21世纪素养"框架

（资料来源：褚宏启、张咏梅、田一，《我国学生的核心素养及其培育》，

载《中小学管理》，2015(9)。）

其中，核心价值观包括尊重、负责、正直、关爱、坚毅不屈、和谐。社交与情绪管理技能包括自我意识、自我管理、社会意识、人际关系管理、负责任的决策。公民素养、全球意识和跨文化交流技能，包括活跃的社区生活、国家与文化认同、全球意识、跨文化的敏感性和意识。批判性、创新性思维，包括合理的推理与决策、反思性思维、好奇心与创造力、处理复杂性和模糊性。交流、合作和信息技能，包括开放、信息管理、负责任地使用信息、有效地交流。学校所有学科的教学，就是为了培育这些素养，最后培养出充满自信的人、能主动学习的人、积极奉

献的人、心系祖国的公民。①

　　"21世纪素养"框架在发布后，迅速成为新加坡学校、教师和家长的共同目标。在我国的"核心素养"、日本的"21世纪能力"处于政策研究阶段时，新加坡的"21世纪素养"已通过多种措施予以积极推进，特别是通过课程培养学生的"21世纪素养"，取得了初步成效。②

　　中国香港在2014年颁布的《基础教育课程指引——聚焦·深化·持续(小一至小六)》中明确指出，共通能力主要是帮助学生学会掌握知识、建构知识和应用所学知识的技巧、能力和特质。2000年颁布的《学会学习——课程发展路向(咨询文件)》明确指出，价值观是学生应发展的素质，乃行为和决策的基本原则(如权利和责任、勇于承担的精神、诚实、国民身份认同)，而态度则是把工作做好所需的个人特质(如思想开明以及能与人合作)。

　　九种必要的共通能力包括协作能力、沟通能力、创造力、批判性思考能力、运用资讯科技能力、运算能力、解决问题能力、自我管理能力、研习能力。七种首要培养的价值观和态度，分别是坚毅、尊重他人、责任感、国民身份认同、承担精神、关爱和诚信。

　　有研究者认为，学校建构的课程架构由三个相互关联的部分组成：学习领域、共通能力、价值观和态度。这种课程架构使学校能够调节学生学习内容的广度和深度，灵活地采用不同的学习策略，实现高效教学。实际调查也显示，这种课程架构得到了大多数包括校长、课程主任、专门负责人以及教师在内的受访者的认同。可以说，香港新的教育目标不再注重知识的灌输和掌握，强调的是各种能力的培养和正面的价值观。③

　　中国台湾核心素养主要包括沟通互动力、社会参与力、自主行动力三面向九主轴，强调以人为本，培养终身学习者，其依据为"K-12中小学课程纲要的核心素养与各领域之连贯体系研究"，如图5-3所示。

　　① 褚宏启、张咏梅、田一：《我国学生的核心素养及其培育》，载《中小学管理》，2015(9)。
　　② 乔桂娟、杨丽：《新加坡基于〈21世纪技能〉的基础教育课程改革》，载《基础教育参考》，2019(23)。
　　③ 马艳婷：《香港学生核心素养的培养路径及其启示》，载《教育参考》，2017(1)。

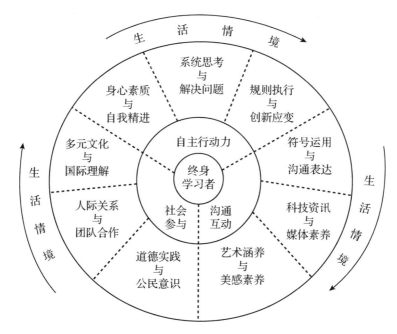

图 5-3　"国民核心素养"的滚动圆轮意象

（资料来源：蔡清田，《台湾十二年国民基本教育课程改革核心素养的回顾与前瞻》，

载《教育学校月刊》，2015(10)。）

　　这个滚动圆轮意象，强调核心素养必须因生活情境所需历经长期培养，并重视与外在社会和自然环境等生活情境的互动关系，显示核心素养动态历程的课程发展理念，基于终身学习者的基础概念，强调终身学习者必须能转化与创新，成为主动且积极的学习者，展现其主体性，彰显现代核心素养的延续性与全面性，能层层外扩开展形成滚轮式的动态发展。①

　　2016 年 9 月，《中国学生发展核心素养》研究成果发布。中国学生发展核心素养以培养"全面发展的人"为核心，分为文化基础、自主发展、社会参与三个方面，综合表现为人文底蕴、科学精神、学会学习、健康生活、责任担当、实践创新六大素养，具体细化为国家认同的 18 个基本要点。各素养之间相互联系、相互补充、相互促进，在不同情境中整体发挥作用，具体如图 5-4 所示。

①　蔡清田：《台湾十二年国民基本教育课程改革核心素养的回顾与前瞻》，载《教育学校月刊》，2015(10)。

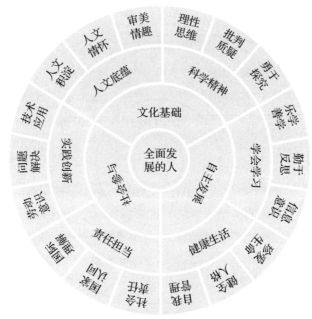

图 5-4　中国学生发展核心素养

通过对上述各国际组织、国家、地区等核心素养的梳理，我们会看到这个概念的提出是各国、各地区人才优先战略的研究成果。各国、各地区都在思考人应该具备什么样的技能才能应对生活，应对社会的发展，核心素养的提出是对个体的赋能，也是对国家的赋能。

在《中国学生发展核心素养》的指导下，我国开展了学科核心素养的研制。启动了高中课程标准和教材的修订，转化与落实中国学生发展核心素养的研究成果。目前我国正在进行义务教育阶段的课程标准修订工作，以期能够指导新一轮的课程改革。

二、指向核心素养培养的基本路径

《中国学生发展核心素养》的总体目标指向全面发展的人，全面发展的人意味着不是割裂的人，是既有责任担当的人，又有能力责任担当的人；是有科学精神和人文关怀的人，而不仅仅是技术人；是能够健康生活，积极参与社会，能贡献、会分享的人。所以，在理解《中国学生发展核心素养》时，不是平面的理解，而是立体的理解，这些要点是围绕全面发展的人呈现出来的。培养全面发展的人，势必意味着割裂的教育是不能胜任的，也就是说，教书和育人是一枚硬币的两面，而非割裂的。同样，类推到课程，割裂的课程是不足以胜任全面发展的人的培养目标的。因此，我们必须反思我们的课程、教学法、教学方式等一系列与培养核心素养的目标相关的内容。

因此，围绕核心素养，我们需要做全面的课程与教学改革。通往核心素养这个目标的路有好多条，目前我们看到的有课程整合、以概念为本的课程与教学、深度学习等。

关于课程整合，褚宏启认为，教育发展方式既包括学生学习的方式，又包括教师教育的方式和管理方式，这三个方式都可以发生变化，而且可以同时变化。所以想要让中国学生富有创造力，必须激发学生的好奇心，培养学生的兴趣爱好，营造独立思考、自由探索、勇于创新的良好环境，这样他将学会发现学习、合作学习、自主学习……现在提出课程整合，课程整合两种方式一个是纵向整合，如英语一年级到六年级，横向整合不同学科之间老师整合，这种整合越来越多，需要加强这种教学方式。①

清华大学附属小学在这方面已经做了一些有效尝试。清华大学附属小学的学生发展的核心素养被概括为五个方面：身心健康、成志于学、天下情怀、审美雅趣和学会改变。为了落实核心素养，就需要以课程为依托，将核心素养转化为学生学习的生产力。② 成尚荣认为，以整合的方式进行课程改革，建构"1+X"课程体系。落实学生发展核心素养，需要以课程为依托。课程的品质影响着学生的素养，课程的结构影响着学生的素养结构。"1+X"课程体系培养和发展的正是学生的整体素养、综合思维方式、创新精神和探究能力。窦桂梅还进行了主题教学研究。主题是核心素养的载体，即核心素养以主题的方式来呈现。同时，她也告诉我们，核心素养的发展离不开教学。③

如上所述，课程整合，其实质就是通过整体的内容学习，实现学生整体素养、综合思维方式的提升，进而培养全面发展的、完整的人。这是实现核心素养培养目标的路径之一。

---

① 褚宏启：《21 世纪核心素养如何培养?》，载《人民政协报》，2015-12-02。
② 窦桂梅、胡兰：《"1+X 课程"与学生发展核心素养》，载《人民教育》，2015(13)。
③ 成尚荣：《关于学生发展核心素养的四句话》，载《中国教师报》，2014-11-19。

路径之二，是以概念为本的课程与教学。这种教学方式认为，概念为本的课程模式提供了一个不同层面心智处理的清晰描述：在事实层面上能"知道"，在概念层面上能"理解"，在技能和过程层面上能"做"。高质量的课程设计必须超越对低阶目标进行打对勾式的覆盖形式，走向以事实和技能为支撑的跨时间、跨文化、跨情境的可迁移、可应用的概念和概念性理解。概念性迁移能帮助学生在相似的情境下发现规律和联系，提供复杂思考和理解的跳板，而这两者是职业准备和终身学习的关键。① 目前，关于概念为本的课程与教学，国际文凭组织的 MYP（中学项目）团队有一套完整的实践经验。

路径之三，是深度学习。正如刘月霞所言，深度学习是我国全面深化课程改革、落实核心素养的重要路径，深度学习的价值追求就是落实立德树人的智慧之旅，是师生共同经历的一场智慧之旅。旅程的终点是为了让学生能够积极、充分、灵活地运用知识去理解世界、解决问题、学以致用，并获得人格健全和精神上的成长，成为新时代的社会主义建设者和接班人。深度学习以培养学生的核心素养为根本追求。大量研究表明，在迅速变化的世界中取得职业和社会生活成功的关键，就是要拥有远大的志向和坚强的意志、批判性思考和问题解决能力、有效沟通和写作能力以及学科思维、学习策略和积极的学习心向等，也就是核心素养。这些素养的获得需要深度学习的支撑，因为素养是个体在与各种真实情境持续的社会性互动中，不断解决问题和创生意义的过程中形成的。

冯燕华认为，从本质上看，深度学习强调对知识本质的理解和批判性思考，追求有效的学习迁移和真实问题的解决，与核心素养培养具有相通的内在逻辑。一方面，深度学习过程经历知识的深度加工、思维的深度参与、意义的深度理解、结果的迁移应用等完整的过程，这一过程既充分释放了学生学习的主动性、能动性和创造性，又孕育了独立、批判、合作、践行的精神，能使学生成为一个有理想信念、敢于担当、具有实践创新能力的人。另一方面，深度学习对学科本质和知识内核的深层次把握，也有利于保障学生习得人文、科学等领域的知识技能，厚实文化基础、涵养内在精神。因此，深度学习与核心素养是手段与目标、过程与结果的关

---

① ［美］林恩·埃里克森、洛伊斯·兰宁：《以概念为本的课程与教学：培养核心素养的绝佳实践》，13 页，上海，华东师范大学出版社，2018。

系，深度学习是培育学生核心素养的重要途径。①

深度学习与核心素养的内在逻辑一致，是手段与目标、过程与结果的关系。深度学习是实现核心素养培养目标的另一条重要途径。同时，深度学习与整合课程，又是方式与内容的关系，整合后的课程内容可以以深度学习的方式来实现。

在我国，核心素养的研究和深度学习的研究是相伴相随的。2014 年，国家以全面深化课程改革作为新时代落实立德树人根本任务的标志性工程，组织研究中国学生发展核心素养框架体系，把培育学生核心素养作为基础教育课程改革新的目标追求。在全面深化改革的大势之下，深度学习教学改进项目应运而生。目前，这个教改项目在全国很多省市得以实验和推广，北京市海淀区以单元教学的形式探索深度学习在各学科中的运用。

以上是编者所整理的国际、国内对于核心素养培养的基本路径探索方面的理论与实践的基本情况。

三、指向核心素养的深度学习活动设计

深度学习是触及学生心灵的学习方式，是在理智与情感的共同作用下，对学习内容的深度把握。在深度学习中，学习的材料与学生的生活经验相关，具有生活和学习上的目的，以意义的建构为中心，在教学时要尊重学生的个体差异，让学生充分拥有学习的自主权。

学生要充分参与学习活动，具身认知理论主张知觉的主体是身体，身体嵌入世界之中，就像心脏嵌入身体之中，知觉、身体和世界是一个统一体。这一认识从哲学层面强调了身体在认知过程中的核心地位。具身认知强调身体在认知的实践中发挥着关键作用，其中心含义包括：认知主体在认知过程中具优先地位；认知过程的方式和步骤由身体系统的物理属性决定，认知的内容由身体的感受和体验提供；认知过程中，身体的感受和体验由环境决定。②

在汉语中，由"体"构成的词语非常丰富，强调了身体参与认识世界的重要作

① 冯燕华：《基于核心素养的深度学习内涵及发生机制探析》，载《新课程研究》，2020(8)。
② 叶浩生：《具身认知：认知心理学的新取向》，载《心理科学进展》，2010(5)。

用，如体验、体味、体察、体会、体谅等，都是指身体参与之后，对外界世界感知的结果，引发内心和情感上的变化。深度学习是身体、情感、认知等全方位参与学习过程的一种学习状态。

以语文学科为例，在做指向核心素养的深度学习活动设计时，要考虑语文学科的核心素养，即语言建构、思维启发、审美鉴赏、文化理解等。

以《伊索寓言》中《狼和小羊》的故事为例。

狼来到小溪边，看见小羊正在那儿喝水。

狼非常想吃小羊，就故意找茬儿，说："你把我喝的水弄脏了！你安的什么心？"

小羊吃了一惊，温和地说："我怎么会把您喝的水弄脏呢？您站在上游，水是从您那儿流到我这儿来的，不是从我这儿流到您那儿去的。"

狼气冲冲地说："就算这样吧，你总是个坏家伙！我听说，去年你在背后里说我的坏话！"

可怜的小羊喊道："啊，亲爱的狼先生，那是没有的事，去年我还没有生下来哪！"

狼不想再争辩了，龇着牙，逼近小羊，大声嚷道："你这个小坏蛋！说我坏话的不是你就是你爸爸，反正都一样。"说着就往小羊身上扑去。

这是一个辩论性质的文本，适合用来培养思维启发的素养。林崇德认为，目的性是思维的根本特点，它反映了人类思维的自觉性、有意性、方向性和能动性，并构成思维结构中的核心因素。①

以上《狼和小羊》的故事，涉及思维目的的问题。狼的思维目的是"吃小羊"，在这个目的的驱使下，就故意找茬儿，胡乱捏造思维材料——"你把我喝的水弄脏了！""你总是个坏家伙！""去年你在背后里说我的坏话！"用貌似正确的推理得出一个结论：你是坏家伙，所以我要吃了你！

而小羊用的是正确的思维材料、思维过程、思维结果来进行反驳，狼不能达到目的，便进一步捏造虚假的思维材料："说我坏话的不是你就是你爸爸"，而且胡乱下结论，反正都一样，胡乱推理得出一个结论就是"我要吃了你"。

小羊虽然有理有据、合乎思维规律地进行反驳，但最终还是被吃了。这是因为

① 林崇德：《思维是一个系统的结构》，载《宁波大学学报（教育科学版）》，2006（5）。

小羊根本不知道自己没有和狼平等对话的权利，同时又忽略了狼的思维目的。对小羊而言，狼的目的自然是恶毒的。

假丑恶的思维目的将思维结构引向假丑恶的方向。①

通过教师的深度备课，对材料进行上述的分析之后，便找到了这个寓言想要揭示的学科本质的内容：寓言内含讽喻和教训，重在思想。这样通过对思维结构的剖析来教学生学习思想，符合学科逻辑。

教师在设计深度学习时，可以请学生找到本文中狼的目的是什么，以及为了论证目的的合理性，让学生找证据来论述，并论证这些证据是否合理；羊是如何反驳的，羊反驳的证据是否合理。通过辨识各自证据的合理性，反观狼的目的，以及狼和羊的不对等，进而识别邪恶的思维目的、胡乱捏造的证据、貌似正确的推理。然后引导学生反思自己和周围人的思维方式。类似这样具有思辨价值的文本，在小学语文教材中，如《真理诞生于一百个问号之后》《为人民服务》等科学类、论述类的文本，均可以进行这样的思维训练。在信息时代，教师再也不能只是作为知识的传递者而存在……启发学生在学习过程中质疑、批判、深入思考，是教师存在的最根本的理由和价值。

深度学习强调学科育人，与核心素养的培养目标与逻辑相一致。在学科育人中，不同学科发挥的作用不同，理科是理性科学的精神，文科通过艺术文化培育，提升人文底蕴，为精神打底。两者又经常相互嵌入，理科除了理性的科学精神之外，其学科的发展也是因为有人文之光的烛照，才能在科学史上熠熠生辉。例如，邓稼先是"两弹一星"的元勋，对我国核物理的事业做出了巨大贡献。他之所以能够做出这样的贡献，是因为他对祖国深切的爱，正因为这深切的爱，他才有了科学追求的动力与决心。基于这样的认识，当在物理学习中涉及核物理的学习时，不妨回顾一下这段与人文精神密切相关的历史，帮助学生建立意义。这样，学习的公式、原理等，就不再是冷冰冰的数字，而是充满了温度和善意。以此来实现学科育人，实现科学精神、人文底蕴、责任担当的和谐统一。鉴于此，教师不妨掌握一些本学科的学科史，以此来丰富关于所教内容的认识，将所教的内容与历史和现实建立联系，这种对学习内容定位的方式，有利于培养学生的学术心态。

---

① 覃永恒：《从思维结构到批判性思维——理解、表达的策略研究与语文教学实践》，7页，长沙，中南大学出版社，2018。

对于深度学习的设计而言，深刻的理解才是深刻感动的前提。肤浅的煽情带来的是肤浅的理解和迅速的遗忘。在小学语文教材中，有一类关于中国革命传统的文本，这种类型文本的特点是内容、人物、事件背景等距离学生都比较遥远，通过一篇文章打动学生的难度是比较大的。因此，深度学习中主题学习便显得非常重要。比如，《十六年前的回忆》，这是李大钊女儿回忆父亲李大钊被杀害的一篇散文，文字质朴，感人至深。如何引导学生进入文本、理解文本，是一件比较难的事情。教师不妨引导学生查找关于李大钊的传记、文章、影视片等材料，对人物进行充分研究。学生通过研究加深对人物的情感、印象，教师再引导学生学习课文。

深度学习还可以体现为长时间地研究一个内容，以此来实现价值体认。小学生的错别字现象非常严重，教师就设计了"汉字捉虫记"的理字本，引导学生研究错别字。研究之初，教师会提供丰富的研究资源并给出研究方法和范例，帮助学生研究。一段时间之后，学生就可以利用这些资源和方法，自主研究。比如，学生写"酬"字容易出错，老师就引导学生做了下列研究。①

"酬"字属于形声字，其中"酉"表意，"州"表声。本义是古时酒宴的一种礼节，也叫"导饮"。古时酒宴，主人担心宾客不饮，故先自饮，再向宾客敬酒，叫"酬"。后来，由敬酒又引申为人际交往、用财物报答等义。理解词义时，学生还掌握了图示法。他们用推杯换盏的简笔画表示酒宴之中的"应酬"（见图5-5）。这样图文并茂的解释，让汉字不再是冷冰冰的符号标记，而是充满情趣和温度的文化载体。

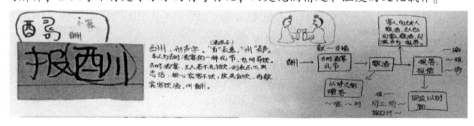

图5-5 "应酬"的学习图

（资料来源：吕颖，《探究性"理字本"在识字教学中的使用》，
载《教育研究与评论（小学教育教学）》，2020(3)。）

---

① 吕颖：《探究性"理字本"在识字教学中的使用》，载《教育研究与评论（小学教育教学）》，2020(3)。

　　还有借助习作小练笔的探究。指导学生在"理字本"上开辟"字里字外""汉字的秘密""汉字捉虫秘籍"等栏目(见图5-6),让学生及时记下汉字"捉虫"过程中的收获。如此,既完成了习作小练笔,又及时巩固了自己的研究成果,错别字重复出现的概率大大降低。

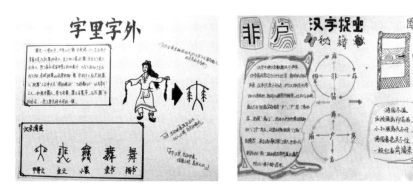

图5-6　"字里字外""汉字捉虫"栏目图

(资料来源:北京教育学院卓越计划,字课工作室研究成果。)

　　总之,在指向核心素养的深度学习设计中,既要重点考虑学生的卷入程度,还要根据学习材料选择学习方法,也要根据学生的认知特点选择学习的方式。针对审辨式的学习材料,要进行逻辑分析,指向核心素养的思维培养;对于学科中孤立的知识,要还原到知识产生的场景中,既赋予知识科学的意义,又赋予其人文价值,培养学生做有人文关怀的技术人;对于距离遥远的学习材料,要采用浸泡式的学习方式,加深学生对材料的理解;对于因熟视而无睹的学习材料,要采用研究式的学习方法,让学生充分研究,体认其价值。

第六章
学习科学研究现状与
未来展望

从 20 世纪 80 年代开始，温寒江就关注到了脑科学的最新研究成果，并在反思教育现实的基础上，将脑科学研究成果应用于中小学教育中，逐步形成了具有中国特色的"学习学"理论与实践体系，实现了中国教育理论研究和实践的新突破。他提出迁移是新旧知识、技能内在联系的机制，也是学习可持续发展的内在机制；他提出形象思维具有多样性，教师以形象思维为突破口，在课堂教学中要特别关注学生思维与技能的培养；他指出学生的创造性思维和创新活动可以在课堂内外的学习中经常发生；他特别关注信息技术发展，特别是多媒体技术在学习过程中的作用等。可以说，这些研究内容与思考成果与国外学习科学的创立与发展几乎是同步的，像学习科学中的非正式学习理论、对知识的可视化表征、具身认知理论以及现代信息技术理论等都能够在温寒江有关"学习学"的理论著作中找到相关的论述与阐释。这不仅推动了"学习学"理论在我国教育界的推广，也促进了我国学习科学的发展。

本章将对目前学习科学的研究现状和未来发展进行介绍。第一节介绍学习科学的兴起，第二节介绍学习科学发展的历程，第三节介绍学习科学的研究领域，第四节介绍学习科学的未来展望。

第一节　学习科学的兴起

一、学习科学的概念和内涵

学习科学是指对学习的科学研究。在英文中有两个对应的词："learning sciences"与"a science of learning"。这两个词一般以单数或者复数的形式出现，交替使用。学习科学并不是一个新词。早在 1954 年，斯金纳就发表了《学习的科学，教学的艺术》一文，迄今为止，学习科学一词的引用次数已经超过 2355 次。

1991 年，美国西北大学聘请耶鲁大学人工智能专家尚克成立了学习科学研究所。1991 年，第一届学习科学国际会议成功举办，与此同时《学习科学杂志》创刊，

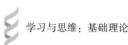

成为学习科学学术共同体建立的标志。美国教育学家 R. 基思·索耶在《剑桥学习科学手册》一书中指出，学习科学是一个研究教和学的跨学科领域。它研究各种情境下的学习——不仅包括学校课堂里的正式学习，还包括发生在家里、工作期间以及同伴之间的非正式学习。学习科学就是研究学习是如何发生的，以及如何促进学习更好地发生的科学。学习科学研究的目标，首先是更好地理解认知过程和社会化过程，以产生最有效的学习；其次便是用学习科学的知识来重新设计我们的课堂和其他学习环境，从而使学习者能够更有效和深入地进行学习。它为学习、教育以及政策制定提供了科学的指导，旨在通过跨学科和多学科交叉视域下的协同，促进与学习相关的人类发展理论与实践的探索。

二、学习科学的萌芽与缘起

20 世纪 80 年代，包括柯林斯、科罗德纳在内的一批杰出认知科学家发现，认知科学在开展有关人脑和心智机制的研究中，常常忽视了任务的复杂性和个体的经验，而实验室的研究模式和方法又使得研究的结果过于抽象和规范。这样的研究范式，将人从复杂的社会和自然世界中剥离出来进行研究，其得出的结果也很难回到真实的世界中。于是，带着这样的不满，一批认知科学家从传统的认知科学队伍中走了出来，开始关注真实世界中的认知，形成了认知科学的一个分支，试图解决认知科学与教育实践脱离的问题。① 20 世纪 80 年代末 90 年代初，学习科学开始从认知科学中进行分化，但其发展一直离不开认知科学主流范式的影响。

学习科学不是学科概念，是领域概念，涵盖了人类学习、动物学习、机器学习等非常广泛的研究领域。② 学习科学包含了众多的学科群。有关人的学习科学的研究主要包括在神经科学、认知科学、认知神经科学、发展与教育心理学等学科中。

三、学习科学的研究方法

学习科学的主要研究内容是描述学习发生的过程和创设学习环境，强调学习的

---

① 赵健、郑太年、任友群等：《学习科学研究之发展综述》，载《开放教育研究》，2007(2)。
② 周加仙：《学习科学：内涵、研究取向与特征》，载《全球教育展望》，2008(8)。

真实性和复杂性。因此，学习科学并不采用传统的、剥离现实情境的，从单一角度去解释学习的实验室研究方法，而是采用整合的观点，通过基于设计的研究范式研究人类的学习和学习环境的建设。① 由于学习科学关注真实情境中人类的学习活动，因此通常采用能够对真实情境中与学习者学习相关的数据进行整体全面记录的研究方法，如根植于民族志学、人体动作学、社会语言学等学科的"互动分析法"、在"互动中的言谈"研究中常用的"话语分析法"、② 捕捉场景中的代理的"行动相关时间的网络建构法"、常用的可视化学习分析方法"视频研究"、解释学习发生的生物学机制的"脑功能成像"等。

第二节　学习科学发展的历程

一、学习科学建立初期(1991—2000 年)

1991 年，第五届人工智能与教育会议在美国西北大学举行。在会上，学习科学的研究者发现，相对于开发教学软件的技术需求而言，他们更应关注软件是否符合真实环境中学习者的需求，因为学习科学的研究者发现自己的研究领域已和单纯的人工智能教育应用有所不同。人工智能的教育应用主要是一批研究人工智能的计算机专家利用人工智能的最新成果，设计与开发了各种各样的智能导学系统以及基于智能导学系统的教育软件工具；而学习科学则不同，尽管学习科学家也利用人工智能设计与开发各种教育软件与平台，但他们对真实情境中的学习研究更有兴趣，其设计的教育软件更加注重以学习者的需求为焦点，而不再视人工智能技术为其中必不可少的成分。在尚克的提倡下，一批学者在会场上现场组织了第一届学习科学国际会议。这一举动，标志着在认知科学之后，学习科学的研究者又从人工智能领

---

① 任友群、詹艺：《国内外学习科学领域建设、研究进展及发展趋势》，载《中国教育科学》，2013(2)。

② 徐晓东、杨刚：《学习的新科学研究进展与展望》，载《全球教育展望》，2010(7)。

域中走了出来，再一次对理解和促进真实世界的学习这一追求给予了肯定。学习科学家在这个"会中会"中与人工智能专家正式"分道扬镳"。这意味着学习科学家已从认知科学的研究阵营中彻底分化出来，形成了一个独立的科学共同体。在这一过程中，尚克发挥了核心领导作用。他自身的经历向我们展现了最早的一批学习科学家是如何从认知科学的研究阵营中分化出来的，以及这种分化的内在逻辑与必然性。①

　　1996 年，第二届学习科学国际会议在美国西北大学召开，本届会议的主题是"真实情境中的学习"。此后，学习科学国际会议每隔两年召开一次。从第二届会议开始，符合该领域开创要义的学习研究越来越多，这标志着学习科学正式转向真实情境中的学习研究。1997 年，斯坦福大学教育学院设立了学习科学专业。1999年，美国国家研究理事会成立了"学习科学发展委员会"工作小组，发布了名为"人是如何学习的——大脑、心理、经验及学校"的研究报告，这份报告系统总结了学习科学的新进展和新发现，从战略高度首次旗帜鲜明地提出了"人是如何学习的"及"学习：从猜想到科学"的口号，从学习者和学习、教师和教学两个方面全面把握了学习科学的最新进展及其教育价值，并对学习科学未来的研究方向提出了战略建议，在历史上第一次对学习科学进行概括并将其推向社会公众，大大扩展了学习科学在教育领域的影响，引起了世界各国对学习科学的关注。②

　　在《人是如何学习的——大脑、心理、经验及学校》推出的同年，约翰·布兰斯福特等人共同主持出版了《人是如何学习的——大脑、心理、经验及学校》的姊妹篇——《人是如何学习的——沟通理论与实践》，之后推出了《人是如何学习的——大脑、心理、经验及学校》的扩展版。他们从战略层次上对学习科学研究的创新与发展进行了更为深入的考察与阐述，并在之后的几年间，沿着这份研究报告开辟的方向，陆续组织撰写出版了《学生是如何学习的——课堂中的科学》《学生是如何学习的——课堂中的数学》《学生是如何学习的——课堂中的历史》，对《人是如何学习的——大脑、心理、经验及学校》确立的学习科学研究创新发展的战略方向进行了进一步细化，从而以"人是如何学习的"为核心、以"学生是如何学习的"

---

① 郑旭东：《学习研究新学科创建的辉煌历程——学习科学成功之道探秘》，载《开放教育研究》，2011(1)。

② 黄得群、贾义敏：《美国学习科学发展研究》，载《外国教育研究》，2011(5)。

为支点、以课堂的课程教学为主战场，形成了从战略到战术、从一般到具体的一整套学习科学发展新思路，这些报告风靡全球教育与心理学术界，向人们全面展示了学习科学研究及其应用于学习实践的美好前景。①

这个时期的学习科学虽然借鉴了认知科学已有的研究成果（理论、模型等），但它把研究重点放在了真实情境中的推理和学习上。在这个发展的过程中，学习科学仍然将认知科学中的许多重要概念作为自己的核心概念，如知觉信息的表征和处理、感知学习、内省学习、问题解决和思维，等等。与此同时，该时期的学习科学还逐渐从心理学的其他方向以及其他领域（如人类学、工程学）吸纳新的理论和研究方法，如情境认知、建构主义、社会文化理论等。② 在新理论和技术的共同作用下，该时期的学习研究表现出强劲的活力，为世界各国制定教育政策及一线的教学实践，提供了丰富的科学依据。

二、学习科学快速成长期（2001—2009 年）

进入 21 世纪后，相继涌现的信息技术、大数据、移动互联、可穿戴智能设备等热点科技，都成为学习科学发展的助力，为学习科学研究的提升提供了无限的机会。学习科学开始了第二个快速发展期，它逐渐进入了国家战略视野，成为承载国家教育与科技发展重任的新兴学科，地位得到了极大的提升。1999 年，经济合作与发展组织召集了 20 多个国家，推出了"学习科学与脑科学研究"项目，目的是在教育研究人员、教育决策专家和脑科学研究人员之间建立密切的合作关系，通过跨学科的合作研究来探索与学习有关的脑活动，从而更深入地理解个体生命历程中的学习过程。2001 年，日本政府启动了"脑科学与教育"国家级重点研究项目，确定了将脑科学研究作为国家教育发展的一项战略任务的总体目标。美国政府将儿童早期教育提到了国家大事议程当中。2001 年，美国召开了"早期儿童认知发展"的白宫会议，这次会议推动了美国教育神经科学的发展。2002 年，国际学习科学协会

---

① 郑旭东：《学习研究新学科创建的辉煌历程——学习科学成功之道探秘》，载《开放教育研究》，2011(1)。

② R. K. Sawyer, *The Cambridge Handbook of The Learning Sciences*, *Second Edition*, New York, Cambridge University Press, 2014, pp. 23-30.

诞生，这是一个致力于对现实情境中的学习进行跨学科的经验研究，并探索如何利用包括技术在内的各种手段促进学习的一个专业学术团体。它的诞生为学习科学的发展提供了制度和组织上的保障，学习科学的科学共同体便开始致力于学科理论基础与体系的创建。同年，经济合作与发展组织第一次发布了关于学习科学的报告——《理解大脑：面向新的学习科学》，明确地把脑科学和学习科学联系在一起，同时开展了相关研究的资助计划。美国科学基金会于 2004 年启动了"学习科学中心"项目，该项目集中了全国最高层次的研究力量，让科学家与教育工作者紧密合作，推动了教育神经科学的发展。2004 年，"国际心智、脑与教育协会"正式成立并组织了几次国际会议来促进教育神经科学这个新兴领域的发展。2006 年，由 R. 基思·索耶主编的《剑桥学习科学手册》出版。它是继全美研究协会 1999 年发布的报告《人是如何学习的》之后对新兴的学习科学进行介绍的第二本书，也是学习科学领域的第一本研究手册。该手册由 60 多位国际知名的学习科学领域的学者共同完成，对该学科诞生以来的研究进展进行了全面梳理。全书共包括 6 大部分 34 章，内容涉及学习科学的理论基础，如建构主义、认知学徒、认知导师、知识建构等；学习科学的研究方法论，如以学习者为中心的设计、基于设计的研究、协作式会话分析等；知识的本质与分类，如基于案例的推理、学习中的空间表征、概念转变等；知识可视化的理论与方法，如基于项目的学习、模型化推理等；协作学习的模型与技术，如计算机支持的协作学习、虚拟社区中的学习等；学习环境的设计与构建，如学习环境中的动机与认知参与、网络在学校中的应用等。[①] 它在编组的过程中始终关注以下两个基本问题：一是如何界定学习科学及其学科体系；二是学习科学如何才能影响教育实践。它不仅汇聚了学习科学领域内的精英力量，全面展示了学习科学各方面的研究与进展，还切实向教育工作者们展现了如何利用学习科学来设计更加有效的学习环境以促进学习并革新教育的各种理论、模式、技术与方法。[②] 它的出版是学习科学发展历史上又一个重要的里程碑，见证了学习科学领域知识体系的不断积累与完善以及学习科学家们众志绘宏图的伟大历程。2007 年，经济合作与发展组织出版的《理解脑：新的学习科学的诞生》和《理解脑：走向一门

①② 郑旭东：《学习科学的形成与发展：基于编年史的视角（下）》，载《软件导刊（教育技术）》，2008(6)。

新的学习科学》宣告了将"脑功能、脑结构与学习行为结合起来"研究的"一门新的学习科学"的诞生——教育神经科学。同年，"国际心智、脑与教育学会"创办了《心智、脑与教育》杂志，成为教育神经科学领域的第一本专业期刊。①

三、学习科学蓬勃发展期(2010 年至今)

在 21 世纪的第一个十年结束时，学习科学在学科发展上迎来了第二次转折，这就是教育与认知神经科学的加盟以及各种新的认知观点与新兴学习技术的引入。作为认知神经科学与教育研究交叉融合的产物，教育与认知神经科学的目标是对认知与大脑功能之间的关系进行概念化，从基础科学的层面上揭示学习的生物学机制，从而确保教育实践建立在真正的科学的基础上。2012 年，诺伯特·M. 西利等人编写的《学习科学百科全书》出版。该书囊括了约 4000 条学习科学领域中权威的理论、观点和术语，并提供了精准的解释和相关的文献索引，为学习科学研究者们的工作提供了有力的支持。2013 年 4 月 2 日，美国正式宣布开始十年"脑计划"，拟投入巨资探究大脑数十亿个神经元的详细信息，并对人类的知觉、行动以及意识等有更进一步的了解，该计划进一步推动了学习科学的发展。随着人们对学习本质的探索，学习的神经过程、个体和文化的多样性等新成果扩展了关于学习机制以及脑如何终身发展适应的科学理解，社会文化、学习环境的结构等学习影响因素的研究进展，直接冲击了学校的经典架构。在此背景下，美国国家科学、工程与医学研究院于 2015 年设立"人是如何学习的 Ⅱ：学习的科学与实践"委员会，启动《人是如何学习的 Ⅱ》的编写。2016 年，《自然》杂志专门设立了电子期刊《自然合作期刊——学习科学》，为学习科学搭建了一个标志性的研究平台。从此以后，基于认知神经结构的学习科学研究渐渐兴起，全新的视角也促使人们更深入地思考"如何更加科学地促进人类有效学习"这一问题。② 2018 年，时隔近 20 年后，美国国家科学、工程与医学院推出《人是如何学习的 Ⅱ：学习者、境脉与文化》，主要聚焦2000 年后的研究成果，分析《人是如何学习的 Ⅰ》中未纳入的研究成果，重点考察

---

① 姜永志：《整合心理、脑与教育的教育神经科学》，载《心理研究》，2013(3)。
② 尚俊杰、裴蕾丝、吴善超：《学习科学的历史溯源、研究热点及未来发展》，载《教育研究》，2018(3)。

不同生命时期的学习研究和学习境脉研究、认知神经科学和学习技术领域的最新成果及教育实践和教育研究的新发现、新创新和新发明。①《人是如何学习的Ⅱ》共计10章，分为文化的复杂影响、学习的类型与过程、知识与推理、学习动机、对学校学习的启示、学习技术、贯穿一生的学习七大主题。总体而言，《人是如何学习的Ⅱ》被视为《人是如何学习的Ⅰ》的延续和更新，探索的是"人是如何学习的"这一共同主题。相比之下，《人是如何学习的Ⅱ》主要是对2000年后学习研究新进展的考察分析，形成了关于学习本质、机制、过程的很多新见解。其中，最大的变化是超越了学校境脉，将学习放置于复杂系统并从持续发展的视角进行考察，突出强调了学习的境脉性、多样性、整合性、复杂性和发展性。②

学习科学历经近三十年的发展，取得了很多有价值的学术成果。与此同时，我国学者也在逐步地关注、引入和发展学习科学研究成果，形成了一定数量和影响力的学术成果。

第三节　学习科学的研究领域

一、学习基础研究

(一)学习机制研究

基于脑认知和神经科学的学习机制研究，通过研究人类在认知和学习时大脑细胞、神经系统和相关认知通道的反应，深入揭示人类学习的内在机理和生物基础，加深我们对学习的产生、个体差异等方面的认识，分析探讨人们的复杂思维模式及学习行为的形成。

学习的本质是让学生通过领会和掌握知识来提高自身的能力，而如何用适当的方式来合理地呈现知识，直接关系到学习的效率和效果。在学习过程中，首先需要

---

①②　王美、郑太年、裴新宁等：《重新认识学习：学习者、境脉与文化——从〈人是如何学习的Ⅱ〉看学习科学研究新进展》，载《开放教育研究》，2019(6)。

解决的是如何让学生排除各种无关干扰，将注意力集中到所学的知识内容上，有效的选择性注意是学生有意义高效学习的基本前提条件。① 学习是学生自觉主动学习的过程，在学习过程中应该让学生对自己的学习过程和状态有清晰的认识与实时了解，这就需要学生发挥元认知的作用——元认知是学生有意义高效学习的重要监控系统。此外，在学习过程中学生的认知活动往往需要有非智力因素的伴随参与，强烈的学习动机、坚强的意志力和良好的性格特征等非智力因素使学生的学习能够更加深入和持续，为其有意义高效学习提供了源源不断的动力。② 与此同时，在学习过程中还需要学生根据学习状况，选择最佳的学习策略来完成任务——学习策略是实现有意义高效学习的重要保障。

在脑科学、神经科学介入学习科学研究后，学习与大脑的关系也在不断被探索与发现。学习与行为彼此互动，大脑、思维和行为构成的动态统一，使学习科学领域的学者非常关注脑与神经科学的研究。此研究取向的专家主要从微观层面和生物学角度揭示学习活动的特点与规律，关注学习与记忆、神经元的联通性、工作记忆、大脑中的结构改变、功能相关性语言、思维、情绪情感与社会行为等人脑高级功能的机制研究。其中，学习与脑的可塑性是目前最引人注目的研究领域，具体包括从视觉感知与再认、语言与视觉学习、空间智能的研究、语音与语言、认知—情感交互、记忆、概念与规则形成等方面研究大脑的学习机制。此领域不仅探究人类学习的各种行为以及大脑的基本工作机制，更结合系统科学领域与教育学领域的专家，以对学习过程的认知为基础，构建具有自适应、自组织、自学习能力的神经网络模型，开发新的量化的学习算法，旨在通过将脑科学研究成果在教育领域中的合理解释与谨慎应用，进而为理解人的学习和改革传统教学提供重要依据。

（二）学习科学理论研究

1. 建构主义

学习科学将建构主义作为其理论基础之一，认为当学生主动建构或者创造新知识时，他们就能进行深度思考，获得深刻理解，培养高阶思维。为使知识的建构更

---

①　D. Koutsouki, K. Asonitou, "Cognitive Processes in Children with Developmental Coordination Disorder," *Cognition*, *Intelligence*, *and Achievement*, 2015(8), pp. 267-289.

②　任英杰、徐晓东：《学习科学：研究的重要问题及其方法论》，载《远程教育杂志》，2012(1)。

有效，学生需要学习环境为他们的学习提供支撑，教学应为学生创设这样一种环境，给他们搭建脚手架。有效的脚手架不是传递知识，也不是代替学生的学习，而是提供线索和提示让学生自己去建构。当时机成熟时，脚手架应逐渐拆减，最后完全被撤除。当学生不断应用、质疑和改变自己原有的知识及结构，将自己的知识外显以及将自己不断发展的知识清晰表达出来时，他们才能进行最有效的学习。在学习科学的发展中，自始至终强调学生的中心地位，强调学生是主动的、能动的参与者，体现了建构主义的核心观点。

2. 认知科学

虽然学习科学从认知科学中分化出来了，但其发展一直离不开认知科学主流范式的影响。学习科学仍将认知科学中的许多重要概念作为自己的核心概念，如元认知、记忆、类比、推理、迁移、表征、专长知识、反思、问题解决和思维等。学习科学从学生的学习出发研究认知。目前，在学习科学研究中广为涉及的有关认知的概念包括概念转变，类比、推理与迁移，问题解决与表征。① 具体的研究包括理解儿童的直观科学概念以帮助儿童进行概念转变，使用技术工具对问题空间进行表征以提升学生对问题的理解程度等。此外，具身认知的概念也于近年涌现。这一概念强调人的认知是身体、环境、活动三者协同作用的结果。具体的研究包括采用虚拟技术开发具身学习环境、设计具身学习活动、采用具身学习方法帮助学生理解抽象的学科知识等。②

3. 情境学习理论

情境学习理论强调知识是情境化的，是个体与环境交互作用的产物，知识只有在应用中才能被理解和发展。在当今情境学习的理论发展中，主要理论观点来自两个研究取向：一个是心理学的发展谱系，主要从认知的视角研究学习的情境性；另一个是人类学研究谱系，关注自然情境中学习的本质研究。③ 基于对传统认知科学的反思和对学校学习研究的传统，认知心理学取向的学习情境理论研究关注认知和

---

① 杨南昌、曾玉萍、陈祖云等：《学习科学主流发展的分析及其启示——基于美国〈学习科学杂志〉(1991—2009)内容分析研究》，载《远程教育杂志》，2012(2)。

② 詹艺、汤雪平、程元元等：《拓展社会想象力：以公共利益为导向的教育研究》，载《远程教育杂志》，2011(5)。

③ 贾义敏：《情境学习：一种新的学习范式》，载《开放教育研究》，2011(5)。

知识的情境性。他们尤其关注学校情境下的学习，关注达到特定的学习目标和学会特定的内容，重点研究真实学习活动中情境化的内容。人类学家关注的不是意义或内容的情境性，而是关注实践共同体中学生社会参与的特征，以及学习的社会学本质——学习究竟意味着什么。在人类学视角的学习研究中，分析单元从个体境脉转向了共同体境脉，从技能的学习发展转向形成一种作为共同体成员的社会，成为知识化的、有技能的人，重视个体在参与共同体所处境脉中的自我发展。人类学谱系下的情境学习研究希望建立一个学习的生态系统，个人和环境是其中相互建构的要素。

4. 社会性学习

受认知学徒制研究及情境学习理论的影响，学习科学研究者提出了学习者通过合法的边缘性参与，与其所在环境、环境中的物质和人力资源进行积极互动、意义建构的同时发展身份认同。他们认为社会性学习就是学习者在与实践共同体内他人互动中发生学习，从而使学习者对某一事物或活动的理解发生某种变化，这样的变化有时不仅限于单个学习者，还会扩散到同一实践共同体中的其他学习者。研究者逐渐意识到学习的发生不只是行为及其后果的结合，还需要以社会因素为中介。这促使他们进一步反思学校教育和实验室学习研究去情境化的问题，进而将目光转向真实世界中有效学习是如何发生的，之后神经科学领域对社会性大脑的研究从另一角度证明了社会交互对于学习的重要性。这些努力促使越来越多的学习环境设计及技术软件的研发，期望通过增强社会性以逼近知识学习的真实本质。对学习社会性本质的科学探索不仅促使了学习科学的诞生，也成为当下学习科学跨领域研究的共同核心。对社会性学习这一领域的研究主要涉及四个层面，即社会性大脑、模仿和共同注意、身份认同，以及社会性学习技术。它们彼此关联，构成了当下国际学习科学研究的四大社会性支柱。①

5. 信息技术相关理论

信息技术的快速发展，不断改变着人类赖以产生、分布和接受符号的工具系统，即媒体。进化对学习的影响，不仅体现在丰富了与我们接受信息的生物学渠道

---

① 金莺莲、裴新宁：《学习科学视域中的社会性学习：过去、现在与未来》，载《开放教育研究》，2014(6)。

(视觉媒体、听觉媒体和嗅觉媒体等)，改变了信息授受之间的物理介质，拓展了我们用于呈现和加工信息的技术手段(从纸笔到电视、幻灯、投影等)，更重要的体现是，在使用新的媒体技术如计算机和网络、超媒体、人工现实等过程中，教者与学习者之间、学习者彼此之间的社会关系发生了重新组合，在学习者和作为认知工具的媒体之间的分布认知系统中，学习者的心智模型不断被认知媒体塑造。① 从PPT 到 MOOC、从 VR 到 AR 以及 AI，这类研究越来越注重借助多媒体技术、自然语言处理技术、可视化技术等新兴技术来研究人们理解知识和运用知识的学习机制，在各个层面对信息技术与课程整合及信息技术与教育深度融合问题进行了丰富多彩的理论实践研究。因此，信息技术在生物学、物理学、技术学、社会学、文化和编码等方面对学习的深刻影响，已经成为我们今天谈论学习的基本语境。

(三)学习的社会文化境脉研究

学习的社会文化境脉研究始自 20 世纪 80 年代，以人类学家莱夫和温格的情境认知理论为代表，将学习研究的焦点从个体心智内部的信息加工过程转向个体内部因素与学习发生的社会、历史、文化等外部因素之间的动态互动。学习是一个复杂系统，学习者、境脉与文化交织于一体。所有学习都是文化塑造的过程，因而不可避免地与文化关联。社会、情感、动机、认知、发展、生物、时间等都会影响学习，学习研究本质上就是对学习者与其所处文化境脉之间关系的研究。文化境脉既决定着学什么，又决定着如何学。文化境脉既影响学习的内容，又影响学习的方式。文化境脉对学习的影响既包括学习者的多样性和学习所处的文化境脉的多样性，还包括不同国家、地区、社会及共同体等所呈现出来的不同的文化境脉。② 学习者的文化、社会、认知和生物境脉之间的相互作用塑造了学习者的知识和认知资源。因此，要理解人是如何学习的，就必须理解和包容学习者在发展、文化、境脉和历史等方面的多样性。因而，学习如何作为一种社会文化过程以及如何通过考虑文化境脉的多样性实现学习公平并促进社会公正，成为学习科学研究的新主题。特别是学习者参与日常文化实践时学习是如何发生的，如何将日常实践与学术实践形

---

① 赵健、郑太年、任友群等：《学习科学研究之发展综述》，载《开放教育研究》，2007(2)。
② 王美、郑太年、裴新宁等：《重新认识学习：学习者、境脉与文化——从〈人是如何学习的 Ⅱ〉看学习科学研究新进展》，载《开放教育研究》，2019(6)。

成联结，如何通过对日常实践的深刻理解更好地促进学习等都有待深入探索。

二、学习环境研究

学习环境是支撑学习发生的重要场所。学习环境是指学习发生的物理的、社会的、心理的、教育教学的情境，其对学习者的学习态度和成就具有重要的影响。从宏观上来说，发生学习的任何场景都可以被称为学习环境，学习环境既包括传统的学校、教室环境，又包括网络支持的虚拟学习环境等。对学习环境的研究一方面可以促进学生有效学习的发生，另一方面也是研究学习的一种中介手段。基于学习科学的观点，学习环境的设计超越传统技术中心的设计，更加关注学习的社会结构设计。在学习环境中的互动分析、学习活动的实施开展等也是研究的重要内容。相比于传统的学习环境，基于学习科学原则所设计的环境在许多方面都要求学生在学习上要更具动机，具有一定的认知投入，促进深度学习的发生。同时，对学习环境的探讨使得基于设计的研究更加趋于学习科学的中心，顶层学习生态系统的设计，底层的特定学习场所、情境的设计，或为达到一定研究目的而设计的课堂教学活动等，进一步丰富了学习环境的研究内容。

(一)基于设计的学习环境

设计的学习环境是指像图书馆、科学中心、水族馆和环境中心以及包括在上述环境中的小型机构(展览、交易会、演示活动、短期的项目等)等专门设计的、以参观为主要方式的环境。这些环境的主要特点是具有内部动机、内容是可变的并可能没有顺序、自愿参与、提供展览和物体、各个年龄段的学习者都有、学习者的背景有更多的差异。

那些研究在博物馆等设计的环境下学习的研究者认为，这些学习大多数是描述性的、非理论性的。研究表明，参观画廊、科学博物馆、历史博物馆、科学中心、水族馆等设计的环境能够对青少年的学习产生积极作用。虽然这些活动的教育目标不一样，但是这些活动的环境具有类似的特征。例如，提供多种多样的文字信息(包括标签、分类、背景信息、向导与参观者的互动等)。此外，基于设计的学习环境在促进有效学习的同时，还会受到参观者个人或集体的原有经验、兴趣和动机、社会和主体间的互动、馆所自身的物理特征及参观的频率等多种因素的影响。因此，这类学习活动具有个体性、情境性和成长性，并且这些设计的环境集教育、学习和娱乐为一体。教师可以利用这些环境来提高学生在校学习的效率。

（二）数字技术支持的虚拟环境下的学习

本文所讲的虚拟环境是指以网络技术、多媒体技术、虚拟现实技术等为核心的信息技术所构建的环境。随着多媒体技术和网络技术的发展，现在已经涌现出一系列虚拟的学习环境，如虚拟校园、虚拟图书馆、虚拟博物馆、远程教学平台和虚拟学习社区等。一种有关在教室中应用虚拟环境的观点认为，学习者在虚拟仿真环境中比在传统的学习环境中更加能够体会到存在感。同时，虚拟环境能够通过改变社会交互，从而改变学习环境的社会动力。虚拟环境对学习的支持主要表现在植入学与教的代理、促进协作学习、可视化、对归档行为的整合、存在性、沉浸性等方面。它可以对现实课堂中的材料进行补充，可以作为有效的非正式学习环境。例如，虚拟资源中心和数字图书馆因其包括交互、知识建构和自治的机会，所以会影响持续进入其中的教师和学生的学习。虚拟学习活动能够促进学生的高级认知，也能够促使学生积极参与学习活动。此外，虚拟环境可以将抽象的概念视觉化，如学习者可以观察原子级大小或行星级大小的物体，也可以避免现实环境中不可避免的危险。在虚拟环境中，当学习者积极参与活动的时候，能够更好地掌握、记忆新知识，并将新知识概念化。

1. 虚拟社区学习环境

首先，虚拟社区便于拥有共同兴趣爱好的人们进行思想交流，以创新的方式开展合作，一起传递、共享和建构知识。学习者能够感受到一种归属感和认同感，以及从他人身上得到的尊重感，这些都有利于增强学习者的参与度，也有助于维持他们的学习活动。人们在虚拟社区中相互交流和交互，这本身就是一个学习的过程，是一种非常重要的非正式学习方式。其次，虚拟社区最明显的优势就是能够以多种方式支持社会交互：同步或异步的、基于文本或视音频的、一对一或一对多的，并且为人们在虚拟社区中的学习提供了可能性。虚拟社区中的社会交互也有助于协作学习。新手和专家以不同的方式在相同环境下工作，以完成共同的目的。没有了社交障碍，那些问题解决能力不足、学习有障碍或者在班级氛围中反应比较被动的学生可能更愿意在匿名的虚拟社区中分享自己的观点或者参与学习体验。这些社区可能很大、很开放，也可能很小、很专业化。更重要的是，它们不仅像学校一样具有教育功能，能够提供教育设施和资源，还能为学生提供在正式学校教育中获取不到的资源。

2. 沉浸式学习环境

沉浸式学习环境，是指利用 VR、AR、MUVE 等沉浸式技术创造出的使人们在学习交互时具有主观印象体验的环境。沉浸式环境强调沉浸感，使用者能够感受到自己是虚拟世界的一部分，如同在真实环境中一样具有主动性，因此被广泛应用于教学中。游戏化学习环境是其中一种，其开发研究主要面向中学生，旨在借助虚拟技术，促进学生的虚拟化身与数字代理、人工制品及环境之间多样的交互。学习型游戏的倡导者认为，当今的年轻人希望以不同的方式去学习，游戏就是其中一个不错的选择。数字游戏能够激发学生的兴趣，越来越多的人认为，数字游戏在很多领域的学习中具有很大的潜能。还有人猜测，游戏可能已经影响到了那些学习科学、技术、工程和数学领域的人。沉浸式仿真学习环境是另外一种，主要集中在生理学、物理学和工程领域中，学习群体包括中学生和成年人。通过沉浸式学习，学习者可以体验到逼真的场景，感觉自己真实地处于某种情境中，随着情境的展开而逐步进行互动体验，进而产生难忘的学习体验。

3. 智慧学习环境

随着物联网、云计算、大数据等新一代信息技术的迅猛发展和广泛运用，学习环境越来越趋向智慧化，逐渐发展出一种新型学习环境——智慧学习环境。智慧学习环境是一种能感知学习情境、识别学习者特征、提供合适的学习资源与便利的互动工具、自动记录学习过程和评测学习成果，以促进学习者开展有效学习的场所或活动空间。打造智慧学习环境的主要目的是促进学习者开展有效的学习，具体表现在促进学习者对海量的知识信息进行提炼、内化并将其迁移应用于复杂情境，从而促进学习者的智慧发展。智慧学习环境的开发研究借助自动感觉设备、探测与跟踪技术、数据科学等新兴技术，主要探究学生在学习时认知和情感之间的交互，旨在解决学习中普遍存在的情感困惑和认知不平衡的问题。目前，智慧学习环境研究主要涉及两个方面：一是智慧学习环境的理论研究，认为智慧学习环境应该始终以学习者为中心，体现其独立性、便利性、可沟通性、适应性、协作性等特征，构成要素包括学习资源、智能工具、学习社群、教学社群、学习方式和教学方式六部分，学习者与教师通过学与教的方式与智慧学习环境相互作用；二是智慧学习环境教学应用研究，每个学习者拥有一个智能移动设备，如电子书包，借此学习各种各样的学习资源，并与同伴、教师交流互动。教师由此可以获得多种形式的资源以支持各种类型教学活动的开展，如教师可以通过虚拟仿真资源为学习者搭建"真实"的学习场景，带给学习者身临其境之感，促进学习者知识的内化和迁移应用。智慧学习环境中的设备摆放也更灵活，可以促进各种形式小组的协作学习。

三、技术与学习研究

近二十年来，学习技术的不断更新是学习科学研究取得进展的最显著的标志。如今谈及学习科学必将涉及技术，通过技术改善人类学习绩效，是学习科学领域研究人员的又一个关注点。

信息时代的技术已成为学习的内容、中介和境脉。但不管技术如何发展演变，如何利用新技术设计和开发学习环境以及如何研究学习者在这些创新型学习环境中的学习一直是学习科学的重要主题。国际学习科学学会曾明确将技术列为《国际学习科学手册》的默认关键词，并对支持探究教学的学习技术、通过技术展览支持非正式 STEM 学习、智能教练系统、游戏化学习、创客运动与学习、技术支持的协作学习、慕课等领域展开探索。其中有两大重要趋势值得关注。一是对支持个体学习和协作学习的适应性技术的研究，即如何利用技术对学习和问题解决活动的行为、认知及情感反应模式进行自动化分析，为学习者提供更适合的反馈，帮助教师监测并介入学生的学习。学习分析学的出现为这方面的研究提供了理论和技术支持。二是强调技术应用及技术支持的教育变革应以学习科学为基础。《剑桥学习科学手册》的主编 R. 基思·索耶展望学习科学的未来时指出，智能手机、慕课、翻转课堂等技术创新为教育带来了积极的影响，他特别强调技术的设计应植根于人对学习的理解。2018 年，国际学习科学年会提出的要对数字时代的学习进行"重思"也和这一趋势有关。在数字时代，我们既要关注有技术支持的学习，又要关注无技术支持的学习，重点是理解学习的本质、过程和机制以及如何促进学习，并且主动影响教育技术的商业化发展而不是反过来为其所裹挟。

（一）学习中介技术

近年来，增强现实、机器人、可视化工具、可穿戴设备、e-learning 平台、情感学习技术等学习中介技术逐步被应用到教育实践中。增强现实技术通过虚实信息叠加，对实时的视频图像进行信息处理和传输，形成三维交互式的立体画面，通过将不可见化为可见，促进和支持学生在逼真的挑战性环境中进行探究，而且增强现实支持的学习活动与相关物理空间结合得越紧密，学生的沉浸感和学习效果就越好，学习者就能够获得全新的体验与感受。学生利用可视化工具、可穿戴设备等探究学习活动，既能吸引学习者的注意力、增强学习动机，又能获得强烈的、全方位的刺激，从而激发学习者的身体机能，发展其设计思维与实践，促使其多元智能的发展。在推进各种新学习技术的研究时，理解情感如何发展并通过技术设计促进其发展非常重要。美国国家科学基金会成员指出，目前，情感学习技术有三大研究方向：一是让技术模拟人类情感，提升技术的类人特性，促进人与技术的互动，实现技术在促进情感学习方面的教学作用（如作为专家、教练、学习伙伴等）；二是让技术在沉浸式环境或像 MOOCs 那样更大规模的非正式情境中感知和回应学习者的情感，并将认知与情感学习结合起来，在这方面，已有技术通过搜集、整合和利用视线跟踪行为、面部情感表达、心律和表皮电反应活动等多模态数据，评价学生的认知、元认知、情感和动机；三是让技术支持产生预期的情感学习结果，主要涉及研究需要促进什么样的情感状态，以及技术在促进情感方面可以提供什么供养，同时还需要进行相关理论建构，促进对技术中介的认知和对情感状态的理解，并由此促进学习。

（二）学习分析技术①

学习分析技术研究主要是基于人工智能、大数据等技术，重建学习过程数据的采集方法和规范，为深度有效地评估学习环境、促进教育实践提供了新的可能。

---

① 吴永和、李若晨、王浩楠：《学习分析研究的现状与未来发展——2017 年学习分析与知识国际会议评析》，载《开放教育研究》，2017(5)。

1. 学习分析与追踪学习

一些学者认为，多模态学习分析是利用多模态生物识别技术追踪学习的过程，即使用传感器从视觉、听觉、触觉等人工感官层面，对学习者的生物指标进行自动监测、记录和反馈。例如，追踪学习者外显的行为数据，从行为科学的角度探究其行为模式，并挖掘其潜在的认知规律；追踪学习者的生理数据，如脑电、皮肤电、激素分泌等，从神经科学和心理认知科学的角度探究学习者的情感变化。另外一些学者试图从广义的视角理解多模态学习分析，他们将线上教学系统中的学习者参与指标和线下学习环境中的学习者活动数据结合起来，以解决混合学习环境中的学习分析问题。

2. 学习分析与理解学习

理解学习者行为及其在学习过程中的话语一直是学习分析领域关注的要点。随着跨学科领域的融合，对学习者的心理测量和情感分析逐渐成为新的研究热点。从关注外显的行为特征到关注内隐的认知机能，学习分析实现了由学习表现到学习本质的深入研究。这部分研究主要关注三个方面：一是通过对学习者的行为进行建模，探究学习者不同的行为模式与其学习成效之间的关系；二是通过文本、话语等非结构化数据，如在线学习社区的讨论文本、总结反馈类文本和话语、真实课堂情境中的师生话语等，对文本和话语等自然语言进行有效分析，帮助教育研究者更好地理解学习过程，把握学习规律；三是通过心理测量和情感分析理解学习发生的原理和过程。整合质性和量化研究，为最终得出的量化模型赋予质性数据的意义，通过分析推理技术将杂乱无章的数据以可视化方式转换并展现在交互界面上，正成为探究在线学习者学习交互特征与模式的重要方法。

3. 学习分析与改进学习

学习分析技术可以关注到学习者的个体差异，通过构建能力图谱，一方面可以为学习者提供个性化的学习系统，匹配个性化学习路径、精准的学习资源服务和相互促进的学习同伴；另一方面可以帮助学习者提高自我调节能力。一些学者应用潜在分析方法，借助可自动支持自我调节学习的智能辅导系统，深入探讨学习者在自我调节学习中学习判断和内容评估等特定元认知的作用，而另外一些学者采用多模态方法探究学习者的自我调节能力。此外，学习分析为学习设计和教学决策提供支持，针对学习过程中和学习结果中可能出现的风险进行预测，并以此制定和实施针对性策略，如为学习者提供预警或直接干预等，可以预防学习风险的发生，保证学习成效。数据驱动的学习评价理论研究和可视化学习分析能够对学习者进行全面、准确、直观的评价，从而达到改善学习的目的。一些学者开始尝试应用系统科学的思路、大数据分析技术中的复杂网络分析方法探究学习规律，如应用复杂网络分析技术探究在线学习环境下集体注意力流动的模式和动态。

四、学习科学成果的实践应用研究

随着学习科学研究内容的不断深入，原有教育本身的局限性日趋显现，对当前教育的反思推动了学习理念的变化，同时技术的发展也为教育深层次的变革提供了可能。学习科学本身的学科属性使其对教育教学具有重要的指导意义，学习本质的深入认识、学习机制及过程的深入探索，进一步促进了教育教学的发展。同时，技术的发展也为学习科学的研究提供了新的支撑，进而学习科学的研究成果也为教育教学中的技术实践应用提供了指导。

（一）关于课堂教学

1. "情感化"设计

丹麦学习实验室的伊列雷斯教授指出，近年来脑科学研究中最有关键性意义的发现恐怕是在一个正常和健康的脑中，我们通常称之为"理智"的过程，不能离开我们称之为"情绪"的东西独立发挥功能。① 研究者发现，情绪几乎会影响学生的整个认知过程，包括注意、记忆、问题解决、决策等。② 因此，教育工作者应该关注到学生的情绪变化以及情感体验，帮助学生学会如何调节和管理他们的情绪。

基于学习科学的课堂摒弃传统的唯分数论、唯知识论，关注每个学生的发展，重视学生在学习过程中思维的开发、知识的获取、能力的培养、人格与情感的形成，以及个性的发展。因此，学习科学将动机等要素纳入教学设计中加以考虑，通

① ［丹］克努兹·伊列雷斯著：《我们如何学习：全视角学习理论》，14页，北京，教育科学出版社，2014。

② 伍海燕、王乃弋、罗跃嘉：《脑、认知、情绪与教育——情绪的神经科学研究进展及其教育意义》，载《教育学报》，2012(4)。

过对情感的设计，为学生创设轻松的学习氛围，激发学生的学习动机和学习兴趣，对学生进行思维进阶的正强化，使学生获得一系列积极的情感体验，如自信心、成就感、自豪感等，从而实现对学习的干预，促进学习者深度学习和知识的获得，这种被称为"情感化"的设计范式正成为当今教学设计发展的新方向。教师需要通过创造和谐、安全、积极的情感氛围，利用对话与学生建立和谐的师生关系，既关注学生情感、归属和交流方面的融合，又关注学生在课堂探究与交往中的自我建构和人格完善，引导学生保持良好的学习状态。此外，教师也要关注学生健康空间情绪的维持。学习科学关于"情感反应如何作用于学习""它们在学习中又是如何出现的"等问题的研究，为情感化教学设计提供了理论支撑和创新路向。

2. 搭建脚手架

脚手架理论源于维果茨基的最近发展区理论。20 世纪 70 年代，美国教育界在吸收并发展了该理论后孕育出脚手架理论，这也是建构主义理论下的主要教学策略之一。布鲁纳等人认为，搭建脚手架是对过程的支持，也是支持的过程，那些在教学过程中为实现最近发展区内发展所提供的帮助、示范、方案、平台都属于脚手架。基于学习科学的课堂强调教师是幕后导演，教师的教是为了学生更好的学，是引导，不是控制、灌输；学生是台前主演，在自主、合作、探究中演绎自己的课堂，学习的过程不仅使学生获得了知识，更使学生的能力、心智、情感等方面得到了全面发展。教师是学习的设计者和促进者，也是支架的提供者。学生在自主学习探究过程中会遇到困难，需要教师搭建脚手架，通过示范、互动、归纳等将任务简化，给予帮助策略，赋予意义，提供反馈和促进反思等，创设学生学习新知的平台。脚手架最重要的特点是暂时性和目的性。在学生需要的时候提供，不再需要的时候拆除。在学生的学习能力得到提升后拆除支架，学生最终能积极主动地开展学习并建构属于自己的个性化知识，从而达到最近发展区。搭建脚手架要选择合理的时机，在学生需要时才提供，同时还要有针对性，有效地支持学生的自主学习。

3. 具身学习

近年来，随着移动技术与计算技术的蓬勃发展，教育技术与学习科学研究者们对教育中的具身作用的探究兴趣日渐浓厚，试图在身体活动和数学、科学等领域中的重要原则和关系之间建立有意义的联结。基于学习科学的课堂，强调身体在学习中起着关键的枢纽作用，把身体、认知与环境视为复杂的关联系统，是基于具身认知的一种新型学习，开辟了学习科学研究的新领域。具身学习注重主动体验，主张知识与学习者的体验息息相关。具身可以分为实感具身、实境具身和离线具身。实感具身是指通过身体与环境或者实物直接接触而产生的具身效应，由主体亲身的感受引发；实境具身是借助外界条件的设置、情境的再现或者亲临现场的观察，产生感同身受的具身效应；离线具身是通过自身的经验或者他人的言语描绘或者自己的心理想象唤起的具身效应。① 无论是实感具身、实境具身，还是离线具身，都会大大增强学习的感受、感悟，提升个体感知信息的鲜活体验与加工。②

目前，人机交互的研究者正在开发一种革新式的交互界面，综合利用实感具身、实境具身和离线具身，设计体验内容，探索整合身体运动驱动学习的新方式。这种具身学习根据教学内容充分利用实感具身，触发感知经验，获取强烈的涉身体验；借助外部手段引发实境具身以及语言提示基础上的离线(想象)具身，达到事半功倍的效果。当前正在实施的具身研究表明，具身学习具有转变学校、博物馆和学习社区中的 K-12 学习的良好潜能。

4. 合作学习

从学习科学的视角来看，合作学习设计体现的是共同体、参与和分布式专长的学习本性，关键是通过创建强调共享信念的学习小组，在相互依赖、协作探究的过程中完成意义(知识建构)和身份(从新手到熟手)的双重转变。例如，在团队合作学习和问题解决中，学生需要通过观察、反馈、事实性知识的学习、规则学习和基于模型的学习等共同产生学习结果。学习中的人际交往、协作/合作对学习的有效发生具有重要的意义，特别是随着信息技术的发展，出现了众多的在线学习平台，如何在这些平台上进行计算机支持的协作/合作学习成为学习科学研究的内容之一。相比于传统的人际交互，基于计算机技术开展的人人与人机交互使合作学习的测量与研究更便于实施、管理和评价。同时，围绕合作学习产生的平台设计开发、学习共同体的研究，以及在具体交流过程中的量化分析和案例探究也成为研究的重点内容。

---

① 殷明、刘电芝：《身心融合学习：具身认知及其教育意蕴》，载《课程·教材·教法》，2015(7)。
② 彭文波、刘电芝：《学习科学研究对课程设计与教学的启示》，载《课程·教材·教法》，2019(1)。

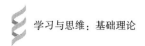

（二）关于学习发生方式

1. 非正式学习

学习科学对学习的研究从一开始就跨越学校境脉，其最重要的贡献是引入了非正式学习研究。在维果茨基文化历史流派的影响下，学习科学家越来越关注所有智能行为发生所依赖的复杂的社会及人为环境。随着技术的不断发展和教育理念的逐渐完善，学习研究中的学习情境不再拘泥于学校教育情境，实现了向博物馆、数字图书馆、社区等领域的横向拓展，而且从线下到线上，实现了向虚拟智慧学习环境的纵向拓展。通过探究自然学习、日常学习等非正式环境下的学习和课堂教学联系起来的方式，运用跟踪技术分析学习者的行为，对学习活动进行设计，旨在开发新的适应非正式学习需求的学习方式、教学模型和学习环境，探讨发生在学习背后的文化动力及组织作用。

此外，学习科学非常关注非正式学习环境中的学习机制，提供的非正式教育环境中的学习机制，有利于课程新范式的涌现，如以学习者为中心的课程，追求深层理解力培养的课程，指向个体道德性、社会性和智力性全面发展的课程，促进卓越素养的非正式环境中的课程，技术增进学习的课程。[①] 对这些新范式的分析表明，学习科学研究在国家或地区整体性课程改革推进中正扮演着越来越重要的角色。

2. 内隐学习

内隐学习是学习者通过与环境接触，无目的地、自动地获得事件或客体间结构关系的过程。与有意识的、需要意志努力参与的、清晰的外显学习不同，内隐学习是在个体的无意识状态下产生的，是自动、自发的，主体自身并没有意识到学习的产生。内隐学习无处不在，人类对高级规则的掌握、抽象概念的形成，以及社会认知、情感和人格的发展都会受到内隐学习的影响。内隐学习具有较强的无意识性与自动性。也就是说，学习者在学习过程中不具备清楚的学习目标，不能认识到控制他们学习行为的因素，然而却会在无意识找出任务中隐藏的结构或规则的条件下，学会恰当地反映任务环境中的复杂关系。在特定的情境或条件下，内隐学习要比外显学习更有优势。目前，学习研究将内隐学习研究成果应用于课程设计与教学，依

---

① 刘国良：《"学习科学"研究的内涵、取向及应用》，载《辽宁教育》，2017(21)。

据内隐学习的特征，如自动性、理解性、抗干扰性、流畅性和熟悉感，遵循内隐学习规律，创造条件引发内隐学习，发展内隐学习能力，在内隐学习的基础上再引导外显学习，将产生事半功倍的效果，有助于学生发展目标的达成。

3. 反思性学习

学习科学表明，反思在以达成深刻理解为目的的学习中起着非常重要的作用。许多课堂设计的目的就是促进反思，主要是提供给学生工具，让他们能更清晰地表达他们不断成熟的理解。同时，学习环境要能支持他们对刚刚清晰表达过的内容进行反思。

反思性学习的过程就是一个学习者自主活动的过程。反思性学习以追求人自身学习的合理性为动力，是每个人借助网络进行的主动的、自觉的、积极的学习和探究。反思性学习通过人的自我认识、自我分析、自我评价，获得自我体验。反思性学习是建立在学生具有内在学习动机基础上的"想学"，以及建立在学生意志努力基础上的"坚持学"。因此，反思性学习具有很强的自主性。过去，人们照镜子反思，在纸质笔记本上写日记反思。今天，越来越多的人在网络平台上写日志反思，在与他人互动的过程中反思。

4. 理解性学习

在今天的知识经济时代，我们仅仅记忆事实性知识和程序性知识还远远不够，还要能对复杂概念形成深刻的概念性理解，并能基于这些理解生成新的观点、新的理论、新的产品和新的知识。在传统的授受主义教学中，学生学到的是肤浅的知识和概念，往往不能将其迁移到新的学习环境中。学习科学对这种肤浅学习进行了批判，强调让学生从事深刻的和有意义的理解性学习。[①]

教学不仅要承担解释学习内容的使命，还要考虑学生的理解过程。教师需要根据学生的理解规律进行教学设计、充分利用立体多维的学习资源，创建深层理解的教学模式，并将其呈现在学习内容、学习活动设计、学习者交互等学习过程中的必要环节。目前，学习科学的研究人员已经获得了重要的认知科学策略来开发特定领域中清晰易懂的深层理解模式，开发出适用于教学和评估深层理解的多种不同的方

---

① 陈家刚：《〈剑桥学习科学手册〉：学习科学发展中具有里程碑意义的著作》，载《国外社会科学》，2008(4)。

法，以及一种用于研究教学/学习过程的层级研究法。①

5. 主动性学习

主动学习机制对成功的学习非常关键。《人是如何学习的Ⅱ》专门研究了学习动机，提出动机对贯穿人一生的学习和成就至关重要，是除智力因素外解释学习成就的另一个预测指标。学习科学家探索学习过程和机制的最终目的，是希望利用人积极投入学习的过程和机制，研究如何使学校、社区、博物馆等场景的学习更积极有效，使学习者充满激情地主动投入学习。② 当前关于学习的主动性研究已取得了很大进展。例如，在自我调节学习研究方面，研究者重视学习情境的高度社会性、互动性以及技术的丰富多样性，逐渐将调节研究从个体的认知、行为和动机转向社会文化，探讨计算机支持的协作学习环境的共同调节、社会共享调节等，关注如何通过收集丰富的多模态数据、运用数据驱动的分析技术捕捉发生在复杂学习情境中的关键性调节阶段，以弥补以往研究多基于被试自我报告和研究者主观分析的不足。关于动机、兴趣和投入的研究方面，如何帮助学生通过触发初始的情境兴趣进而发展个体兴趣，在设计学习环境时如何考虑学生的动机、兴趣和投入的多样性也是新近关注的重要主题。今后关于主动学习机制的探索将会成为重点，这包括学生是积极的主体，如何赋权学生从而使其获得主体性；如何通过技术更好地实现主体性的赋权；学生在进行提问、预测、解释等主动学习活动时的心智过程是怎样的；如何帮助学生更有效地开展学习并熟练掌握相关实践；如何影响学生的目标，使他们更积极地投入学习；什么样的课堂文化、教师实践和学习材料可以支撑主动学习。

（三）关于教学模式（模型）

在构建操作教学模式（或模型）的实践应用上，美国教育学者苏珊·J. 科瓦列克提出的整合性主题教学模式、美国心理学家 K. F. 朗利提出的分层课程模型、荷兰教育技术学家杰罗姆·范梅里恩伯尔提出的综合学习设计以及瑞士科学教育家安

---

① ［美］R. 基思·索耶：《剑桥学习科学手册》，237 页，北京，教育科学出版社，2010。

② 王美、郑太年、裴新宁等：《重新认识学习：学习者、境脉与文化——从〈人是如何学习的Ⅱ〉看学习科学研究新进展》，载《开放教育研究》，2019(6)。

德烈·焦尔当提出的变构学习模型，堪称学习科学在教育实践中应用的典范，他们提出的模型在全球被广泛使用。①

1. 整合性主题教学模式

整合性主题教学模式认为，学习是在大脑和身体的相互协作中进行的。情感是学习与认知的看门人；智能是通过经验发展的；不同文化背景的人会使用多元智能来解决问题和创造产品；大脑对意义的搜寻是对有意义模式的搜寻；学习是对有用心智的获得。因此，优质的教学是情境式的浸润性教学，最大限度地调动学生多元感官的参与，创造低压力、高挑战的学习环境，使学生在真实参与的过程中形成更加丰富的心理联系与意义建构。强调主题性的课程设计与教学活动设计。以主题为核心，融多学科于具体学习活动中，真实情境能够提供丰富的感官输入。在真实活动中，学生形成更加稳定的概念理解能力、语言能力以及对知识的迁移能力。

2. 分层课程模型

分层课程模型认为，不同学习风格的学生，其大脑加工信息的倾向不同，即不同风格偏好的学生加工信息时能激活不同的感官区域，不同风格的学生更加偏爱且更易于加工相适应类型的信息。同时，优质的教学必须参照学生的学习倾向差异，着眼学生的个性发展，充分调动学生的学习兴趣、主动性。分层课程模型首先强调任务的分层，通过思维要求不断上升的层级，使学生获得知识学习的自然发展；其次强调每个层级中的任务分类及自由组合；最后强调任务中的合作、探究和情境性。这样可以照顾到不同学习偏好的学生的个性需求，并使学习和教学活动与每个学生形成最佳的匹配关系。

3. 综合学习设计

学习离不开"手脑并用，情知一体"，具体表现为 3H：hand，head，heart。综合学习认为，优质的教学是在真实的学习任务中将知识、技能和态度进行整合，把本质上相异的各个部分进行协调，形成组成技能并使之迁移。学习设计包括四种元素，即面向学习任务、呈现相关知能、提供支持程序和安排专项操练。十个步骤：设计学习任务、排序任务类别、设定学习目标、排定相关知能、厘清认知策略、确

① 张熙：《学习科学为学校教育创新带来什么》，载《人民教育》，2019(2)。

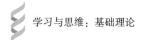

定心理模式、设计支持程序、明晰认知规则、弄清前提知识、安排专项练习。

4. 变构学习模型

学习是一个十分复杂和充满悖论的过程，既要与原有概念体对抗，又要产生新的概念体，这是一个学生主动建构和解构概念体的过程。传统教育理论只关注到了学习的某一个维度，应从学习、教育、文化三个维度全面提升全民科学素养。围绕概念体进行学习，包括解构、建构、干扰、调用四个环节。

(四)学习空间设计

学习空间是指用于学习的场所，既包括实体的物理空间，又包括基于网络的虚拟空间。① 随着人们对学习认识的深入和网络技术的发展，对学习空间的研究也成为研究者研究的重要主题之一。相对于传统教室，学习空间所提倡的重视学习者的体验、强调对各种课堂交互的支持、生态化设计理念、构建学习空间连续体等，都体现了当代教育理念和学习科学领域的新进展。人工智能时代的来临，不仅将改变学校教育的目标，也为实现新的教学形态提供了可能。目前，关于学习空间的研究多处于理论探究阶段，有对概念本身的探讨、技术支持下的学习空间设计，以及与智慧教育、未来课堂等相结合的理论层面的设计探索。技术的发展使学习空间的实施有了进一步的可能，如基于网络开展的在线虚拟社区学习空间，以及当前伴随3D打印出现的创客空间等。由以往对教学空间的研究到对学习空间的研究，反映了学习场所的范式变迁，在这一范式变迁的背景下，学习理念、教学理念、技术应用等发生了相应的转变，由此生成了学习科学领域研究的一块重要内容。②

(五)教师教育

在将研究成果转化为教育实践的过程中，教师的学习科学素养是关键。虽然目前学习科学的学术研究和教学实践之间仍然存在着巨大的落差，并面临着一系列需要解决的难题，但相比于过去已经有了很大的进步，尤其是在国内教育发达地区，

---

① 许亚锋、尹晗、张际平：《学习空间：概念内涵、研究现状与实践进展》，载《现代远程教育研究》，2015(3)。
② 许亚锋、陈卫东、李锦昌：《论空间范式的变迁：从教学空间到学习空间》，载《电化教育研究》，2015(11)。

一场以学习科学为引领的课堂变革正在悄然进行。对脑科学及学习科学的关注正在从实验室向教育教学实践延伸和拓展，成为 21 世纪学校变革和教师专业发展的重要支撑。因为教师是促进学习的最重要的基本要素，教师在多大程度上将自己看作学习者，整个系统是否期望和推动教师去学习并成为变革性的实践共同体的成员，决定着学习科学研究成果能否被转化为教育实践的革新。① 尤其是在我们希望通过教师去实现学生核心素养发展的教育愿景时，更要帮助他们理解学习的本质和有效学习的机制及策略，不断更新学与教的知识体系。近年来，我国学者相继提出要在教师培训中考虑学习科学，改变基层学校实践中大多数教师不了解学习科学与教育技术新进展的局面，并构建教师学习科学素养提升的关键概念图谱。② 香港大学非常注重推进基于学习科学的教育教学创新，研究者与学校和教师建立伙伴关系，通过设计研究改进学习与教育的理论和实践；③ 北京教育学院朝阳分院和北京大学教育学院合作，于 2017 年启动了"学习科学与教师专业发展"项目；北京市海淀区教育科学研究院和北京大学教育学院合作，于 2018 年启动了"教师学习科学素养提升项目"；北京市密云区教师研修学院以学习科学为引领，积极推进教师研修方式深度转型④；深圳结合自身实际情况，运用学习科学，推动教育变革。⑤ 与此同时，国内教师教育领域的研究者也在反思和构建新时代教师专业发展的新基础。例如，朱旭东提出师范生需学习"学的专业"，尤其是教师培养的课程要把学习理论、学习科学、学习设计、学习评价等作为重点学习内容；尚俊杰等人呼吁要让教师重新构建起以学习科学素养为核心的知识能力体系；高振宇认为我国教师在知识结构上欠缺脑科学方面的系统知识，未来教师教育的设计应当将教育神经科学课程纳入教育学本科及研究生的培养方案中。教育部（2017）颁布的《普通高等学校师范类专业认证实施办法（暂行）》已明确提出，要对学习科学相关知识有一定的了解或对学习科学相关知识能理解并初步运用，能整合形成学科教学知识。这种政策导向将极大地推动我国职前教师教育课程乃至教师资格证书考试大纲将学习科学的相关内容纳

---

①② 王美、郑太年、裴新宁等：《重新认识学习：学习者、境脉与文化——从〈人是如何学习的 II〉看学习科学研究新进展》，载《开放教育研究》，2019（6）。

③ 任友群、裴新宁、赵健等：《学习科学：为教学改革带来了新视角》，载《中国高等教育》，2015（2）。

④ 赵向东、崔永学：《基于学习科学指导的课堂教学研修》，载《北京教育（普教版）》，2018（12）。

⑤ 叶文梓：《"学习科学"：中小学发展的新基础》，载《光明日报》，2018-10-25。

入其中，并影响在职教师培训和专业发展项目。

第四节　学习科学的未来展望

一、学习科学研究层面

"互联网+"时代的发展，将为我们的学习带来新的挑战与机遇，未来学习科学将努力朝着深度融合与创新的方向发展。在过去的近30年里，尽管学习科学研究者们已经通过采用多领域的研究方法和视角，对学习者的学习有了更深入的了解，也分析出了许多影响学习的因素。但是，大量未知的因素依旧存在，剖析真实情境中的学习，研究学习者的学习、影响学习的因素及因素间的相互关系依旧是学习科学未来的研究重点。加深多领域研究者的沟通、了解与合作，以促进在真实学习情境中的研究能够挖掘出更多、更深层次的结论，也是学习科学研究者们所面临的挑战之一。此外，将有关学习的理解应用于学习环境的创设一直以来是学习科学研究者们的重任，也是实现学习科学"巴斯德象限"①定位的途径。如何在不同场所、情境和境脉中创建符合学习科学理论观点的、面向有效学习的学习环境依旧是学习科学未来研究的一大方向和挑战。同时，随着学习科学与教育技术相互融合的研究与实践逐渐增多，从学习科学领域最新的研究趋势也能看出，技术支持的学习已经成为学习科学中最为活跃的研究领域之一。② 一方面，学习科学必须关注因新媒体和新技术的涌现而引发的人类认知能力、学习方式和学习环境的变化；另一方面，学习环境中的技术设计则需要整合有关学习科学的理论与观点。教育信息技术的发展在为学习提供越来越多的可能的同时，也带来了学习环境中学习者、教师、媒体、

---

① 斯托克斯(D. E. Stokes)用研究的动机(好奇心驱动/应用驱动)和知识的性质(是否具有基础性和原理性)作为直角坐标系，构建了一个科学研究模型。巴斯德象限位于其中的第三象限，代表由解决应用问题产生的基础研究。

② 任友群、詹艺：《国内外学习科学领域建设、研究进展及发展趋势》，载《中国教育科学》，2013(2)。

知识等因素相互关系的变化。学习科学研究者们需要对这些变化予以关注。

在研究方法层面，尽管各研究范式的认识论基础有所不同，但在学习科学场域中它们都将统一于实践这一基点上，从而促进学习科学中各学科领域的内在融合。未来，学习科学研究需要越来越多地呈现出以逻辑为基础的思辨研究范式、以经验主义认识论为基础的实证研究范式、以现象学为基础的质性研究范式、以实用主义为基础的行动研究范式(也称为基于设计的研究范式)四种研究范式的融合，努力探索不同范式之间相互融通的可能，继而推动学习科学研究走向深度网络化。①

二、学习科学操作与应用层面

第一，学习科学是跨学科的，不同的学者围绕"人是如何学习的"这一核心问题，聚焦于学习科学不同的研究领域与研究热点，从脑科学、心理学、教育学、计算机科学、神经科学等学科出发，进行学习科学的理论与实践研究，从而帮助学习者更好地学习。然而，学者们并没有建立起对学习科学基础的共同理解，而往往多从自身的优势或者研究的兴趣出发，对学习进行研究。如何推动不同领域的学者组建跨学科研究团队，通过深度合作，对研究主题进行多方位、多学科、多领域的融合研究；如何让跨学科团队意识到研究问题与学习科学的关系，让学习科学理论和方法在这些跨学科研究中得到凸显，是学习科学在进一步扩大影响范围时需要解决的问题。

第二，学习科学已经逐渐形成了以学习基础机制研究为根本、以学习环境设计研究为主体、以学习分析技术研究为保障的良性研究态势，而且后两大研究取向经过长期的发展已积累了很多兼具研究和实践价值的优秀成果。学习基础机制研究相较于后两者，由于起步较晚且对高精尖技术和人才的依赖度较高，尚未得到大范围的普及和认可。除了在研究课题上支持学习科学研究外，相关部门应该集中力量加强学习科学的学科建设工作，为该领域的持续发展培养人才。各高校在学科建设上应该兼顾自身特色、各有侧重，如综合类院校可侧重学习的基础机制研究，师范类

---

① 左璜、陈欢、刘选：《"互联网+"时代的学习科学研究：进展与前瞻——2016年第四届学习科学国际会议综述》，载《现代远程教育研究》，2016(4)。

高校可侧重学习科学的应用研究，充分发挥高校的优势、互补发展。① 从学科建设、师范生培养、教师培训等多个环节确保学习科学形成长效发展机制，不断提高学习科学在教育科学研究中的地位。

第三，从实践层面来说，学习科学的发展与学习实践的改进是密不可分的。一方面，学习科学的研究成果将不断影响学习实践，促进学习活动的创新；另一方面，学习实践中遇到的问题又会反过来推动学习科学研究的发展。因此，坚持实践为本的根本价值原则，在基础研究与应用研究、理论建构与实践检验之间需要找到平衡点，继而推动学习科学走向深度网络化。例如，如何从学校层面结合学习科学的成果积极开展研究与实践工作，推动学习变革；如何从研究层面加大对学习科学研究的支持，包括基础研究、学科建设、学术会议、人才培养等；如何从教师层面提升教师的学习科学素养，改进教学实践。这些问题的解决都需要多方力量的参与和努力。

第四，从成果推广层面来说，学习科学作为一门应用学科，需要做好成果的市场转化和推广，使研究成果可以无缝接轨教育实践。这需要增加我国学习科学研究中产品设计类成果的比例，推动学习科学研究支持下的智能产品的商业转化，加速学习科学研究领域的数据挖掘和管理平台的资源开发，促进新型学习资源产品的研发和市场转化。这些产品本身不仅蕴含着巨大的商业价值，而且产业的发展也会作为坚实力量加速学习科学研究的深入推进。

第五，从政策层面来说，需要加强对学习科学的支持。学习科学的研究者多为高校或者研究机构的专家、学者，他们的研究成果需要被转化为普遍性的教学方法才能够对教育改革与实践产生影响，学习科学也因此能够保持强劲的发展态势。这既需要经费保障，又需要政策扶持，才能打破理论研究和教育实践间的樊篱，在研究—政策—实践之间形成良好的互动和响应。

---

① 尚俊杰、裴蕾丝、吴善超：《学习科学的历史溯源、研究热点及未来发展》，载《教育研究》，2018(3)。

参考文献

1. 安富海. 促进深度学习的课堂教学策略研究[J]. 中小学教育,2015(2).

2. 北京市教育委员会人事处,北京教育学院,北京市中小学中等职业学校教师培训中心. 学科教育心理学[M]. 北京:北京师范大学出版社,2012.

3. 蔡清田. 台湾十二年国民基本教育课程改革核心素养的回顾与前瞻[J]. 教育学术月刊,2015(10).

4. 曹宝龙. 学习与迁移[M]. 浙江:浙江大学出版社,2009.

5. 曹雪芹. 红楼梦[M]. 北京:华文出版社,2019.

6. 陈家刚,杨南昌. 学习科学新近十年:进展、反思与实践革新——访国际学习科学知名学者基思·索耶教授[J]. 开放教育研究,2015(4).

7. 陈家刚.《剑桥学习科学手册》:学习科学发展中具有里程碑意义的著作[J]. 国外社会科学,2008(4).

8. 陈琦,刘儒德. 当代教育心理学(修订版)[M]. 北京:北京师范大学出版社,2007.

9. 陈琦,刘儒德. 教育心理学[M]. 北京:高等教育出版社,2005.

10. 褚丹. 面向高阶思维能力培养的高中信息技术学科数字化学习资源设计研究[D]. 长春:东北师范大学,2010.

11. 褚宏启,张咏梅,田一. 我国学生的核心素养及其培育[J]. 中小学管理,2015(9).

12. 邓泓. 高中物理教学中高阶思维能力的培养探究[D]. 西安:陕西师范大学,2015.

13. 董爱华. 批判性思维研究国内发展概述[J]. 北京印刷学院学报,2019(10).

14. 董奇. 儿童创造力发展心理[M]. 杭州:浙江教育出版社,1993.

15. 窦桂梅,胡兰."1+X课程"与学生发展核心素养[J].人民教育,2015(13).

16. 范大军.网络虚拟学习社区——培养学习者高阶思维能力的有效途径[J].中国科技信息杂志,2010(10).

17. 冯红变.学生学习动机调查研究[J].教育理论与实践,2007(11).

18. 冯嘉慧.深度学习的内涵与策略——访俄亥俄州立大学包雷教授[J].全球教育展望,2017(9).

19. 冯锐.高阶思维培养视角下高中数学问题情境的创设[D].济南:山东师范大学,2013.

20. 冯小霞,李乐,丁国盛.发展性阅读障碍的脑区连接异常[J].心理科学进展,2016(12).

21. 冯晓英,王瑞雪,曹洁婷,等.国内外学习科学、设计、技术研究前沿与趋势——2019"学习设计、技术与学习科学"国际研讨会述评[J].开放教育研究,2020(1).

22. 冯燕华.基于核心素养的深度学习内涵及发生机制探析[J].新课程研究,2020(8).

23. 冯忠良,等.教育心理学(第二版)[M].北京:人民教育出版社,2010.

24. 甘自恒.中国当代科学家的创造性人格[J].中国工程科学,2005(5).

25. 高东辉,于洪波.美国"深度学习"研究40年:回顾与镜鉴[J].外国教育研究,2019(1).

26. 高文,徐斌艳,吴刚.建构主义教育研究[M].北京:教育科学出版社,2008.

27. 高振宇.教育神经科学视野下教师专业的重构与发展[J].全球教育展望,2015(11).

28. 谷振诣,刘壮虎.批判性思维教程[M].北京:北京大学出版社,2006.

29. 顾明远.基础教育与创新精神[J].中国教育学刊,1999(2).

30. 郭德俊.动机心理学:理论与实践[M].北京:人民教育出版社,2005.

31. 郭华.如何理解"深度学习"[J].四川师范大学学报(社会科学版),2020(1).

32. 郭华.深度学习及其意义[J].中小学教育,2017(3).

33. 哈尔滨师范学院中文系形象思维资料编辑组.形象思维资料汇编[M].北京:人民文学出版社,1980.

34. 韩芳芳,刘光然,胡航.面向高阶思维培养的翻转课堂教学研究[J].中国教育信息化,2015(24).

35. 侯小杏,陈丽亚. 非正式环境下学习的研究[J]. 开放教育研究,2011(2).

36. 胡卫星,李玲,徐多. 脑认知科学视野下学习研究的新进展[J]. 现代教育技术,2016(3).

37. 黄朝阳. 加强批判性思维教育 培养创新型人才[J]. 国内高等教育教学研究动态,2010(19).

38. 黄得群,贾义敏. 美国学习科学发展研究[J]. 外国教育研究,2011(5).

39. 黄九如. 论《资本论》对分析综合方法的运用[J]. 厦门大学学报(哲学社会科学版),1985(2).

40. 黄显华. 我的学习观——古今中外名人终身学习的启迪[M]. 天津:天津教育出版社,2018.

41. 黄正夫. 教育心理学[M]. 北京:北京师范大学出版社,2011.

42. 季俊霞,江钟立,贺丹军,等. 基底核损伤与额叶损伤对注意力和短时记忆的影响[J]. 中国康复医学杂志,2008(4).

43. 贾义敏. 情境学习:一种新的学习范式[J]. 开放教育研究,2011(5).

44. 姜永志. 整合心理、脑与教育的教育神经科学[J]. 心理研究,2013(3).

45. 焦建利,贾义敏. 学习科学研究领域及其新进展——"学习科学新进展"系列论文引论[J]. 开放教育研究,2011(1).

46. 焦建利,贾义敏. 真实境脉中的学习研究与教育变革——学习科学研究回顾、反思与展望[J]. 开放教育研究,2011(6).

47. 焦建利. 今天,我们应该怎样学习?[J]. 中国信息技术教育,2017(11).

48. 李秉德. 教学论[M]. 北京:人民教育出版社,1991.

49. 李胜杰. 高阶思维能力培养视角下的初中数学数字化学习资源设计研究[D]. 长春:东北师范大学,2010.

50. 李文章. 美国特许学校兴起、纷争及动向[J]. 比较教育研究,2020(1).

51. 李小五. 什么是逻辑?[J]. 哲学研究,1997(10).

52. 李晓雅. 深度学习研究:国内学术史的回顾与反思[J]. 宜宾学院学报,2020(3).

53. 李泽厚. 试论形象思维[J]. 文学评论,1959(2).

54. 林崇德,胡卫平. 思维型课堂教学的理论与实践[J]. 北京师范大学学报(社

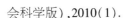
会科学版),2010(1).

55. 林崇德,林琳. 创造性人才的成长与培养[J]. 创新人才教育,2014(1).

56. 林崇德. 心理学大辞典[M]. 上海:上海教育出版社,2003.

57. 林崇德. 教育与发展——创新人才的心理学整合研究[M]. 北京:北京师范大学出版社,2002.

58. 林崇德. 林崇德心理学文选(上卷)[M]. 北京:人民教育出版社,2012.

59. 林崇德. 试论思维的心理结构研究[J]. 北京师范大学学报(社会科学版),1986(1).

60. 林崇德. 思维是一个系统的结构[J]. 宁波大学学报(教育科学版),2006(5).

61. 林崇德. 创新人才与教育创新研究[M]. 北京:经济科学出版社,2009.

62. 刘国良. "学习科学"研究的内涵、取向及应用[J]. 辽宁教育,2017(21).

63. 刘里立. 普通逻辑学的功能、方法及法律应用[J]. 山东农业工程学院学报,2016(9).

64. 刘儒德. 学习心理学[M]. 北京:高等教育出版社,2010.

65. 刘儒德. 问题式学习:一条集中体现建构主义思想的教学改革思路[J]. 教育理论与实践,2001(5).

66. 刘月霞,郭华. 深度学习:走向核心素养(理论普及读本)[M]. 北京:教育科学出版社,2018.

67. 卢家楣. 学习心理与教学[M]. 上海:上海教育出版社,1999.

68. 罗俊龙,等. 创造发明中顿悟的原型启发脑机制[J]. 心理科学进展,2012(4).

69. 罗屹峰,刘燕华. 教育心理学[M]. 甘肃:甘肃人民出版社,2006.

70. 吕林海. 意义建构与整体学习:基于脑的学习与教学理论的核心理念[J]. 教育理论与实践,2006(8).

71. 吕颖. 探究"理字本"在识字教学中的使用[J]. 教育研究与评论(小学教育教学),2020(3).

72. 马捷莎. 思维规律的两种类型辨析[J]. 中山大学学报(社会科学版),1998(2).

73. 马艳婷. 香港学生核心素养的培养路径及其启示[J]. 教育参考,2017(1).

74. 马颖峰,赵磊. Second Life 与高阶思维能力培养的关系及对教育游戏设计的启示[J]. 现代教育技术,2010(9).

75. 宁希美．初中生物理学习动机的干预研究［D］．济南：山东师范大学,2019.

76. 庞卓恒,吴英．什么是规律:当代科学哲学的一个难题［J］.天津师范大学学报,2000(2).

77. 彭聃龄．普通心理学(修订版)［M］．北京:北京师范大学出版社,2004.

78. 彭聃龄．普通心理学(第4版)［M］．北京:北京师范大学出版社,2012.

79. 彭文波,刘电芝．学习科学研究对课程设计与教学的启示［J］．课程．教材．教法,2019(1).

80. 皮连生．智育心理学［M］.北京:人民出版社,2008.

81. 钱学森．关于思维科学［M］.上海:上海人民出版社,1986.

82. 乔桂娟,杨丽．新加坡基于《21世纪技能》的基础教育课程改革［J］.基础教育参考,2019(23).

83. 人民教育出版社《外国教育丛书》编辑组．中小学教学改革的理论和实践［M］.北京:人民教育出版社,1979.

84. 任英杰,徐晓东．学习科学:研究的重要问题及其方法论［J］．远程教育杂志,2012(1).

85. 任友群,裴新宁,赵健,等．学习科学:为教学改革带来了新视角［J］.中国高等教育,2015(2).

86. 任友群,詹艺．国内外学习科学领域建设、研究进展及发展趋势［J］.中国教育科学,2013(2).

87. 尚俊杰,裴蕾丝,吴善超．学习科学的历史溯源、研究热点及未来发展［J］.教育研究,2018(3).

88. 邵志芳．思维心理学［M］.上海:华东师范大学出版社,2001.

89. 沈汪兵,刘昌,陈晶晶．创造力的脑结构与脑功能基础［J］.心理科学进展,2010(9).

90. 施良方．学习论［M］.北京:人民教育出版社,2001.

91. 宋景芬．情境性学习的迁移诉求［J］.教学研究,2008(4).

92. 孙刚成,贺列列．基于核心素养的国外课程改革研究综述［J］.北京教育学院学报,2017(6).

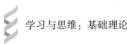

93. 孙一 . 面向高阶思维能力培养的初中物理学科数字化学习资源设计研究[D].长春：东北师范大学，2011.

94. 覃永恒 . 从思维结构到批判性思维——理解、表达的策略研究与语文教学实践[M]. 长沙：中南大学出版社，2018.

95. 汤丰林 . 问题体验论[M]. 北京：首都师范大学出版社，2010.

96. 汤蕾 . 学习迁移理论在高中化学教学中的实践研究[D]. 武汉：华中师范大学，2016.

97. 唐孝威，何洁，等 . 思维研究[M]. 杭州：浙江大学出版社，2014.

98. 汪茂华 . 高阶思维能力评价研究[D]. 上海：华东师范大学，2018.

99. 汪安圣 . 思维心理学[M]. 上海：华东师范大学出版社，1992.

100. 汪圣龙 . 基于学习科学的课堂建设探析[J]. 上海教育科研，2015(5).

101. 王灿明 . 儿童创造教育新论[M]. 上海：上海教育出版社，2015.

102. 王国维 . 人间词话[M]. 南宁：广西人民出版社，2017.

103. 王美，郑太年，裴新宁，等 . 重新认识学习：学习者、境脉与文化——从《人是如何学习的 II》看学习科学研究新进展[J]. 开放教育研究，2019(6).

104. 王小明 . 国外对专家教师与新教师问题解决的比较研究[J]. 外国中小学教育，1998(2).

105. 王亚东，赵亮，于海勇 . 创造性思维与创新方法[M]. 北京：清华大学出版社，2018.

106. 王溢然 . 形象·抽象·直觉[M]. 郑州：大象出版社，1999.

107. 王毅，李为 . 论作为思维规律的哲学[J]. 求索，2007(1).

108. 王振宏，李彩娜 . 教育心理学[M]. 北京：高等教育出版社，2011.

109. 温寒江，陈爱苾 . 脑科学·思维·教育丛书　学习学(上卷)[M]. 北京：教育科学出版社，2016.

110. 温寒江，连瑞庆 . 发展形象思维与培养创新能力的理论研究[J]. 教育研究，2001(8).

111. 温寒江 . 脑科学·思维·教育丛书　学习学(下卷)[M]. 北京：教育科学出版社，2016.

112. 温寒江，连瑞庆，江丕权 . 思维的全面发展与中小学生创新能力培养[M].

北京:教育科学出版社,2015.

113. 吴永和,李若晨,王浩楠. 学习分析研究的现状与未来发展——2017 年学习分析与知识国际会议评析[J]. 开放教育研究,2017(5).

114. 伍海燕,王乃弋,罗跃嘉. 脑、认知、情绪与教育——情绪的神经科学研究进展及其教育意义[J]. 教育学报,2012(4).

115. 徐晓东,杨刚. 学习的新科学研究进展与展望[J]. 全球教育展望,2010(7).

116. 许亚锋,陈卫东,李锦昌. 论空间范式的变迁:从教学空间到学习空间[J]. 电化教育研究,2015(11).

117. 许亚锋,尹晗,张际平. 学习空间:概念内涵、研究现状与实践进展[J]. 现代远程教育研究,2015(3).

118. 薛红莉,梅磊磊,薛贵,等. 学习方法对陌生语言字形学习的影响[J]. 心理科学,2017(5).

119. 杨春鼎. 论形象思维的形式与相似规律[J]. 浙江树人大学学报,2005(3).

120. 杨南昌,曾玉萍,陈祖云,等. 学习科学主流发展的分析及其启示——基于美国《学习科学杂志》(1991—2009)内容分析研究[J]. 远程教育杂志,2012(2).

121. 杨南昌,刘晓艳. 具身学习设计:教学设计研究新取向[J]. 电化教育研究,2014(7).

122. 杨南昌,刘晓艳. 学习科学融合视域下教学设计理论创新的路径与方法[J]. 电化教育研究,2016(11).

123. 叶浩生. 具身认知:认知心理学的新取向[J]. 心理科学进展,2010(5).

124. 叶之红. 关于拔尖创新人才早期培养的基本认识[J]. 教育研究,2007(6).

125. 易难. 深入机制的小学科学教学对学生学习迁移影响的研究[D]. 重庆:西南大学,2017.

126. 殷明,刘电芝. 身心融合学习:具身认知及其教育意蕴[J]. 课程. 教材. 教法,2015(7).

127. 尤小平. 学历案与深度学习[M]. 上海:华东师范大学出版社,2017.

128. 詹慧佳,刘昌,沈汪兵. 创造性思维四阶段的神经基础[J]. 心理科学进展,2015(2).

129. 詹艺,汤雪平,程元元,等. 拓展社会想象力:以公共利益为导向的教育研究[J].远程教育杂志,2011(5).

130. 张海峰.学习科学视域下大学生有效学习研究[J].中国成人教育,2016(22).

131. 张婧婧,郭佳惠,段艳艳,等.学习科学中核心主题的演化与变迁[J].电化教育研究,2018(12).

132. 张敬威,于伟.非逻辑思维与学生创造性思维的培养[J].教育研究,2018(10).

133. 张磊,金真,曾亚伟,等.儿童注意缺陷多动障碍的功能磁共振成像研究[J].中华放射学杂志,2004(6).

134. 张丽华,白学军.创造性思维研究概述[J].教育科学,2006(5).

135. 张庆林,谢光辉.25位国家科技发明奖获得者的个性特点分析[J].西南师范大学学报(哲学社会科学版),1993(3).

136. 张熙.学习科学为学校教育创新带来什么[J].人民教育,2019(2).

137. 张雨蒙.基于学习科学的课堂设计特点研究[J].中国校外教育,2017(21).

138. 张志君.农村初中学生地理学习动机调查及培养策略——以潍坊市寒亭区为例[D].曲阜:曲阜师范大学,2019.

139. 赵承福,陈泽河.创造教育研究新进展[M].济南:山东人民出版社,2002.

140. 赵继伦.论形象思维的认识论意义[J].东北师范大学学报(哲学社会科学版),1992(2).

141. 赵健,郑太年,任友群,等.学习科学研究之发展综述[J].开放教育研究,2007(2).

142. 赵俊华,张大均.中学生思维风格结构及其测量[J].心理科学,2007(1).

143. 赵琳.信息技术支持的小组合作学习方法研究[D].长春:东北师范大学,2016.

144. 赵轩.实践论思维方式中的爱国主义教育理论研究[D].吉林:东北师范大学,2019.

145. 郑旭东.学习科学的形成与发展:基于编年史的视角(下)[J].软件导刊·(教育技术),2008(6).

146. 郑旭东.学习研究新学科创建的辉煌历程——学习科学成功之道探秘[J].开放教育研究,2011(1).

147. 中国大百科全书编辑部.中国大百科全书·心理学[M].北京:大百科全

书出版社,1991.

148. 钟启泉. 批判性思维:概念界定与教学方略[J]. 全球教育展望,2020(1).

149. 钟志贤. 促进学习者高阶思维发展的教学设计假设[J]. 电化教育研究,2004(12).

150. 周加仙. 学习科学:内涵、研究取向与特征[J]. 全球教育展望,2008(8).

151. 周振华. 思维的认知哲学研究[M]. 北京:科学出版社,2018.

152. 朱奎保. 论思维规律的层次性[J]. 苏州大学学报(哲学社会科学版),1992(2).

153. 朱永新. 创新教育论[M]. 南京:江苏教育出版社,2001.

154. 朱智贤,林崇德. 朱智贤全集　第五卷　思惟发展心理学[M]. 北京:北京师范大学出版社,2002.

155. 祝春兰. 思维风格的运用:素质教育的另一种途径[J]. 上海教育科研,2001(3).

156. 左璜,陈欢,刘选. "互联网+"时代的学习科学研究:进展与前瞻——2016年第四届学习科学国际会议综述[J]. 现代远程教育研究,2016(4).

157. [澳]迈克尔·C. 纳格尔. 生命之始:脑、早期发展与学习[M]. 北京:教育科学出版社,2016.

158. [丹]克努兹·伊列雷斯. 我们如何学习:全视角学习理论[M]. 北京:教育科学出版社,2014.

159. [德]尼采. 人性的,太人性的[M]. 北京:中国人民大学出版社,2005.

160. [俄]列夫·谢苗诺维奇·维果茨基. 思维与语言[M]. 杭州:浙江教育出版社,1997.

161. [法]丹纳. 艺术哲学[M]. 北京:商务印书馆,2018.

162. [美]Robert J. Sternbern,Wendy M. Williams. 教育心理学[M]. 北京:中国轻工业出版社,2003.

163. [美]Arthur L. Costa,Bena Kallick. 思维习惯[M]. 北京:中国轻工业出版社,2006.

164. [美]J. P. 吉尔福特. 创造性才能——它们的性质、用途与培养[M]. 北京:人民教育出版社,1991.

165. [美]R. 基思·索耶. 剑桥学习科学手册[M]. 北京:教育科学出版社,2019.

166. [美]Richard Paul,Linda Elder. 批判性思维与创造性思维(第3版)[M]. 北京:外语教学与研究出版社,2019.

167. [美]撒穆尔·伊诺克·斯通普夫,詹姆斯·菲泽. 西方哲学史　从苏格拉底到萨特及其后[M]. 北京:世界图书出版公司北京公司,2009.

168. [美]William Damon,Richard M. Lerner. 儿童心理学手册(第六版)(第一卷上册)[M]. 上海:华东师范大学出版社,2008.

169. [美]阿妮塔·伍德沃克. 教育心理学(第八版)[M]. 南京:江苏教育出版社,2005.

170. [美]安德斯·艾利克森,罗伯特·普尔. 刻意练习　如何从新手到大师[M]. 北京:机械工业出版社,2016.

171. [美]杰罗姆·布鲁纳. 布鲁纳教育文化观[M]. 北京:首都师范大学出版社,2011.

172. [美]丹尼尔·西格尔. 心智成长之谜　人际关系与大脑的互动如何塑造了我们(第2版)[M]. 北京:中国发展出版社,2017.

173. [美]杜威. 我们怎样思维　经验与教育[M]. 北京:人民教育出版社,2005.

174. [美]费尔德曼. 心理学与我们[M]. 北京:人民邮电出版社,2008.

175. [美]格兰特·威金斯,杰伊·麦克泰格. 追求理解的教学设计(第二版)[M]. 上海:华东师范大学出版社,2017.

176. [美]格雷戈里·巴沙姆. 批判性思维[M]. 北京:外语教学与研究出版社,2019.

177. [美]玛丽亚·哈迪曼. 脑科学与课堂:以脑为导向的教学模式[M]. 上海:华东师范大学出版社,2018.

178. [美]赫伯特·西蒙. 认知　人行为背后的思维与智能[M]. 北京:中国人民大学出版社,2020.

179. [美]Michael·Gazzaniga,Richard B. Ivry,George R. Mangun. 认知神经科学——关于心智的生物学(第3版)[M]. 北京:中国轻工业出版社,2015.

180. [美]卡罗尔·德韦克. 终身成长[M]. 南昌:江西人民出版社,2017.

181. [美]理查德·M. 勒纳. 人类发展的概念与理论[M]. 北京:北京大学出版社,2011.

182. [美]林恩·埃里克森,洛伊斯·兰宁. 以概念为本的课程与教学:培养核心素养的绝佳实践[M]. 上海:华东师范大学出版社,2018.

183. [美]玛丽·凯·里琪. 可见的学习与思维教学[M]. 北京:中国青年出版社,2017.

184. [美]莫妮卡·R. 马丁内斯,丹尼斯·麦格拉思. 深度学习 批判性思维与自主性探究式学习[M]. 北京:中国人民大学出版社,2019.

185. [美]罗伯特·J. 斯滕伯格. 智慧 智力 创造力[M]. 北京:北京工业大学出版社,2007.

186. [美]DavidA. Sousa. 心智、脑与教育 教育神经科学对课堂教学的启示[M]. 上海:华东师范大学出版社,2013.

187. [瑞士]让·皮亚杰. 智力心理学[M]. 北京:商务印书馆,2019.

188. [瑞士]皮亚杰. 结构主义[M]. 北京:商务印书馆,2011.

189. [以色列]尤瓦尔·赫拉利. 人类简史:从动物到上帝[M]. 北京:中信出版社,2014.

190. [英]罗伯特·汤姆生. 思维心理学[M]. 福州:福建科学技术出版社,1985.

191. Aston-Jones G & Cohen J D. An Integrative Theory of Locus Coeruleus-norepinephrine Function:Adaptive Gain and Optimal Performance[J]. Annual Review of Neuroscience,2005(28):403-450.

192. Botvinick M M,Braver T S,Barch D M et al. Conflict Monitoring and Cognitive Control[J]. Psychological Review,2001(108):624-652.

193. Bruce R. Reichenbach. Introduction to Critical Thinking[M]. New York:The McGraw-Hill Companies,Inc,2001:14-15.

194. Cantlon J F,Libertus M E,Pinel P,et al. The Neural Development of an Abstract Concept of Number[J]. Journal of Cognitive Neuroscience,2009(21):2217-2229.

195. Castellanos F X,Lee P P,Sharp W,et al. Developmental Trajectories of Brain Volume

Abnormalities in Children and Adolescents With Attention Hyperactivity Disorder[J]. The Journal of the American Medical Association,2002(288):1740-1748.

196. Dehaene S & Cohen L. Cultural Recycling of Cortical Maps[J]. Neuron, 2007 (56):384-398.

197. Dehaene S,Bossini S & Giraux P. The Mental Representation of Parity and Number Magnitude[J]. Journal of Experimental Psychology,1993(122):71-396.

198. Dehaene S,Molko N,Cohen L,et al. Arithmetic and the Brain[J]. Current Opinion in Neurobiology,2004(14),218-224.

199. Elliot J W,Perkins M & Thevenin M K. Measuring Undergraduate Students' Construction Education Domain Self-Efficacy,Motivation,and Planned Behavior:validation of a Concise Survey Instrument[J]. International Journal of Construction Education & Research,2018(1):1-22.

200. Ennis,Robert H. A Logical Basis for Measuring Critical Thinking Skills[J]. *Educational Leadership*,1989(4):4-10.

201. Flaherty A W. Flontotemporal and Dopaminergic Control of Idea Generation and Creative Drive[J]. Journal of Comparative Neurology,2005(493):147-153.

202. Fredrickson B L & Branigan C. Positive Emotions Broaden the Scope of Attention and Thought-action Repertoires[J]. Cognition & Emotion,2005(19):313-332.

203. Giedd J N. Structural Magnetic Resonance Imaging of the Adolescent Brain[J]. Annals of the New York Academy of Science,2004(1021):77-85.

204. Giedd J N,Blumenthal J,Jeffries N O,et al. ,Brain Development During Childhood and Adolescence:A Longitudinal MRI Study[J]. Nature Neuroscience,1999(2):861-863.

205. Ito Y & Hatta T. Spatial Structure of Quantitative Representation of Numbers:Evidence from the SNARC Effect s[J]. Memory & Cognition,2004(32):662-673.

206. Karpicke J D & Roediger H L. The Critical Importance of Retrieval for Learnings [J]. Science,2008(5865):. 966-968.

207. Kauchak D P & Eggen P D. Learning and teaching:Research based methods[M]. Boston:Allyn & Bacon,1998.

208. Kenna A L. The Impact of Maths Game Based Learning on Children's Higher Order Thinking Skills[J]. Proceedings of the British Society for Research into Learning Mathematics. 2015(3):67-71.

209. Ketelhut D J. The Impact of Student Self-Efficacy on Scientific Inquiry Skills:An Exploratory Investigation in River City,a Multi-user Virtual Environment[J]. Journal of science education and technology,2007(1):99-111.

210. Klein R & Armitage R. Rhythms in Human Performance:1. 5 Hour Oscillations in Cognitive Style[J]. Science,1979(204):1326-1328.

211. Klüver H & Bucy P C. Preliminary Analysis of Functions of the Temporal Lobes in Monkeys[J]. Archives of Neurology,1939(42):979-1000.

212. Knops A,Thirion B,Hubbard E M,et al. Recruitment of an Area Involved in Eye Movement During Mental Arithmetic[J]. Science,2009(324):1583-1585.

213. Koutsouki D,Asonitou K. Cognitive Processes in Children with Developmental Coordination Disorder[J]. Cognition,Intelligence,and Achievement,2015(8):267-289.

214. LeDoux J E. The Emotional Brain:The Mysterious Underpinnings of Emotional Life[M]. NewYork,NY:Simon & Schuster,1996.

215. Lee J Q,McInerney D M,Liem G A D,et al. The Relationship Between Future Goals and Achievement Goal Orientations:An Intrinsic-Extrinsic Motivation Perspective [J]. Contemporary Educational Psychology,2010(4):264-279.

216. Lupien S J,Fiocco A,Wan N,et al. Stress Hormones and Human Memory Function Across the Lifespan[J]. Psychoneuroendocrinology,2005(30):225-242.

217. Lyon G R,Shaywitz S E & Shaywitz B A. A Definition of Dyslexia[J]. Ann Dyslexia,2003(53):1-14.

218. Madhuri G V,Kantamreddi V S S N & Prakash Goteti L N S. Promoting higher order thinking skills using inquiry-based learning[J]. European Journal of Engineering Education,2012(2):117-123.

219. Martindale C. Creativity,Primordial,Cognition and Personality [J]. Personality and individual difference,2007(7):1777-1785.

220. Marton F,Saljor R. On Qualitative Difference in Learning:Outcome and Processs

[J]. British Journal of Educational Psychology, 1976(46):4-11.

221. Maurer U, Brem S, Kranz F, et al. Coarse Neural Tuning for Print Peaks When Children Learn to Read[J]. NeuroImage, 2006(33):749-758.

222. Mayseless N & ShamayvTsoory S G. Enhancing Verbal Creativity: Modulating Creativity by Alerting the Balance Between Right and Left Inferior Frontal Gyrus With the tDCS [J]. Neuroscience, 2015(291):167-176.

223. McCandliss B D & Noble K G. The Development of Reading Impairment: A Cognitive Neuroscience Model [J]. Developmental Disabilities Research Reviews, 2003(9): 196-204.

224. McGaugh J I, Cahill L & Roozendaal B. Involvement of the Amygdala in Memory Storage: Interaction With Other Brain Systems[J]. Proceedings of The National Academy of Science, 1996(24):13508-13514.

225. Payne J & Nadel L. Sleep, Dreams, and Memory Consolidation: The Role of Stress Hormone Cortisol[J]. Learning and Memory, 2004(11):671-678.

226. Petersen S E & Posner M I. The Attention System of the Human Brain: 20 Years After[J]. Annual Review of Neuroscience, 2012(35):73-89.

227. Posner M I & Petersen S E. The Attention system of human brain[J]. Annual Review of Neuroscience, 1990(13):25-42.

228. Prayaga L & Coffey J W. Computer Game Development: An Instructional Strategy to Promote Higher Order thinking Skills[J]. i-Manager's Journal of Educational Technology, 2008(3):40.

229. Purba S O, Manurung B & Mulyana R. Effect of Project Based Learning and Cooperative Type Group Investigation (GI) Learning Strategies on Higher Order Thinking Ability in Biology Course[J]. In Proceeding Biology Education Conference: Biology, Science, Enviromental, and Learning, 2016(12):207-211.

230. Raiyn J & Tilchin O. Higher-order Thinking Development Through Adaptive Problem-Based Learning[J]. Journal of Education and Training Studies, 2015(4):93-100.

231. Remedios R, Ritchie K, Lieberman D A. I Used to Like It but Now I don't: The effect of the Transfer Test in Northern Ireland on Pupils' Intrinsic Motivation[J]. British

Journal of Educational Psychology,2005(3):435-452.

232. Rizze G L,Gates J R & Fangman M C. A Reconsideration of Bilateral Language Representation Based on the Intracarotid Amobarbital Procedure[J]. Brain and Cognition, 1997(33):118-132.

233. Robertson L C,Lamb M R & Knight R T. Effects of Lesions of Temporal-parietal Junction on Perceptual and Attention Processing in Humans[J]. Journal of Neuroscience, 1988(8):3757-3769.

234. Roediger H L & Karpicke J D. Test-enhanced Learning:Taking Memory Tests Improves Long-term Retention[J]. Psychological Science,2006(3):249-255.

235. Sahin M C. Instructional Design Principles for 21st Century Learning Skills[J]. Procedia-Social and Behavioral Sciences,2009(1):1464-1468.

236. Saido G M,Siraj S,Bin Nordin A B,& Al Amedy O S. Higher Order Thinking Skills among Secondary School Students in Science Learning[J]. Malaysian Online Journal of Educational Sciences,2015(3):13-20.

237. Sawyer R K. The Cambridge Handbook of The Learning Sciences,Second Edition [M]. New York:Cambridge University Press,2014:23-30.

238. Schmahmann J D,Caplan D,Cognition,Emotion and the Cerebellum[J]. Brain, 2006(129):288-292.

239. Scholey A B,Moss M C,Neave N,et al. Cognitive Performance,Hyperoxia,and Heart Rate Following Oxygen Administration in Healthy Adults[J]. Physiological Behavior, 1999(67):783-789.

240. Schutter D & van Honk J. The Cerebellum in Emotion Regulation:A Repetitive Transcranial Magnetic Stimulation Study[J]. Cerebellum,2009(8):28-34.

241. Skinner B F. The Science of Learning and The Art of Teaching[J]. Harvard Educational Review,1954,(2):86-97.

242. Sperry R W. Mental Unity Following Surgical Disconnection of the Cerebral Hemispheres[J]. The Harvey Lectures,1968(62):293-323.

243. Udall A J & Daniels J E. *Creating the thoughtful classroom* [M]. Tucson,AZ: Zephyr Press,1991.

244. Xue G,Mei L L,Chen C S,et al. Spaced Learning Enhances Subsequent Recognition Memory by Reducing Neural Repetition Suppression[J]. Journal of Cognitive Neuroscience,2011(7):1624-1633.

245. Zhao J,Schotten M T D,Altarelli I,et al. Altered Hemispheric Lateralization of White Matter Pathways in Developmental Dyslexia:Evidence From Spherical Deconvolution Tractography[J]. Cortex,2016(76):51-62.

246. Zhou X,Chen C,Dong,Q,et al. Event-related Potentials of Single Digit Addition, Subtraction,and Multiplication[J]. Neuropsycologia,2006(44):2500-2507.